COLECCIÓN TIERRA FIRME

ACTO DE PRESENCIA

Serie
ESTUDIOS DE LINGÜÍSTICA Y LITERATURA
XXXV
Centro de Estudios Lingüísticos y Literarios
EL COLEGIO DE MÉXICO

Traducción de
JOSÉ ESTEBAN CALDERÓN
revisada y corregida
por la autora con la asistencia de
JESSICA CHALMERS
y ERNESTO GROSMAN

SYLVIA MOLLOY

ACTO DE PRESENCIA
La escritura autobiográfica
en Hispanoamérica

EL COLEGIO DE MÉXICO

FONDO DE CULTURA ECONÓMICA

MÉXICO

Primera edición en inglés,   1991
Primera edición en español, 1996
    Primera reimpresión,   2001

Comentarios y sugerencias: editor@fce.com.mx
Conozca nuestro catálogo: www.fce.com.mx

Título original:
At Face Value. Autobiographical Writing in Spanish America
© 1991, CAMBRIDGE UNIVERSITY PRESS
Publicado por Press Syndicate of the University of Cambridge
40 West 20th Street, Nueva York; NY 10011, Estados Unidos de América
ISBN 0-521-33195-1 empastado

D. R. © 1996, EL COLEGIO DE MÉXICO
Camino al Ajusco, 20; 10740 México, D. F.

D. R. © 1996, FONDO DE CULTURA ECONÓMICA
Carretera Picacho-Ajusco 227; 14200 México, D. F.

ISBN 968-16-4859-5

Impreso en México

Para GEIGER

AGRADECIMIENTOS

Rastrear ordenadamente los orígenes de este libro es un acto de ficción que supera mi capacidad. Cuando pienso en los años que dediqué a reflexionar sobre la autobiografía en Hispanoamérica, a hablar de ella con pacientes interlocutores, a dar cursos sobre el tema y, por último, a escribir este libro, ante todo me vienen a la memoria voces, fragmentos de conversaciones con colegas, alumnos o amigos. Una ocurrencia de Daniel Balderston, quien, hace muchos años, opinó que la necrología propia es la única forma posible de autobiografía; una observación jocosa de Severo Sarduy, que aseguraba que el yo autobiográfico en Hispanoamérica seguía en el clóset; datos y comentarios ocasionales, almacenados en mi memoria y hoy por hoy casi desligados de quien alguna vez los compartió conmigo; todo esto, sin duda, se introdujo en este libro y fue materia de reflexión.

Mi interés por la autobiografía en Hispanoamérica data de 1976 y nació de las investigaciones que realizaba como becaria del National Endowment for the Humanities. Para investigaciones posteriores recibí subvenciones de la Universidad de Princeton, una Senior Faculty Fellowship de la Universidad de Yale y una beca de la Fundación Guggenheim. Quiero manifestar mi más profundo agradecimiento a esas instituciones por el interés con que vieron mi trabajo y por su valiosa ayuda.

Entre las manifestaciones de apoyo de muchos amigos que en una forma u otra intervinieron en este libro, agradezco especialmente a Julio Ramos la paciencia y lucidez con que leyó estas páginas y el constante diálogo que mantenemos. También agradezco a María Luisa Bastos sus penetrantes comentarios sobre diversas partes del texto, su muy apreciada sensatez y su indefectible amistad. Oscar Montero, siempre al acecho de datos útiles sobre el tema, también leyó el texto con cuidado e inteligencia. Útiles comentarios de Ana Diz constituyeron aportes positivos para varias secciones del libro. También fueron en extremo beneficiosas las conversaciones que mantuve con Doris Sommer sobre un tema que nos interesa a las dos. El apoyo de Enrique Pupo-Walker como editor y amigo fue importante en todo momento.

Agradezco a mis amigos y colegas de Yale, a Nicolás Shumway, Marta Peixoto y James Fernández, sus lecturas y valiosas observaciones, y a Roberto González Echevarría, las estimulantes conversaciones que mantuvimos sobre éste y otros temas. Cito por último, y ciertamente no porque ocupen el último lugar, a mis antiguos alumnos de posgrado en Princeton, hoy amigos míos, con quienes discutí provechosamente muchas de las cuestiones tratadas en este libro, en especial María Elena Rodríguez Castro y Antonio Vera León.

En la preparación de la traducción al español, que ha sido labor de equipo, agradezco en particular las primeras versiones de Ernesto Grosman y la inteligente ayuda de Jessica Chalmers en la localización de citas y en la revisión, corrección y adaptación del texto.

Partes del libro aparecieron, en primera versión abreviada, en *Modern Language Notes*, *Revista Iberoamericana* y *Nueva Revista de Filología Hispánica*. Doy las gracias a los editores por haberme permitido volver a utilizarlas, revisadas o traducidas.

Intentar siquiera agradecer a Emily Geiger su paciencia, su apoyo y su infaltable sentido del humor durante la ardua última etapa de redacción de este libro supera mis capacidades. Habérselo dedicado es apenas una muestra de mi cariño y gratitud.

INTRODUCCIÓN

La prosopopeya, se ha dicho, es la figura que rige la autobiografía. Así, escribir sobre uno mismo sería ese esfuerzo, siempre renovado y siempre fallido, de dar voz a aquello que no habla, de dar vida a lo muerto, dotándolo de una máscara textual.[1] Escribir una introducción, sugiero, es una forma más modesta pero no menos exigente de esa misma figura. El texto terminado necesita un rostro, necesita que se lo haga hablar, con la voz de su autor, una última vez. Una introducción brinda precisamente la ocasión de hacerlo; constituye la última vez en que uno habla en lugar del texto y, también, perturbadoramente, la primera vez en que uno comienza a percibir la distancia que lo separa del texto. Igual que las autobiografías, las introducciones también comienzan por el final.

No pretendo llevar más lejos ese paralelismo. No me siento tentada, como le ha sucedido a más de un crítico al tratar el tema, a insinuar que el hecho de escribir sobre autobiografía sea, en sí, una forma de autobiografía. Tampoco pretendo sugerir que la forma en que se organizó este libro refleje un itinerario personal. Si decidí escribir sobre autobiografía y, en concreto, sobre autobiografía hispanoamericana, lo hice movida, básicamente, por curiosidad crítica. Quiero reflexionar sobre textos que pretenden realizar lo imposible, esto es, narrar la "historia" de una primera persona que sólo existe en el presente de su enunciación, y quiero observar cómo esa imposibilidad cobra forma convincente en textos hispanoamericanos. No me detengo en la naturaleza paradójica de la autobiografía en sí, ni ha sido ése en momento alguno mi objetivo. Por el contrario, me interesa analizar diversas formas de autofiguración, con el fin de deducir las estrategias textuales, las atribuciones genéricas y, por supuesto, las percepciones del yo que moldean los textos autobiográficos hispanoamericanos. En otras palabras, sin dejar de lado los dile-

[1] Paul de Man, "Autobiography as De-Facement", *Modern Language Notes*, 94 (1979), pp. 919-930.

mas lingüísticos y filosóficos que necesariamente plantea la escritura autobiográfica, intenté abordar cuestiones que, por su naturaleza, son básicamente culturales e históricas. Procuré no tanto averiguar lo que el yo intenta hacer cuando escribe "yo", sino investigar, de manera más modesta, cuáles son las fabulaciones a las que recurre la autobiografía dentro de cierto espacio, de cierto tiempo y de cierto lenguaje, y qué dicen esas fabulaciones sobre la literatura y la época a que pertenecen.

En Hispanoamérica la autobiografía ha sido notablemente descuidada, tanto por lectores como por críticos. Esto no se debe, como se suele afirmar a la ligera, a que la autobiografía sea poco frecuente, o a que los escritores hispánicos, por rasgos "nacionales" difíciles de determinar, sean poco afectos a exponer sus vidas por escrito. El escaso número de relatos de vida en primera persona es, más que cuestión de cantidad, cuestión de actitud: la autobiografía es una manera de leer tanto como una manera de escribir. Así, puede decirse que si bien hay y siempre ha habido autobiografías en Hispanoamérica, no siempre han sido leídas autobiográficamente: se las contextualiza dentro de los discursos hegemónicos de cada época, se las declara historia o ficción, y rara vez se les adjudica un espacio propio. Esta reticencia es en sí misma significativa. El lector, al negar al texto autobiográfico la recepción que merece, sólo refleja, de modo general, una incertidumbre que ya está en el texto, unas veces oculta y otras evidente. La incertidumbre de ser se convierte en incertidumbre de ser en (y para) la literatura.

El desdén o la incomprensión con que se han recibido en Hispanoamérica los textos autobiográficos los convierten, y no es sorprendente, en ideal objeto de estudio. Al no estar limitados por una clasificación estricta, una validación ortodoxa ni una crítica repleta de clichés, son libres de manifestar sus ambigüedades, sus contradicciones y la naturaleza híbrida de su estructura. Es precisamente allí, en esa indeterminación, donde el texto autobiográfico tiene más que decir sobre sí mismo; a condición, por supuesto, de que se lo atienda hasta el final, aceptando las condiciones un tanto incómodas que el mismo texto impone. Además, desde la posición mal definida, marginal a la que ha sido relegado, el texto autobiográfico hispanoamericano tiene mucho que decir sobre aquello que *no* es. Es un instrumento de in-

calculable valor para indagar otras formas, más visibles y sancionadas, de la literatura hispanoamericana. Como todo lo que se
ha visto reprimido, negado y olvidado, la autobiografía reaparece para inquietar e iluminar con luz nueva lo que ya está allí.

Decidí restringir mi estudio a los siglos XIX y XX, sobre todo, si
bien no exclusivamente, por razones genéricas. Los relatos en
primera persona abundan en la literatura colonial. Las crónicas
de descubrimiento y conquista, en especial cuando interviene
cierto grado de autoconciencia por parte del autor, como en los
Naufragios de Cabeza de Vaca o los *Comentarios reales* del Inca
Garcilaso, pueden considerarse ejemplos remotos de escritura
autobiográfica. Del mismo modo, teniendo en cuenta las estrategias defensivas que adoptan y la autovindicación del yo que
plantean, documentos autorreflexivos como la *Respuesta* de Sor
Juana Inés de la Cruz al obispo de Puebla o las confesiones ante
el tribunal de la Inquisición podrían considerarse —y de hecho
se han considerado— autobiografías. Sin negar la preocupación
por el yo que aparece en esos textos, propongo que su finalidad
primaria no es autobiográfica, aun cuando la autobiografía constituya uno de sus logros involuntarios. Más aún, las circunstancias en que se escribieron esos textos excluyen, o al menos modifican considerablemente, la autoconfrontación textual —"yo soy
el tema de mi libro"— que caracteriza la escritura autobiográfica.
El hecho de que los textos mencionados se destinaran, ante todo,
a un lector privilegiado (el rey de España, el obispo de Puebla, el
tribunal eclesiástico) que ejercía poder sobre el escritor y su texto; el hecho de que la autonarración fuera menos un propósito
que un medio para lograr ese propósito; y, por último, el hecho
de que rara vez haya crisis en esta escritura del yo (o rara vez
haya un yo en crisis), hacen que el resultado sea sólo tangencialmente autobiográfico.

Al mismo tiempo me resisto a afirmar de modo perentorio que
la autobiografía en Hispanoamérica "comienza" a principios del
siglo XIX, y espero poder evitar (queda por ver si con éxito) la idea
de que la autobiografía es una forma que progresa desde la torpe
hibridez poscolonial del siglo XIX hasta la universal perfección
estética del XX. Este concepto evolutivo de la literatura en el que
siempre aparece Hispanoamérica a la zaga de supuestos modelos europeos (cuando la literatura hispanoamericana busca des-

viarse de esos modelos, no alcanzarlos), me parece particularmente problemático en este caso.[2] Si decidí comenzar mis investigaciones sobre la autobiografía en Hispanoamérica a principios
del siglo XIX, fue porque me interesa especialmente una peculiar
toma de conciencia de sujeto y cultura que resultó de una crisis
ideológica, y porque siento curiosidad por la forma en que esa
crisis se refleja, mejor dicho, se incorpora en la textura misma de
la autofiguración hispanoamericana. La crisis a que me refiero,
producida por la Ilustración europea y por la independencia de
las colonias de España, es, por supuesto, una crisis de autoridad.
No me parece casual que se cuestione la validez de la autobiografía, o se reflexione sobre sus metas, en el momento en que un
orden recibido es reemplazado por un orden producido; y tampoco me parece casual que esa reflexión se dé en el contexto de
debates más generales sobre identidades y culturas nacionales, debates en los que las relaciones canónicas con España, y, en términos más generales, con Europa, se renegocian forzosamente.
Si en el caso de los escritores coloniales la escritura del yo era
legitimada por el Otro institucional para quien se escribía (la
Corona, la Iglesia), en el caso del autobiógrafo posterior a la Colonia esas instituciones pierden su función. El concepto mismo
de institución, como hasta entonces se había entendido, se pone
seriamente en tela de juicio. Si ya no se escribe para el Rey ni
para la Iglesia, ¿para quién se escribe? ¿Para la verdad? ¿Para la
posteridad? ¿Para la historia, disciplina que muchos autobiógrafos convertirán en fuente de validación? A esta crisis de autoridad corresponde un yo en crisis que escribe en un vacío interlo-
cutorio. Las dificultades del autobiógrafo hispanoamericano, las
vacilantes figuraciones a las que recurre, el constante afán por
conquistar el aprecio de los lectores, configuran un modelo am-
biguo que siempre apunta a la misma pregunta, sin formularla
abiertamente: "¿Para quién soy yo un 'yo'?" o, mejor dicho,
"¿para quién escribo 'yo'?" La vacilación entre persona pública y
yo privado, entre honor y vanidad, entre sujeto y patria, entre
evocación lírica y registro de los hechos, son sólo algunas de las

---

[2] William C. Spengemann propone una concepción evolutiva similar de la literatura norteamericana del XIX y del consiguiente "padecimiento de insuficiencia
cultural" en *A Mirror for Americanists* (Hanover y Londres: University Press of
New England, 1989), pp. 7-27.

manifestaciones de la vacilación que caracterizó (y acaso sigue caracterizando) la escritura autobiográfica en Hispanoamérica.

Si bien me interesan los nexos entre autofiguración, identidad nacional y conciencia cultural, así como los esquemas representativos a que dan origen esos nexos, o contaminaciones, no quiero ubicar este libro entre los muchos intentos, dentro y fuera de Hispanoamérica, de elucidar, definir —y en última instancia inventar— una esencia "nacional" hispanoamericana de la cual la literatura sería una manifestación no mediada. Tampoco comparto en forma indiscriminada el punto de vista según el cual todos los textos hispanoamericanos, por muy "privados" que parezcan, son en verdad y de modo invariable alegorías nacionales que específicamente deben leerse como tales.[3] A primera vista, este criterio podría parecer adecuado para abordar aquellos textos autobiográficos empeñados en fusionar sujeto y nación en un memorable *corpus gloriosum:* los calculadamente mesiánicos *Recuerdos de provincia* de Sarmiento en el siglo XIX o, en el XX, el histrionismo nacionalista de Vasconcelos en *Ulises criollo,* sin duda pueden —pero no necesariamente deben— leerse de esa forma. Pero tal criterio supone modalidades invariables en la escritura hispanoamericana, sin tener en cuenta que, al diversificar la política sus prácticas discursivas, la literatura hace otro tanto y, por supuesto, también la autobiografía. El yo habla desde lugares diferentes. La aceptación de cualquiera de esos criterios —el texto como esencia nacional o como alegoría nacional— suspende la reflexión crítica en vez de fomentarla, canaliza la lectura del texto de modo excluyente. Más provechoso en cambio es dejar que la preocupación nacional (sin duda presente en la escritura autobiográfica) reverbere en el texto como escena de crisis, siempre renovada, necesaria para la *retórica* de la autofiguración en Hispanoamérica; ver esa preocupación nacional como espacio crítico, marcado por una ansiedad de orígenes y de representación, dentro del cual el yo pone en escena su presencia y logra efímera unidad.

La autobiografía es siempre una re-presentación, esto es, un

---

[3] Fredric Jameson, "Third World Literature in the Era of Multinational Capitalism", *Social Text*, 15 (1986), pp. 65-88. Véase una acertada crítica de la posición de Jameson en Aijaz Ahmad, "Jameson's Rhetoric of Otherness and the 'National Allegory' ", *Social Text*, 17 (1987), pp. 3-25.

volver a contar, ya que la vida a la que supuestamente se refiere es, de por sí, una suerte de construcción narrativa. La vida es siempre, necesariamente, relato: relato que nos contamos a nosotros mismos, como sujetos, a través de la rememoración; relato que oímos contar o que leemos, cuando se trata de vidas ajenas. Por lo tanto, decir que la autobiografía es el más referencial de los géneros —entendiendo por referencia un remitir ingenuo a una "realidad", a hechos concretos y verificables— es, en cierto sentido, plantear mal la cuestión. La autobiografía no depende de los sucesos sino de la *articulación* de esos sucesos, almacenados en la memoria y reproducidos mediante el recuerdo y su verbalización. "Mi nombre, más que llamarme, me recuerda mi nombre."[4] El lenguaje es la única forma de que dispongo para "ver" mi existencia. En cierta forma, ya he sido "relatado" por la misma historia que estoy narrando.

Al considerar la mediación narrativa presente en toda autobiografía, me interesan algunos de sus aspectos más textuales; es decir, no sólo el "texto" no escrito (una pulsión, un fragmento, un rastro) almacenado en la memoria que guía la inscripción de sí, sino también las "formas culturales"[5] y los fragmentos de textos verdaderos a los que recurre el autobiógrafo para dar forma a lo que almacenó la memoria. El autobiógrafo hispanoamericano a menudo recurre al archivo europeo en busca de fragmentos textuales con los que, consciente o inconscientemente, forja su imagen. En ese proceso, se alteran en forma considerable esos textos precursores, no sólo porque se los trate con irreverencia sino porque el archivo cultural europeo, al ser evocado desde Hispanoamérica, constituye ya *otra* lectura. Dedico considerable atención a la elaboración textual del yo y a la escena de lectura (o de lectura desviada) que tan a menudo le sirve de emblema, pues en esa escena se manifiesta la *diferencia* del autobiógrafo. En este contexto, son de especial interés las autobiografías de autores cuya distancia con respecto del canon europeo se debe a algo

---

[4] Antonio Porchia, *Voces* (Buenos Aires, 1943; reimp. Hachette, 1975), p. 80.

[5] Clifford Geertz, *The Interpretation of Cultures* (Nueva York: Basic Books, 1973). Cito: "las formas culturales pueden tratarse como textos, como obras de imaginación construidas con materiales sociales [...] No son meros reflejos de una sensibilidad preexistente representada analógicamente; son agentes dinámicos en la creación y conservación de esa sensibilidad" (p. 449-451). (Todas las traducciones son mías salvo indicación contraria.)

más que al hecho de ser hispanoamericanos. A la nacionalidad se añade el hecho de ser esclavo, como Juan Francisco Manzano, en el siglo XIX; de ser mujer, como Victoria Ocampo, en el siglo XX. Marginados por la institución (exclusión parcial en el caso de la mujer; total en el caso del esclavo), se valen de recursos particularmente ingeniosos para manipular textos a los cuales no tienen acceso directo con el fin de lograr la autorrepresentación deseada.

Las autobiografías hispanoamericanas no son textos fáciles. La dificultad con que se afirman como formas viables, las burlas que provocaron y quizás sigan provocando (*Recuerdos de provincia* de Sarmiento, que Alberdi ridiculiza y acusa de frivolidad; el *Ulises criollo* de Vasconcelos, comparado con los boleros de Agustín Lara), todo esto hace del autobiógrafo un escritor extremadamente precavido, consciente de su vulnerabilidad y de un posible rechazo por parte del lector. La autobiografía es una forma de exhibición que solicita ser comprendida, más aún, perdonada. *Que me perdonen la vida:* más de un autobiógrafo hispanoamericano haría suya la frase con que Victoria Ocampo cifra su actitud ante el lector. La expresión ha de leerse en su doble sentido. Literalmente, que se perdone al autobiógrafo, que se lea su vida con simpatía. Pero también, de modo más drástico, que se lo perdone como se perdona a un condenado, que se posponga su ejecución. La idea de transgresión evocada por la frase y el poder que en apariencia da al lector para que conceda un indulto, son frecuentes en estos textos. Hay a menudo la sospecha de que ha hecho algo mal, no tanto desde un punto de vista moral sino táctico; la sospecha de que, dada la condición incierta del género, quizá se lo esté enfocando de modo equivocado. El autobiógrafo hispanoamericano es un eficacísimo autocensor: en su relato de vida introduce silencios que apuntan a lo que no puede contarse, mientras que en otros textos menos comprometedores a menudo revela lo que considera impropio de ser contado autobiográficamente.

Uno de los silencios más expresivos de las autobiografías hispanoamericanas del siglo XIX se refiere a la infancia. Me detengo en el tema porque refleja algunas de las prohibiciones que pesan sobre los textos autobiográficos, prohibiciones que, hasta cierto punto, siguen vigentes. El hecho de que se pasen por alto los primeros años de la vida del autor dice mucho acerca del modo en que el autobiógrafo elige validar su relato. Considerándolo una forma de la historia —la biografía no de un otro heroico o ejemplar sino de un yo heroico o ejemplar—, le resulta difícil acomodar, dentro de los límites de su documento, una *petite histoire* cuya mera trivialidad podría hacer dudar de la importancia de su empresa. Así, cuando aparecen referencias sobre la infancia, o bien se las trata prolépticamente para prefigurar los logros del adulto, o bien se las aprovecha por su valor documental. El niño Alberdi que juega al caballito en las rodillas del general Belgrano es algo más que un detalle simpático. Marca ideológica, hace patente la adhesión de la familia Alberdi a la causa de la independencia argentina. Es interesante que entre todos esos autobiógrafos decimonónicos, grandes admiradores de las *Confesiones* de Rousseau, sólo uno dedicó a su infancia un relato elegiaco digno del espíritu del maestro. Es significativo que ese relato se escribiera desde una posición triplemente marginal: fue escrito en el exilio, en una lengua que no era lengua nativa y por una mujer, la condesa de Merlin, que no tenía la menor pretensión histórica. El imperativo documental nunca desaparece de la autobiografía hispanoamericana; por el contrario, con el pasar del tiempo adopta formas más variadas y más sutiles. Mi lectura de Miguel Cané y Mariano Picón Salas considera esos textos —también recuerdos de infancia— como proclamas ideológicas y llamados a una solidaridad de grupo. Ataviados con las seductoras vestiduras de lo singular, de lo pasado de moda, protegidos de las intromisiones de la historia y desafiando todo cambio, los relatos de infancia de Cané y Picón Salas pueden leerse como credos ideológicos. Se requiere un tipo especial de escritor "excéntrico" —pienso en Norah Lange, pero también podría haber escogido a Felisberto Hernández— para liberar a la infancia de tales restricciones ideológicas.

Para textos tan ligados a la representación del yo en el pasado, las autobiografías hispanoamericanas se resisten notablemente a reflexionar sobre aquello mismo que las hace posibles. La memoria se suele aceptar como eficaz mecanismo de reproducción cuyo funcionamiento rara vez se cuestiona, cuyas infidelidades apenas se prevén. Aun cuando esta aceptación ciega es más característica del siglo XIX que del XX, ofrece un buen punto de partida para una reflexión más sostenida sobre el funcionamiento de la memoria en estos textos. Quiero analizar las estrategias de un ejercicio mnemotécnico que —como todo recuerdo— es una forma de fabulación. A diferencia del *fabulateur* de Janet, que implora se le dé un indicio que le permita distinguir lo que sucedió de lo que cree que sucedió, yo no busco distinguir el hecho de la ficción. Si cuestiono el ejercicio de la memoria y la fabulación del yo que de ella resulta, lo hago porque deseo examinar los modelos sociales de representación que, con la misma seguridad que los modelos auspiciados por la escena de lectura, guían la recuperación del pasado de manera satisfactoria para el sujeto rememorante. La evocación del pasado está condicionada por la autofiguración del sujeto en el presente: la imagen que el autobiógrafo tiene de sí, la que desea proyectar o la que el público exige. Como Ña Cleme, la vieja mendiga de *Recuerdos de provincia* de Sarmiento quien, gozando de su fama de bruja, "trabajaba en sus conversaciones" para cimentar la prestigiosa imagen con la que ya comenzaba a identificarse, el autobiógrafo "trabaja en su memoria" con la misma finalidad. Aun cuando menos definida que la de Ña Cleme, la imagen de sí existe como impulso que gobierna el proyecto autobiográfico. Además de fabricación individual, esa imagen es artefacto social, tan revelador de una psique como de una cultura. Así, por ejemplo, Sarmiento elabora su pasado en *Mi defensa* de acuerdo con la imagen del intelectual autodidacta y del *paterfamilias* de la comunidad. Pero cinco años más tarde, en *Recuerdos de provincia*, trabaja un pasado algo diferente para que concuerde con la imagen del hijo aplicado, digno eslabón en la cadena de renombrados intelectuales y antepasados suyos. Las diferentes imágenes, que corresponden a diferentes épocas de la vida y llevan a dos autobiografías distintas, dicen mucho acerca de Sarmiento. Pero también dicen mucho acerca de cómo se concebía la historia —y lo que entonces se consideraba una de sus modalidades, la (auto)biografía— a principios del siglo XIX en Hispanoamérica: como un panteón de ejemplares figuras heroicas. Del mismo modo, la autobiografía de Lucio Mansilla, presentada como ocioso paseo por el viejo Buenos Aires, revela tanto sobre la imagen que Mansilla tiene de sí mismo —el perpetuo, evasivo *flâneur*— como sobre cierta concepción decimonónica de la literatura que cuestiona la idea de un todo orgánico y valora, en cambio, lo fragmentario.

Una postura marcadamente testimonial caracteriza los textos autobiográficos hispanoamericanos. Aun cuando no siempre se vean a sí mismos como historiadores —este concepto va perdiendo terreno a medida que el deslinde de géneros se vuelve más específico— los autobiógrafos seguirán viéndose como testigos. El hecho de que este testimonio a menudo revista el aura de las visiones últimas —el autobiógrafo da testimonio de lo que ya no existe—, no sólo agranda la figura individual del autor sino refleja las dimensiones colectivas que se reclaman para el ejercicio autobiográfico. La autobiografía en Hispanoamérica es un ejercicio de memoria que a la vez es una conmemoración ritual, donde las reliquias individuales (en el sentido que les da Benjamin) se secularizan y se re-presentan como sucesos compartidos. En este sentido tienen particular importancia los lugares de la memoria, los sitios elegidos para los ritos de la comunidad: casonas familiares, provincias soñolientas (fortalezas de la tradición), ciudades irrevocablemente cambiadas, quizá destruidas, por el tiempo. Igualmente importante es la forma en que se subraya la memoria colectiva y la confianza en lo que podría llamarse un linaje mnemotécnico. Las novelas familiares son depósitos de recuerdos: como Borges que agradece a su madre "tu memoria y en ella la memoria de los mayores", el autobiógrafo hispanoamericano incursiona en el pasado a través de las reminiscencias familiares, sobre todo maternas.

Si por una parte esta combinación de lo personal y de lo comunitario restringe el análisis del yo, tan a menudo asociado con la autobiografía (punto de vista que, no debe olvidarse, se aplica a *un* solo tipo de autobiografía), por otra parte tiene la ventaja de captar la tensión entre el yo y el otro, de fomentar la reflexión sobre el lugar fluctuante del sujeto dentro de su comunidad, de permitir que otras voces, además de la del yo, se oigan en el texto. Aun en los casos que parecen favorecer uno de los polos de esta oscilación entre sujeto y comunidad, excluyendo en apariencia al otro —digamos, por un lado, la primera persona plural de *Regreso de tres mundos* de Mariano Picón Salas, tan deliberadamente "representativo" que se convierte en abstracción, y, por el otro, el yo desafiantemente privado de *Cuadernos de infancia* de Norah Lange—, aun estos casos permiten, quizá sin sospecharlo, que exista esa tensión. Así, aunque pueda resultar tentador ver en los textos autobiográficos hispanoamericanos un sujeto, requerido por diferentes tácticas de represión (lo que no puede contarse) y de autovalidación (lo que debe referirse en forma aceptable para la comunidad, para la nación), que todavía no ha entrado del todo en "lo suyo" (es decir, la historia del yo "solo"), sería poco atinado concluir que el progreso hacia la introspección, desde la estrechez del documento hasta la libertad de la ficción, es la meta necesaria para estos textos. Dada la historia del género, de los componentes que gradualmente, secretamente, acabaron por integrar lo que podría denominarse una tradición autobiográfica hispanoamericana, sería ésta una evaluación improcedente. Si en el siglo XIX el planteo del sujeto autobiográfico resultaba difícil porque carecía de espacio institucional, y si ese frágil sujeto, para darse textura, necesitaba recúrrir a tácticas de autovalidación que incluían pretensiones a la historicidad, a la utilidad pública, a los vínculos de grupo, al testimonio —en resumen, pretensiones que abrían el yo a una comunidad— al llegar el siglo XX esas tácticas ya han adquirido carta de ciudadanía y se han incorporado en una *retórica* autobiográfica. Aun cuando no se les considera una necesidad histórica, continúan moldeando el discurso de la autorrepresentación en Hispanoamérica, pues han llegado a ser elemento intrínseco de la autopercepción del sujeto.

Quiero añadir ahora algunos comentarios breves, de naturaleza más práctica, para explicar las razones por las que escogí estos textos. Por el empleo del término "hispanoamericano", en lugar de "latinoamericano", se entenderá que no voy a referirme a autobiografías brasileñas, exclusión que acaso sorprenda, dada la rica tradición autobiográfica del Brasil. Precisamente por eso, porque me doy cuenta de mis limitaciones en ese campo, preferí dejar ese sector de la autobiografía latinoamericana a estudiosos mejor capacitados y concentrarme en la tradición lingüística que conozco mejor. Asimismo decidí, acaso de manera injusta, dejar de lado una forma de autoescritura más reciente, los testimonios, relatos de sujetos que, directamente o por medio de informantes, narran vidas marginadas. En este caso la exclusión responde a dos razones. Por un lado, la muy abundante producción de literatura testimonial, las condiciones que la rigen, las reglas no escritas que le dan forma, la convierten en género aparte que debe considerarse como tal. Por el otro, elegí estudiar textos de escritores, es decir, de autobiógrafos que, al decidir trasladarse al papel, tienen conciencia, de una u otra forma, de lo que significa verter el yo en una construcción retórica; escritores que, con una buena dosis de lucidez literaria, se resignan a la necesaria mediación de la representación textual. Así como excluí los testimonios, excluí las autobiografías de políticos y hombres de Estado para quienes el acto de escritura inherente al ejercicio autobiográfico no parecía problemático. Un último comentario se refiere a las autobiografías escritas por mujeres, o mejor dicho, a la forma en que las manejo en este libro. No satisfecha con la manera en que generalmente se clasifican los textos de mujeres en Hispanoamérica —agrupándolos en categorías ahistóricas como "literatura femenina" o "poesía femenina", sin tomar en cuenta cronología o movimientos literarios— preferí estudiarlas junto con sus colegas varones, para analizar mejor las características que comparten con ellos y, también, para evaluar mejor sus diferencias.

Sólo trabajé con una reducida porción de textos autobiográficos publicados desde el siglo pasado. Por qué escogí precisamente esos textos y no otros es cuestión puramente personal; o, dicho de otra manera, mis ficciones críticas eligieron por mí. Sin embargo, en la bibliografía aparece una lista de todos los textos autobiográficos que he podido localizar en Hispanoamérica dentro del periodo que abarca este libro. Descubrir la existencia de esos textos —por una oscura referencia en una historia literaria, por una ficha encontrada al azar en una biblioteca, por conversaciones, por intuición— fue tarea difícil, a menudo penosa. Como me refiero sólo en forma tangencial a algunos de esos textos y dejo a otros completamente de lado, pensé que valía la pena mencionar por lo menos todos los títulos y así ahorrar a otros críticos mucho tiempo y no pocas molestias. Tengo conciencia de que la lista bien podría ampliarse y de que algunos países están mejor representados que otros. Me imagino que existen muchos otros textos autobiográficos que no localicé, textos que podrían impugnar e incluso contradecir las páginas que siguen. Cuento con lo que otros investigadores puedan tener que decir sobre la escritura autobiográfica en Hispanoamérica y con el diálogo que entablen con este libro.

PRIMERA PARTE
LA ESCENA DE LECTURA

Invadía autores como un rey y [...] exaltó su credo hasta el punto de componer un libro de traza discursiva y autobiográfica, hecho de traducciones, donde declaró, por frases ajenas, lo sustancial de su pensar.

JORGE LUIS BORGES, *El tamaño de mi esperanza*

El libro es la memoria de la especie humana durante miles de años: con el libro en la mano nos acordamos de Moisés, de Homero, de Sócrates, de Platón, de César, de Confucio; sabemos palabra por palabra, hecho por hecho, lo que dijeron o hicieron; hemos vivido, pues, en todos los tiempos, en todos los países, y conocido a todos los hombres...

DOMINGO FAUSTINO SARMIENTO,
"El monitor de las escuelas primarias"

I. EL LECTOR CON EL LIBRO EN LA MANO

PREVISIBLEMENTE, Borges ofrece un comienzo. En uno de sus últimos relatos (aquellos que los críticos aclamaron, con satisfecha miopía, como "por fin realistas"), un simpático joven de cultura convencional, residente de una gran ciudad, se encuentra varado en una estancia remota. Sus únicos compañeros son el capataz y sus hijos, analfabetos que se expresan con gran dificultad, descendientes de colonos escoceses que se casaron con indias. Como toda conversación resulta imposible, el joven, para establecer contacto, decide leerles páginas de una vieja Biblia inglesa que encuentra en la casa. En las páginas en blanco al final del volumen se han registrado, con muchas lagunas, la historia y el linaje de la familia, desde que salió de Inverness hasta el punto en que ya nadie supo escribir. Aguijoneado por vagos afanes didácticos, el joven no se contenta con leer; escogiendo el Evangelio según Marcos, practica la lectura en voz alta "para ejercitarse en la traducción", y quizá también para averiguar si los Gutres entienden algo de lo que están oyendo.[1] Los Gutres (originalmente Guthries) resultan ser atentísimos oyentes. En perfecto silencio absorben palabra tras palabra de lo que se les lee y, cuando termina el Evangelio, piden que se repita la misma lectura (o traducción) "para entenderlo bien" (p. 1071). La reverencia que sienten por la Biblia se extiende a su lector: "mientras leía, notó que le retiraban las migas que él había dejado sobre la mesa. Una tarde los sorprendió hablando de él con respeto y pocas palabras" (1071). Por súbito que parezca, el final del relato es previsible. Un viernes por la tarde, el joven se sorprende pensando (¿citando?) en voz alta: "Ya falta poco". Detrás de él, el capataz repite como un eco esas palabras. En verdad, la hora ha llegado. Los tres Gutres (la transliteración del apellido escocés tiene un sonido gutural, inquietante) lo llevan, casi lo empujan al galpón,

---

[1] Jorge Luis Borges, "El Evangelio según Marcos", en *Obras completas* (Buenos Aires: Emecé, 1974), pp. 1068-1072. Cito en adelante por esta edición.

y una vez dentro, Espinosa contempla la cruz que le han preparado.

Esta larga referencia al texto de Borges no proviene sólo del placer de repetir (y por ende traducir para mis propios fines) un cuento particularmente inolvidable, de casi perfecta ejecución. Quizá mejor que otros, este relato de Borges cifra el significado de toda su obra: la *mise en texte* de la escena de lectura en Hispanoamérica y, concomitantemente, de una práctica narrativa. Si todos los cuentos de Borges (en este contexto "Pierre Menard" es el que se cita con más frecuencia) repiten sin cansancio que la literatura —toda literatura— es relectura, ejercicio abierto de repetición de un solo texto, perpetuamente diferente, "El Evangelio según Marcos" va más lejos. En sus páginas, los escribas-lectores que presenta Borges (o acaso mejor, los activos oyentes), no son, como Pierre Menard, letrados europeos sino paisanos argentinos, criollos con sangre de Europa y sangre de América, que ya no saben ni leer ni escribir. Indigentes culturales, no han perdido con todo el deslumbrado respeto por la Escritura; pero al carecer de letras, sólo atinan a dramatizar, de manera atroz, su desviada interpretación. Al dar a este relato un escenario argentino, Borges parecería subrayar un aspecto fundamental de la literatura hispanoamericana: su capacidad de distorsión creadora (y en este caso mortal).[2] Releer y reescribir el libro europeo, nos dice el cuento, puede ser una experiencia a veces salvaje, siempre inquietante. La actitud del escritor hispanoamericano —podría calificarse de *pose* si el término no insinuase menosprecio— es exactamente el reverso de la máxima de Mallarmé, y como tal, su parodia. El Libro no es meta sino prefiguración: disonante conjunto de textos a menudo fragmentados, de trozos sueltos de escritura, es materia para comienzos.

Este aspecto fundamental de la literatura hispanoamericana se

[2] Sobre la distorsión literaria en García Márquez, véase Roberto González Echevarría, *Myth and Archive: A Theory of Latin American Narrative* (Cambridge: Cambridge University Press, 1990), pp. 19-30. González Echevarría ve a Melquíades como lector emblemático en quien es fácil reconocer a Borges. Podría añadirse que *Cien años de soledad* también manipula ese otro "texto", no por no escrito menos eficaz, de los clichés europeos con respecto a Hispanoamérica. Como ya lo había hecho Jules Supervielle en *Débarcadères* y *L'Homme de la Pampa*, García Márquez recurre a la hipérbole para hacer burla de la convencional imagen "tropical" de Hispanoamérica que generalmente tienen los lectores no hispanoamericanos.

ha estudiado a menudo en sus diversas manifestaciones, sobre todo en la ficción, es decir, el acto de re-contar por excelencia. Pero de hecho, el saqueo del archivo europeo afecta todos los géneros en Hispanoamérica, incluso aquellos que, a primera vista, parecerían no necesitar el apoyo de textos anteriores. No constituyen una excepción los libros de viaje, los relatos de diversos tipos en primera persona, los testimonios, los diarios, las autobiografías, todos modos híbridos de representación que querrían hacer creer al lector que está ante relatos directos, no mediados, de la vida real narrados por individuos reales. Estas formas de organizar la realidad por la escritura, que pretenden no obedecer a estructuras preconcebidas,[3] también dependen de una prefiguración textual (aun cuando no escrita). Dependencia, en este caso, no significa una estricta observancia del modelo o una forma servil de *imitatio*, sino referencia a una combinación, a menudo incongruente, de textos posibles que sirven al escritor de impulso literario y le permiten proyectarse al vacío de la escritura, aun cuando esa escritura concierne directamente al yo. Si la biblioteca es metáfora organizadora de la literatura hispanoamericana, entonces el autobiógrafo es uno de sus numerosos biliotecarios, que vive en el libro que escribe y se refiere incansablemente a otros libros. Leyendo antes de ser y siendo lo que lee (o lo que lee de modo desviado), el autobiógrafo también se deja llevar por el libro. De hecho, los géneros autorreflexivos, que se suponen los más referenciales, quizá sean exactamente lo contrario.[4] Refiriéndose a José Miguel Guridi y Alcocer, acaso el primer autobiógrafo hispanoamericano moderno, un crítico despacha los *Apuntes* de Guridi (México, 1802), acaso sin percibir el alcance de

---

[3] No coincido con James Olney cuando afirma: "No hay reglas ni requisitos formales que limiten al autobiógrafo en cierne; no existen restricciones, ni modelos ineludibles, ni prácticas obligatorias que gradualmente hayan surgido de una larga tradición..." ("Autobiography and the Cultural Moment", en *Autobiography: Essays Theoretical and Critical*, James Olney, comp. [Princeton University Press, 1980], p. 3). Por el contrario, pienso que sí existen tales modelos, en la escritura autobiográfica como en toda escritura, aun cuando la pretensión del autobiógrafo a la originalidad —pretensión que ya en sí misma es un modelo y una táctica hábilmente explotada— las disimule. Sobre el tema de los modelos, véase Avrom Fleishman, *Figures of Autobiography. The Language of Self-Writing in Victorian and Modern England* (Berkeley-Los Ángeles-Londres: University of California Press, 1983).

[4] Véase Paul de Man, "Autobiography As De-Facement", *Modern Language Notes*, 94 (1979), pp. 919-930.

sus palabras, como "la historia de una existencia sencilla que quiere ser complicada, vivida más en los libros que en la realidad misma".[5] No se da cuenta el crítico de que, para el autobiógrafo, los libros *son* la vida real.

Las referencias a otros textos, en las autobiografías, adoptan formas diversas. Aquí me referiré a manifestaciones explícitas, y consideraré una estrategia frecuente del autobiógrafo hispanoamericano, esto es, el poner de relieve el acto mismo de leer. Tratado como escena textual primitiva, puede colocarse en pie de igualdad con destacados elementos —el primer recuerdo, la elaboración de la novela familiar, la fabulación de un linaje, la escenificación del espacio autobiográfico, etc.— que recurren en estos textos como autobiografemas básicos. El encuentro del yo con el libro es crucial: a menudo se dramatiza la lectura, se la evoca en cierta escena de la infancia que de pronto da significado a la vida entera. Acaso la versión más cabal y elocuente de la escena sea la de Victoria Ocampo en el primer volumen de su *Autobiografía:* "Llevo un libro que me leían y hago como si leyera. Recuerdo el cuento perfectamente y sé que está detrás de las letras que no conozco".[6] Esta mímica infantil bien podría considerarse como la escena de lectura en estado puro, como el ademán básico, la pose retórica, a la espera de un objeto que la complemente y le dé pleno significado. Como en los autorretratos, el libro adopta la importancia de ciertos objetos —digamos, un caballete, una calavera o un manojo de llaves— cuyo significado sobrepasa su valor de meros objetos: se convierten ën atributos del individuo y cuentan su historia.[7] En *Recuerdos de provincia*, por ejemplo, Sarmiento se complace evocando una emblemática escena de lectura, previsiblemente egocéntrica: como Hamlet, con quien tiende a identificarse, es el joven con un libro en la mano. Dependiente de una tienda donde trabaja de mala gana, devora libros a escondidas:

Ponía mala cara a los que me venían a sacar de aquel mundo que yo había descubierto para vivir en él. Por las mañanas, después de barri-

[5] Julio Jiménez Rueda, *Historia de la literatura mexicana* (México: Ediciones Botas, 1953), p. 158, citado en Raymundo Ramos, *Memorias y autobiografías de escritores mexicanos* (México: UNAM, 1967), p. xxiv.

[6] Victoria Ocampo, *Autobiografía*, vol. I: *El archipiélago* (Buenos Aires: Ediciones Revista Sur, 1979), p. 81. Cito en adelante por esta edición.

[7] Silvia Meloni Trkulja, "L'autoportrait classé", *Corps écrit*, 5 (1983), pp. 127-133.

da la tienda, yo estaba leyendo y una señora Laora pasaba para la iglesia y volvía de ella, y sus ojos tropezaban siempre día a día, mes a mes, con este niño inmóvil, insensible a toda perturbación, sus ojos fijos sobre un libro por lo que, meneando la cabeza, decía en su casa: "¡Este mocito no debe ser bueno! ¡Si fueran buenos los libros no los leería con tanto ahínco!"[8]

La escena de lectura no corresponde necesariamente al primer libro que se lee de niño. La experiencia implica el reconocimiento de una lectura cualitativamente diferente de la practicada hasta ese entonces: de pronto se reconoce un libro de entre muchos otros, el Libro de los Comienzos. Una segunda versión de la escena de Victoria Ocampo, cuando la niña ya ha aprendido a leer, subraya la naturaleza casi religiosa de este descubrimiento. Un verano, una institutriz francesa las inicia, a ella y a sus hermanas, en la lectura del *Telémaco* de Fénelon.[9] El libro sobresale para Ocampo por encima de los "libros aburridos" que se leen en clase y también de las novelas moralizadoras de la condesa de Ségur y otras obras de la literatura infantil de esa época. Al apartarse decididamente de lo cotidiano, *Telémaco* engendra entusiasmo y, sobre todo, respeto. A causa del mérito excepcional que se atribuye a este libro lo guarda, al terminar la lectura, en un lugar especial:

Después de la lectura, cada día, Mademoiselle tomaba los dos volúmenes y en vez de guardarlos en el cajón de los demás libros, levantaba la cortina de hierro de la chimenea (que no se encendía en verano) y allí escondía el olímpico mundo en que yo ya soñaba vivir. El escondrijo me pareció vergonzoso, al principio. Pero poco a poco me acostumbré a la rareza de aquella ocurrencia, y la aprobé. Con el correr del tiempo, me hubiera parecido chocante que Mademoiselle hubiese guardado esos libros en otro lugar [p. 124].

[8] Domingo Faustino Sarmiento, *Recuerdos de provincia*, en *Obras completas*, III, edición revisada (Buenos Aires: Imprenta y Litografía Mariano Moreno, 1896), pp. 172-173. En adelante cito, con ortografía modernizada, por esta edición.

[9] No deja de ser irónico que un libro escrito para la educación del Delfín de Francia despertara tanto entusiasmo en las *nurseries* de las repúblicas hispanoamericanas. Véanse otras referencias a Fénelon en Lucio V. Mansilla, *Mis memorias* (Buenos Aires: Hachette, 1955), p. 161, y Mariano Picón Salas, *Viaje al amanecer*, 1943; reimp. en *Obras selectas* (Madrid-Caracas: Edime, 1962), p. 76.

Ocampo y sus hermanas saben dónde se guarda el libro, pero se abstienen de leerlo fuera de la ritual "hora de lectura". Aun cuando "no había obstáculo material alguno" que impidiera leer *Telémaco* a otras horas, "el obstáculo existía, pero de otra índole":

> Dimanaba del libro mismo, de sus páginas manchadas de humedad, maravillosas e indefensas. ¿Cómo se podía proceder de manera poco noble con un libro lleno de nobleza? Cuando Calipso, la ninfa Eucharys, Télémaque y Néoptolème desaparecían en la chimenea, ahí convenía dejarlos hasta el día siguiente, aunque me devorara el deseo de continuar la lectura y vivir en tan deslumbrante compañía [p. 125].

A menudo se asocia la escena de lectura con un mentor. En algunos casos se trata de un maestro real, pero las más de las veces es una especie de guía que dirige las lecturas del niño. En el siglo XIX, el papel lo desempeña casi siempre un hombre, ya que la lectura se asocia con lo masculino y con la autoridad. Sarmiento, por ejemplo, recuerda que su padre lo incitaba a leer: "Debí, pues, a mi padre la afición de la lectura, que ha hecho la ocupación constante de una buena parte de mi vida" (p. 161). Las mujeres, por su poca instrucción, en general no aparecen asociadas a la escena de lectura ni se las acepta como figuras de autoridad. Sin embargo, aun cuando no estén directamente relacionadas con la lectura, no dejan de ser locuaces: en las autobiografías de principios del siglo XIX a menudo aparecen como narradoras importantes y útiles. Una constante de *Recuerdos de provincia*, cuando Sarmiento intenta reconstruir la historia de su provincia, de la que no quedan testimonios escritos, es la frase "cuéntame mi madre", con la que evoca el testimonio oral materno.

Con el transcurso del tiempo, cambian los mentores asociados a la escena de lectura. En las autobiografías del siglo XX, las mujeres sí llegan a ser figuras significativas, culturalmente influyentes e incluso, a veces, dotadas de autoridad cultural. Enrique González Martínez, en *El hombre del búho*, atribuye su descubrimiento de los libros a dos hombres, su padrino y su padre, pero alaba a su madre como inspirador modelo de curiosidad intelectual y de libertad de pensamiento: "En las lecturas de familia, tan comunes en mi hogar, mi padre explicaba y clasificaba; mi madre interpretaba a su modo la obra leída, de acuerdo con su propia emoción".[10] Aquí la lectura se equipara menos con el poder que con el exceso. *El hombre del búho* dedica páginas memorables a la voracidad de lectura de la madre, páginas que celebran una falta de moderación que el hijo nunca logró emular del todo:

> Discípula de mi padre desde muy joven hasta el momento de casarse con él, se acostumbró en el matrimonio a la lectura en compañía; pero más leía a solas sus libros predilectos, segura de su juicio y satisfecha de sus preferencias. [...] Leía con desorden, a cualquier hora, y cuando un libro le interesaba, no era raro que lo terminara en una noche, sin pegar los ojos, tomando café negro y fumando cigarrillos, hábito que adquirió desde los primeros años de su matrimonio. Una larga siesta al siguiente día la curaba del insomnio prolongado. Ávida de lecturas, curiosa de todo conocimiento y dolida de que la existencia no le hubiera dado ocasión de cultivar su espíritu con mayor y mejor disciplina [pp. 582-585].

Dando un paso más, el *Ulises criollo* de José Vasconcelos presenta la figura materna no sólo como lectora y proveedora de libros, sino como matriz ideológica, consciente guardiana de la cultura nacional. La lectura y la madre aparecen unidas en uno de los primeros recuerdos de Vasconcelos: una mujer con un libro en el regazo. Tanto en González Martínez como en Vasconcelos, la relación con la madre debe tomarse en cuenta como influencia decisiva en la escena de lectura. Introduce un elemento de pasión, incluso de erotismo, que aumenta en forma considerable la complejidad de la escena. Sarmiento, unido a su madre por sentimientos tan intensos como los de esos dos escritores, nunca pudo combinar sus dos pasiones —la madre y los libros— porque su madre no sabía leer.[11]

[10] Enrique González Martínez, *El hombre del búho*, en *Obras completas* (México: El Colegio Nacional, 1971), p. 597. Cito en adelante por esta edición. El título del primer volumen de la autobiografía de González Martínez remite por supuesto a un poderoso precursor literario al citar el famoso soneto parricida de González Martínez —"Tuércele el cuello al cisne"— contra Rubén Darío.
[11] La madre de Sarmiento aprendió a leer y escribir de chica, pero por falta de práctica olvidó las dos cosas. Con cierto orgullo, el hijo refiere cómo, cuando él daba a sus hermanas la lección vespertina de gramática, su madre, que hilaba al lado suyo, seguía la lección y resolvía sin la menor dilación muchas de las dificultades que desconcertaban a sus hijas (p. 138).

Incluso en autobiografías más recientes, no siempre se considera a las madres

Se podría objetar que esa insistencia en la escena de lectura no aparece sólo en las autobiografías hispanoamericanas sino que es un lugar común de toda autobiografía de escritor. En efecto, sería raro que no fuese así, ya que, desde el momento en que un autor decide explorar el pasado, verá sin duda con buenos ojos cualquier experiencia de juventud que pueda interpretarse como promesa de la futura vocación y por ende hará hincapié en ella. Los primeros recuerdos de Rousseau constituyen un buen ejemplo de esta actitud: "No sé bien qué hice antes de cumplir cinco o seis años; no sé cómo aprendí a leer. Sólo recuerdo los primeros libros que leí y el efecto que me produjeron. De este periodo arranca la ininterrumpida conciencia de mí mismo".[12] La experiencia hispanoamericana no es en esencia diferente. Su carácter específico es más bien cuestión de *modo*, expresado con amplitud en la necesidad que experimentan los autobiógrafos de ponerse en escena, a menudo en forma ostentosa. Estos escritores no sólo necesitan re-crear la escena de lectura como tópico. A lo largo de todos sus textos autobiográficos, como el actor chino de Brecht que advierte al espectador que está en el teatro, necesitan advertir al lector que se encuentra "en literatura", que el texto autobiográfico es una fabricación literaria. La importancia concedida a la escena de lectura en la juventud del autobiógrafo acaso sea un truco realista para dar verosimilitud al relato de vida del escritor (y de paso establecer su gloria precoz). Pero de hecho funciona como estrategia autorreflexiva, que recalca la naturaleza textual del ejercicio autobiográfico, recordándonos que detrás de todo hay siempre un libro.

El depender de los libros —actitud no necesariamente consciente en el autobiógrafo— puede manifestarse de la manera más simple: la analfabeta Jesusa Palancares, en *Hasta no verte Jesús mío* de Elena Poniatowska, describe su embeleso cuando su com-

---

dignas de la escena de lectura. Nilita Vientós Gaston, en *El mundo de la infancia* (Río Piedras: Editorial Cultural, 1984), recuerda con no disimulado desprecio las lecturas de su madre: "Le gustaba leer folletines y lo que yo llamaba porquerías. De vivir en estos tiempos, seguiría las novelas de televisión"(p. 21). Vientós Gaston se considera en deuda con su padre por haberla iniciado en las lecturas "de verdad": "Tuve la fortuna de que papá era aficionado a la lectura y en contra del criterio de mamá me autorizó a leer todo lo que tenía en su biblioteca, donde reinaba Victor Hugo" (p. 44).

[12] Jean-Jacques Rousseau, *Confessions* (París: Gallimard, La Pléiade, 1951), p. 8.

pañero, Pedro, que sabía leer "muy bonito", con "mucho fuego
en los ojos", le leía en voz alta todas las noches en la tienda de
campaña que compartían como soldados de la Revolución mexicana.[13] En otros casos la escena de lectura aparece apenas esbo-
zada, como disimulada. Cuando, agazapada en alguna página
de *Imágenes de infancia* de Manuel Rojas, se encuentra, a propósito de una experiencia decisiva, una referencia a *Poil de carotte* de
Jules Renard —único libro nombrado de modo explícito en todo
el texto— la referencia pone en tela de juicio el carácter supuestamente no libresco de la obra en lo que equivale a una escena de
lectura *manquée*.[14] A la inversa, la relación con los libros puede darse llena de ansiedad, como en el caso de Pablo Neruda. Descon-
tando su deuda con la literatura, proclamando una postura vita-
lista y antintelectual (que irónicamente parecería provenir de un
libro, *Hojas de hierba*), Neruda se lanza a una cruzada contra el libro que su propia escritura y hasta sus hábitos de bibliófilo des-
mienten una y otra vez. La compleja actitud de Neruda hacia los
libros y la literatura ocupa el centro mismo de su proyecto autobiográfico. A pesar de sus declaraciones —"Yo no quiero ir /
vestido de volumen, / yo no vengo de un tomo, / mis poemas /
no han comido poemas"—[15] su autorrepresentación se apoya en
textos tanto como la de otros autobiógrafos; no sólo en el "libro
de la naturaleza" que con falsa inocencia menciona Neruda sino
en textos precisos, escritos por otros autores y también, significativamente, por el propio Neruda. Aun cuando pretenda "deses-
cribir" la literatura —el papel que retorna a la madera, el texto
que vuelve a ser palabras sueltas— Neruda, en *Confieso que he
vivido*, reescribe arteramente sus libros poéticos anteriores, en especial su *Canto general*.[16]

Se impone un examen más minucioso de las lecturas propiamente dichas a fin de distinguir las peculiaridades de este gesto

[13] Elena Poniatowska, *Hasta no verte Jesús mío* (México: Ediciones Era, 1969;
reimp. 1985), pp. 114-115.

[14] Manuel Rojas, *Imágenes de infancia*, en *Obras escogidas* (Santiago de Chile:
Ercilla, 1961), p. 358.

[15] Pablo Neruda, "Oda al libro" I, en *Obras completas*, I (Buenos Aires: Losada,
1957; reimp. 1967), p. 1097.

[16] Para un buen análisis de cómo la poesía de Neruda refleja su conflictivo
afecto por los libros, véase Enrico Mario Santí, *Pablo Neruda, The Poetics of Prophecy*
(Ithaca y Londres: Cornell University Press, 1982), en especial los capítulos 3 y 4.

cultural. Si el autobiógrafo hispanoamericano aparece como un Hamlet moderno, siempre con un libro en la mano, es necesario averiguar qué contiene exactamente ese libro. Una primera mirada revela de inmediato que esos epifánicos descubrimientos provienen de un contacto indirecto con el texto. Siempre hay mediación: o bien el libro es una traducción y se halla a uno o varios grados de distancia del español —González Martínez se descubre a sí mismo en una traducción francesa de Goethe, y a Vasconcelos lo impresiona una traducción de Homero al inglés—, o se lee el texto en la lengua original, traducido, por así decirlo, en el mismo acto de leer. Sólo en casos excepcionales interviene en la escena de lectura un libro escrito en español, es decir, en la lengua que el autobiógrafo empleará para narrar su propia historia.

Probablemente sincera (aunque la sinceridad, en sí misma, no es medida adecuada para juzgar una autobiografía), la selección del libro europeo como clave del autodescubrimiento textual (y vital) revela, además, una buena dosis de ingenua presunción. Como quienes buscan contestar el cuestionario de Marcel Proust o participar en el juego de los "diez libros en una isla desierta", el autobiógrafo no quiere aparecer culturalmente inerme, un intelectual disminuido ante los ojos de los otros, y por ello se ufana de preferir a los "clásicos". Este afán por mostrarse competente lector de las obras del canon —sin caer en la cuenta de que ese canon, precisamente porque se lee *en* Hispanoamérica, trasladado a un contexto hispanoamericano, ya no es el mismo— puede verse como resultado de un colonialismo cultural convencional y sin duda, en parte, debe verse así. Vasconcelos, siempre receloso de lo que significa quedar expuesto al cruzamiento cultural, no vacila en considerar su lectura de la *Ilíada* en inglés, a fines de siglo, como algo directamente relacionado con "la penetración de la nueva influencia" padecida por mexicanos en los pueblos fronterizos de Piedras Negras y Eagle Pass.[17] Sin embargo, más allá de este hecho —la importación en gran escala de la literatura europea (rara vez española) y de una cultura patrocinada por Francia— cabe reflexionar sobre otras cuestiones: qué se *hacía* con esas importaciones culturales, cómo eran recibidas, cómo eran leídas y, sobre todo, cómo se las integraba, se las manipulaba, para

---

[17] *Ulises criollo*, en *Memorias*, I (México: Fondo de Cultura Económica, 1982), p. 34.

constituir productos culturales diferentes.[18] Una vez más, la autobiografía parece no sólo reflejar esa integración, realizada en todos
los niveles del discurso y en todos los géneros, sino que constituye un terreno ideal donde observar las etapas de ese proceso.

Sarmiento, uno de los primeros saqueadores del archivo europeo, dejó muchas autofiguraciones halagüeñas. Una de ellas, particularmente reveladora, lo presenta como un hombre que: "no
pasea, ni visita, ni asiste a teatros, ni banquetes, ni juega para di-
vertirse; que hace medio siglo lee en francés, inglés, italiano, castellano, etc., todo lo que puede leer un estudioso; que sus bibliote-
cas contienen cuatro grandes estantes de libros ingleses y cuatro
enormes de franceses".[19] En *Mi defensa*, su primer texto autobiográfico de 1843, afirma Sarmiento que la clave de sus adelantos
como individuo y también del progreso de toda una nación es
"el haber aprendido a leer muy bien".[20] El relato de vida de Sarmiento (emparentado con la autobiografía espiritual a pesar de
ser decididamente laico) podría llevar por subtítulo, en recuerdo
de Bunyan, "El progreso del lector". Pero ¿qué quiere decir Sarmiento con "leer muy bien"? Beatriz Sarlo y Carlos Altamirano,
en un penetrante ensayo dedicado a *Recuerdos de provincia*, entienden la expresión no tanto como comprensión cabal de lo que
se lee sino como manera de independizarse de los mediadores

---

[18] Para un penetrante análisis de las relaciones entre el colonialismo y el libro,
véase Homi K. Bhabha, "Signs Taken for Wonders: Questions of Ambivalence
and Authority under a Tree Outside Delhi, May 1816", en *"Race", Writing, and
Difference*, Henry Louis Gates, Jr., comp. (The University of Chicago Press, 1986),
pp. 163-184. Bhabha observa con agudeza que "la hibridez colonial no es un *problema* de genealogía o identidad entre dos culturas *diferentes* que pueda resolverse como una cuestión de relativismo cultural. La hibridez es una *problemática* de
la representación y la individuación coloniales que invierte los efectos del desconocimiento colonialista, de manera que otros saberes 'desconocidos' ingresan en
el discurso dominante y alienan la base de su autoridad, es decir, sus reglas de
reconocimiento [...] La hibridez invierte el proceso *formal* del desconocimiento,
de manera que la dislocación violenta, la *Entstellung* del acto de colonización, se
convierte en la *condicionalidad* del discurso colonial" (p. 175).

[19] Citado en Ricardo Sáenz Hayes, "Alberdi y Sarmiento", en *La polémica de
Alberdi con Sarmiento y otras páginas* (Buenos Aires: M. Gleizer, 1926), p. 33.

[20] *Mi defensa*, en *Obras completas*, III, p. 7. Cito en adelante por esta edición; las
referencias a *Mi defensa* van precedidas de *D*, para distinguirlas de las de *Recuerdos de provincia*.

culturales, principalmente clérigos, que permanecían fieles a las viejas ideas y a los valores tradicionales.[21] Libre de esos intermediarios molestos, el buen lector autodidacta entra en contacto con bienes culturales que puede considerar suyos. Hay por cierto en *Recuerdos de provincia* (1850) una elocuente defensa de ese acceso no mediado a la cultura. Al evocar una vez más su escena de lectura favorita, la del joven y voraz lector, solo en la tienda, rodeado de mercaderías, Sarmiento recuerda su encuentro con el libro como descubrimiento decisivo y providencial:

> Pero debe haber libros, me decía yo, que traten especialmente de estas cosas, que las enseñen a los niños; y entendiendo bien lo que se lee, puede uno aprenderlas sin necesidad de maestros; y yo me lancé en seguida en busca de esos libros, y en aquella remota provincia, en aquella hora de tomada mi resolución, encontré lo que buscaba, tal como lo había concebido [...] ¡Los he encontrado! podía exclamar como Arquímedes, porque yo los había previsto, inventado, buscado [...] [p. 172-173].

Independizándose de los necios controladores de la cultura, Sarmiento queda libre para emprender su educación directamente y aprender "a leer muy bien", sin mediadores. Pero ¿de veras es así? Si consideramos el tipo de libros que lee —todos importados de Europa— debe concluirse que el acceso directo con que sueña es una ficción: él mismo habrá de convertirse en su propio mediador o, mejor dicho, en su propio traductor. Es significativo que se refiera a la traducción en su primer texto autobiográfico, *Mi defensa*, inmediatamente después de la escena de lectura, como si fuese, en cierta forma, su complemento. Para Sarmiento, leer bien consiste, básicamente, en traducir:

> Para terminar la relación de estos estudios tan desordenados y que continúan hasta ahora, diré que el año 29, durante un tiempo en que estuve escondido por motivos políticos, pude proporcionarme una *gra-*

---

[21] "Sarmiento, al adquirir la capacidad de 'leer muy bien', alcanza al mismo tiempo el acceso a la cultura sin la mediación de los letrados típicos de esa sociedad tradicional, los sacerdotes. Capacidad de lectura, adquisición de los instrumentos culturales y emancipación intelectual están, en la experiencia personal de Sarmiento, fundidos." (Carlos Altamirano y Beatriz Sarlo, "Una vida ejemplar: la estrategia de *Recuerdos de provincia*", en *Literatura/Sociedad* [Buenos Aires: Hachette, 1983], p. 175).

mática vieja de Chantreau, y unos diccionarios, y cuando salí a luz, me había traducido muchos libros; que durante doce años he andado atisbando la pronunciación, que aún no es correcta; que el año 34 aprendí en Chile el inglés, pagando por mes y medio un maestro que me iniciase en él, y que hasta ahora no he podido aprender a pronunciarlo; que el año 37 aprendí en mi país el italiano, y el año 41 el portugués, aquí, por necesitarlo para la redacción de *El Mercurio* [D, p. 9].

Adviértase que el propio Sarmiento concede la misma categoría a las dos actividades: leer es traducir para beneficio propio ("me había traducido"). Aprender otros idiomas no es tanto una apertura (Sarmiento no logra pronunciar las lenguas aprendidas, las habla con dificultad) como una interiorización, un modo de incorporar. Su aprendizaje de idiomas, o mejor dicho, de la traducción, reaparece en *Recuerdos de provincia*, esta vez con más amplitud y elocuencia:

Para los pueblos de habla castellana, aprender un idioma vivo es sólo aprender a leer, y debiera uno por lo menos enseñarse en las escuelas primarias. El clérigo Oro al enseñarme latín, que no sé, me había dotado de una máquina sencilla de aprender idiomas, que he aplicado con suceso a los pocos que conozco. En 1829 [...] tuve en San Juan mi casa por cárcel, y el estudio del francés por recreo. Vínome la idea de aprenderlo con un francés, soldado de Napoleón, que no sabía castellano, y no conocía la gramática de su idioma. Pero la codicia se me había despertado a la vista de una biblioteca en francés perteneciente a don José Ignacio de la Rosa, y con una gramática y un diccionario prestados, al mes y once días de principiado el solitario aprendizaje, había traducido doce volúmenes, entre ellos las *Memorias* de Josefina. De mi consagración a aquella tarea puedo dar idea por señales materiales. Tenía mis libros sobre la mesa del comedor, apartábalos para que sirvieran el almuerzo, después para la comida, a la noche para la cena; la vela se extinguía a las dos de la mañana, y cuando la lectura me apasionaba, me pasaba tres días sentado registrando el diccionario. Catorce años he puesto después en aprender a pronunciar el francés, que no he hablado hasta 1846, después de haber llegado a Francia. En 1833 estuve de dependiente de comercio en Valparaíso, ganaba una onza mensual, y de ella destiné media para pagar al profesor de inglés Richard, y dos reales semanales al sereno del barrio para que me despertase a las dos de la mañana para estudiar mi inglés. Los sábados los pasaba en vela para hacerlo de una pieza con el domingo; y después de mes y medio de lecciones, Richard me dijo que no me faltaba ya sino la pronunciación, que hasta hoy no he podido adquirir. Fuime a Copiapó, y mayordomo indigno de *La Colorada*, que tanta plata en barra escondía a mis ojos, traduje a volumen por día los sesenta de la colección completa de novelas de Walter Scott, y otras muchas obras que debí a la oficiosidad de Mr. Eduardo Abott. Conservan muchos en Copiapó el recuerdo del minero a quien se encontraba siempre leyendo [...] [p. 178].

Leer, entonces, es traducir; ¿pero traducir de qué manera? A todas luces, Sarmiento da al término un significado especial, el de una traducción en beneficio propio de la que no queda constancia escrita. Entonces, ¿por qué dice *traducir* en lugar de *leer*? ¿Acaso los términos no sean sinónimos, como a primera vista parecen indicarlo estos textos? Un estudio más sostenido de los textos autobiográficos de Sarmiento deja en claro que así es, que si bien *traducir* reemplaza a *leer*, los dos verbos en vez de coincidir divergen. Si traducir es leer, es leer *con diferencia*: la traducción que perpetra, por así decirlo, el lector, no copia los contornos del original sino que, necesariamente, se desvía de ellos. La descripción que hace Sarmiento del método empleado por fray Oro, su querido maestro, cuando le enseñaba latín —lo que el buen fraile llamaba la "máquina de aprender"— es significativa. Oro pone al muchacho a traducir del latín al español, le enseña a reconocer las diferencias ("me iba enseñando las diferencias") y, luego, a apartarse del texto: "animaba [la lectura] con digresiones sobre la tela geográfica de la traducción" (p. 71).

En cierto sentido, podría decirse que traducir, como lo entiende Sarmiento, no es "leer muy bien" sino, desde un punto de vista convencional, *leer muy mal*.[22] Que Sarmiento lee si no mal sí de modo diferente se hace patente en la impresionante rapidez con

[22] Los críticos de Sarmiento rara vez pierden la oportunidad de poner en evidencia su escasa erudición. Manuel Gálvez, uno de sus biógrafos más intolerantes, anota: "Todo lo ha devorado en desorden, sin maestros. Muchas cosas no puede haberlas comprendido, si bien las retiene porque le sobra memoria. Esta formación intelectual deplorable, sin la menor disciplina, marca el espíritu de Sarmiento para toda su vida. [...] En estas cosas, cuando se empieza mal se sigue mal". (Manuel Gálvez, *Vida de Sarmiento. El hombre de autoridad* [Buenos Aires: Emecé, 1945], p. 42).

En cuestiones de erudición, la postura de Sarmiento es ambigua: proclama su total independencia intelectual pero, como casi todos los autodidactas, es particularmente sensible a cualquier acusación de incompetencia cultural (véase Sáenz Hayes, p. 33).

que dice practicar ese ejercicio. A pesar de ser novato en la lengua francesa, afirma que "tradujo" doce libros franceses "en un mes y once días", o sea, a razón de apenas tres días por volumen, sin contar las presumiblemente frecuentes y necesarias consultas a la gramática y al diccionario que le han prestado. La velocidad con que practica sus "traducciones" del inglés resulta, increíblemente, aún mayor: en este caso, al cabo de un brevísimo periodo de aprendizaje, después del cual el maestro lo declara competente, "traduce" la prosa bastante densa de Walter Scott a razón de una novela diaria, atendiendo a la vez, si bien muy a la ligera, a sus obligaciones en la mina de Copiapó.

Es notorio que Sarmiento tendía a la exageración. En este caso particular, sin embargo, sospecho que lo que dice es en esencia cierto. Quizá sí haya hojeado, aunque muy por encima, la mayoría de esos volúmenes —el tiempo no le habría permitido otra cosa—, armando una traducción de lo que leía (o, dado su deficiente conocimiento de la lengua extranjera, de lo que creía leer), una traducción que es artefacto textual, simulacro del original, *libro diferente*. Por muy "correcta" que a Sarmiento le haya parecido su manera de leer, sin duda tenía conciencia de que leer es modificar. Así, describe su práctica de la lectura como un "traducir el espíritu europeo al espíritu americano, *con los cambios que el diverso teatro requería*" (p. 181; cursivas mías). Sin duda, algunos de esos cambios eran conscientes; otros afectaron la lectura de Sarmiento sin que él mismo lo supiera.

Sarmiento ve su precipitada lectura de los escritores europeos como una necesidad, una manera de llenar un vacío. En su vehemente polémica con Andrés Bello, a las críticas de Bello contra "los que iniciados en idiomas extranjeros y sin el conocimiento y estudio de los admirables modelos de nuestra lengua, se lanzan a escribir según la versión que más han leído",[23] responde con arrogancia que, como España tiene poco o nada que ofrecer en el campo de las humanidades, es indispensable que sus antiguas colonias pidan prestado a otras literaturas. El prejuicio de Sarmiento contra España es notorio. Sin embargo, vistas más de cerca, sus belicosas afirmaciones atacan no tanto la lengua y la literatura como cierta *actitud* hacia la lengua y la literatura: no tanto el

[23] Andrés Bello, citado en Gálvez, *Vida de Sarmiento*, p. 115.

libro como la forma de leerlo. La influencia de España, sostiene Sarmiento, "tiene agarrotada la imaginación" por "la perversidad de los estudios que se hacen, el influjo de los gramáticos, el respeto a los *admirables modelos*, el temor de infringir las reglas [...] No hay espontaneidad, hay una cárcel cuya puerta está guardada por el inflexible culteranismo [...].[24] El juicio de Sarmiento sobre España y la influencia de España en la cultura hispanoamericana se expresa, de modo característico, en función de libros y de lectura: "Nosotros somos una segunda, tercera o cuarta edición de España; no a la manera de los libros que corrigen y aumentan en las reimpresiones, sino como los malos grabados, cuyas últimas estampas salen cargadas de tinta y apenas inteligibles. Sus vicios son los mismos que los que adolecemos nosotros".[25] En resumen, España no sólo enseñó a Hispanoamérica a leer siempre el mismo libro del mismo modo (con gran respeto por "los admirables modelos"), sino que —Sarmiento lleva más lejos la metáfora— convirtió a sus dóciles colonias en copias redundantes (malos textos) que poco significan y poco tienen que ofrecer.

Esta digresión sobre las opiniones de Sarmiento acerca de España ayuda a aclarar sus conceptos sobre lectura y traducción. Leer con respeto convencional lleva, según Sarmiento, a la redundancia o a la parálisis, constituye una experiencia espiritualmente atrofiante. Por el contrario, leer a la manera de Sarmiento —en forma salteada, llenando huecos más o menos al azar—, abre las puertas a una ilimitada libertad intelectual y a la imaginación creadora. Más importante aún, le permite a Sarmiento *añadir* a lo que va leyendo. Como diría su nieto años después de muerto el abuelo: "era una característica del autor que nunca pudo copiar nada textualmente y menos de lo suyo, donde la superabundancia de ideas lo hacía ampliar lo escrito".[26]

Las consecuencias de leer con expansiones y digresiones, de leer, si se quiere, con perversidad, son obvias en las obras de Sarmiento, en particular en sus textos autobiográficos. Abundantemente mechados con referencias inesperadas, citas con errores de ortografía, vocablos extranjeros y atribuciones no siempre exac-

---

[24] "Primera polémica literaria", *Obras completas*, I, p. 223.
[25] "Las obras de Larra", *Obras completas*, I, p. 113.
[26] "Cartas con Mitre", *Obras completas*, XLIX, p. 245.

tas, estos textos hasta llegan a proponer (pensándolo bien esto no ha de sorprender) una defensa del plagio. Aun hoy, este aparente desparpajo de Sarmiento con respecto al canon europeo se censura en nombre del saber. Sarmiento, afirman sus opositores, no *sabe;* no se dan cuenta de que *sí sabe, pero de manera diferente.*

Las consideraciones de Sarmiento sobre el plagio, por aparecer en un capítulo de *Recuerdos* que es de crucial importancia en términos de la estrategia autobiográfica, merecen especial consideración. El libro de Sarmiento, se recordará, sigue un esquema genealógico. Arma una compleja novela familiar y evoca una por una, capítulo tras capítulo, figuras ilustres —héroes con quienes Sarmiento se identifica y a través de los cuales exalta sus propias y mejores cualidades— que reemplazan a su inepto progenitor. Irónicamente, todas esas fabulosas figuras paternas pertenecen al lado materno, como si la familia del padre no tuviera nada que ofrecer. Hay, sin embargo, dos notables excepciones, y las dos se relacionan con la lectura: el hermano del padre de Sarmiento, José Manuel Eufrasio de Quiroga Sarmiento, obispo de Cuyo, quien enseña a leer a su sobrino, y un primo del padre de Sarmiento, Gregorio Funes, deán de la Universidad de Córdoba, a quien Sarmiento no conoció pero a quien dedica páginas apasionadamente personales. El deán Funes, figura de considerable vigor intelectual (como el propio Sarmiento), fue un hombre de transición, "a la vez el término medio entre la Colonia y la República [...] como el dios Término de los antiguos, con dos caras, una hacia el porvenir y otra hacia lo pasado" (p. 110). También al igual que Sarmiento —la tácita identificación del autobiógrafo con su modelo se va constituyendo claramente a lo largo de este capítulo—, Funes era incansable lector, historiador distinguido, biógrafo, "reformador de las ideas coloniales" y (quizá) plagiario. Al escribir su *Ensayo de la historia civil del Paraguay,* el deán, por desgracia, intentó llenar el vacío dejado por España de un modo que sus lectores censuraron, en forma injusta, según Sarmiento. Viendo en Funes a una víctima, emprende la defensa de su obra con argumentos tan sospechosamente familiares que vale la pena citarlos *in extenso:*

> El autor usa de los tesoros de su erudición, tanto en las americanas crónicas, como en los libros clásicos de la Europa, que casi él solo

poseía con un total olvido de que escribía en el albor de una época
que iba a poner al alcance de todos los elementos mismos de su saber.
Así, el lector empezó a percibirse en muchos de sus trabajos de que
ocurrían frases, periodos, que ya habían sonado gratos a sus oídos, y
páginas que los ojos se acordaban de haber visto. Sobre el deán Funes
ha pesado el cargo de plagiario, que para nosotros se convierte, más
bien que en reproche, en muestra clara de mérito. Todavía tenemos
en nuestra literatura americana autores distinguidos que prefieren
vaciar un buen concepto suyo en el molde que a la idea imprimió el
decir clásico de un autor esclarecido. García del Río es el más brillante modelo de aquella escuela erudita que lleva en sus obras, incrustados como joyas, trozos de amena literatura y pensamientos escogidos.
Una capa anterior a este bello aluvión de los sedimentos de la buena
lectura dejó la compilación, la apropiación de los productos del ingenio de los buenos autores a las manifestaciones del pensamiento nuevo. Campmany, en España, pertenece a esta familia de escritores que
traducen páginas francesas y las emiten a la circulación bajo la garan-
tía de su nombre y engalanadas con el ropaje de un lenguaje castizo.
El médico a palos de Moratín era *Le médecin malgré lui* de Molière.

Aquello, pues, que llamamos hoy plagio, era entonces erudición y
riqueza; y yo prefiriera oír por segunda vez a un autor digno de ser
leído cien veces, a los ensayos incompletos de la razón y del estilo
que aún están en embrión, porque nuestra inteligencia nacional no se
ha desenvuelto lo bastante para rivalizar con los autores que el concepto del mundo reputa dignos de ser escuchados [pp. 127-128].[27]

Sarmiento no practicó con exceso la "apropiación" que tan amable y hasta convincentemente propone como necesaria para una
literatura nueva, pero sí recurrió a ella. La atención con que leía
a Pierre Leroux, por ejemplo, autor que, según cuenta, solía llevar en el bolsillo,[28] queda de manifiesto en la transcripción más o
menos directa de algunos de los artículos de Leroux tomados de

---

[27] Benjamin Franklin, uno de los modelos reconocidos por Sarmiento, defiende el plagio de manera parecida: "prefería que, en vez de malos sermones de su
propia cosecha, nos diera buenos sermones escritos por otros" (*The Autobiography
of Benjamin Franklin* [Nueva York: Macmillan, 1967], p. 106).

[28] "Reinaban aún en aquellas apartadas costas [Sarmiento se refiere a Chile]
Raynal y Mably, sin que estuviera del todo desautorizado el *Contrato social*. Los
más adelantados iban por Benjamin Constant.

"Nosotros llevábamos, yo al menos, en el bolsillo, a Lerminier, Pedro Leroux,
Tocqueville, Guizot, y por allá consultábamos el *Diccionario de la conversación* y
muchos otros prontuarios" ("Reminiscencias de la vida literaria", en *Obras completas*, I, p. 335).

la *Revue Encyclopédique* y trasladados a las columnas de *El Zonda*, periódico que Sarmiento fundó y dirigió en 1839.[29] Así, no es de sorprender que aun en textos autobiográficos de Sarmiento haya ejemplos de canibalismo textual. El capítulo cuarto de *Recuerdos de provincia* dedicado a los casi extintos indios huarpes, originarios de San Juan, combina citas del historiador Ovalle, debidamente identificadas, con lo que parece ser una vívida evocación personal de Sarmiento de las costumbres de caza de los huarpes. Pero de hecho, como señala Paul Verdevoye, la secuencia entera proviene de Ovalle: lo que parece fruto de la observación y el recuerdo personal es, en realidad, reescritura.[30]

Si a veces se olvida de mencionar a los autores que cita, igual que el deán a quien tanto admiraba, otras veces Sarmiento practica, acaso de modo involuntario, lo que sería más tarde artificio favorito de Borges, esto es, la atribución falsa. Hay un buen ejemplo en uno de los epígrafes de *Recuerdos:* "Es éste un cuento que, con aspavientos y gritos, refiere un loco, y que no significa nada" es atribuido erróneamente a *Hamlet* en vez de a *Macbeth*. La equivocación merece ser tenida en cuenta, pues revela la imagen que Sarmiento tiene de sí y quiere imponer a su lector: no la imagen de un asesino sin carácter, abrumado por sentimientos contradictorios, sino la de un príncipe incomprendido. También es reveladora la libérrima traducción que Sarmiento elige para la cita: "It is a tale / Told by an idiot, full of sound and fury, / Signifying nothing" se vuelve "Es éste un cuento que, con aspavientos y gritos, refiere un loco, y que no significa nada". En vez de *idiot* pone *loco;* en vez de *sound and fury* traduce *aspavientos y gritos*. A Sarmiento se lo llamaba con frecuencia "el loco Sarmiento", por su histrionismo y su desmesura, apodo del que tenía, sin duda, pleno conocimiento.[31]

[29] Véase Paul Verdevoye, *Domingo Faustino Sarmiento. Éducateur et publiciste (entre 1839 et 1852)* (París: Institut des Hautes Études de l'Amérique Latine, 1963), pp. 55-59. Alberto Palcos sugiere que los textos de *El Zonda* donde se encuentran citas no atribuidas de Leroux, probablemente fueran obra de Ignacio de Quiroga Rosas, otro colaborador que inició a Sarmiento en el estudio del pensamiento socialista francés (Verdevoye, p. 57). Sin embargo, Sarmiento se acredita la autoría de la mayor parte de los artículos, y casi todos sus críticos lo han tomado en serio.

[30] Verdevoye, p. 114.

[31] Adolfo Prieto, en las excelentes páginas que dedica a Sarmiento en *La literatura autobiográfica argentina* (1966: reimp. Buenos Aires: Centro Editor de América

La más famosa de las atribuciones falsas de Sarmiento es la del epígrafe de *Facundo*. No parece casual que dos de los "errores" más evidentes de Sarmiento se encuentren en los epígrafes de libros en los que especialmente buscó la figuración personal: *Recuerdos de provincia*, su autobiografía, y *Facundo*, la biografía de su enemigo y figura refleja y acaso, oblicuamente, un modo de autorretrato. El lugar destacado que ocupan estas citas falsas, como epígrafes que por fuerza atraen la atención y anuncian las reglas del texto, no puede pasarse por alto.

Sarmiento se refiere más de una vez al incidente que sirve de trasfondo al epígrafe de *Facundo* proporcionando tantos detalles, que es lícito pensar que atribuía igual importancia a la escena de cita, por así llamarla, que a la emblemática escena de lectura. La versión más conocida de la escena se encuentra en el prefacio de la primera edición de *Facundo* (1845). Ahí se lee, en primer lugar, el epígrafe —*On ne tue point les idées*—; a continuación, el nombre del presunto autor —Fortoul—, y luego una traducción tan libre que casi constituye una digresión: "A los hombres se degüella: a las ideas no". A continuación Sarmiento proporciona el contexto autobiográfico que corresponde a la cita:

A fines del año 1840 salía yo de mi patria desterrado por lástima, estropeado, lleno de cardenales, puntazos y golpes recibidos el día anterior en una de esas bacanales sangrientas de soldadesca y mazorqueros. Al pasar por los baños de Zonda, bajo las armas de la Patria que en días más alegres había pintado en una sala, escribí con carbón estas palabras: *On ne tue point les idées*.

El Gobierno, a quien se comunicó el hecho, mandó una comisión encargada de descifrar el jeroglífico, que se decía contener desahogos innobles, insultos y amenazas. Oída la traducción, "¡Y bien!", dijeron, "¿qué significa esto?"[32]

Latina, 1982), ve en Sarmiento un perfecto ejemplo del tipo de "adulto gesticulante" creado por Karl Mannheim (p. 53).

[32] *Facundo*, *Obras completas*, VII, p. 7. Este episodio grotesco encontraría su paralelo exactamente cien años después cuando otra comisión gubernamental intentó responder a una nueva pregunta: ya no *¿qué quiere decir?*, sino *¿dónde quiere decir?* Sin fijarse en que el propio Sarmiento había indicado que la inscripción estaba en una pared *en el interior* de un edificio, la comisión de 1940, optando por la monumentalidad, decidió que seguramente estaba escrita en una roca y, por lo tanto, ordenó que se colocara una placa en esa roca. Véase Allison Williams Bunkley, *The Life of Sarmiento* (Princeton: Princeton University Press, 1952), p. 136.

Estos sucesos vuelven a mencionarse en varias cartas personales y, como era de esperarse, en *Recuerdos de provincia*, en forma breve pero notable:

En 19 de noviembre de 1840, al pasar desterrado por los baños de Zonda, con la mano y el brazo que habían llenado de cardenales el día anterior, escribí bajo un escudo de armas de la república: *On ne tue point les idées*, y tres meses después, en la prensa de Chile, hablando a nombre de los antiguos patriotas: "Toda la América está sembrada de los gloriosos campeones de Chacabuco [...]" [p. 200].

Sigue una larga cita tomada de un artículo sobre la batalla de Chacabuco, texto muy estimado por Sarmiento porque marca el principio de su carrera literaria. Ahora bien, lo más notable de esta cita es su sintaxis. El verbo —"escribí"— reúne sin el menor esfuerzo dos actividades distintas en un solo acto. La escritura de la cita que se toma prestada se fusiona con la escritura del texto de Sarmiento: una meramente precede a la otra, a manera de impulso inicial, para un acto de escribir que es esencialmente incorporativo. El citar se encuentra en el origen del acto de escribir, así como el traducir se encuentra en el origen del acto de leer. El énfasis cae en el verbo: Yo escribo —lo mismo mis propias palabras que las de Fortoul—.

Pero ¿son éstas, verdaderamente, las palabras de Fortoul? Sólo en el prefacio de *Facundo* se atribuye la frase al pensador social francés a quien tanto leía Sarmiento. En otras descripciones del mismo incidente, la frase se cita de paso; es evidente que no pertenece a Sarmiento porque está en francés pero, al haber suprimido el nombre del verdadero autor, es claro que se la ha apropiado. Los críticos han dado innumerables vueltas a esta cita para llegar a distintas conclusiones sobre su exactitud y sobre su presunto autor, conclusiones que revelan, más que nada, la ideología de los críticos mismos. Así, mientras unos censuran a Sarmiento por pretender lucirse con una frase que no es suya, otros se complacen en corregir su error. No es Fortoul sino Volney, afirma uno; no es de Fortoul ni de Volney sino de Diderot, asegura otro. La atribución a Diderot (que Verdevoye sostiene con argumentos persuasivos) resulta atractiva y aumenta la complejidad del gesto expropiativo de Sarmiento. La frase original de

Diderot es *"On ne tire pas de coups de fusil aux idées"*: Sarmiento
no sólo habría errado la fuente sino la cita misma.

Es interesante notar que esta frase ya había sido utilizada
como epígrafe. Así la emplea Charles Didier en un artículo publicado en la *Revue Encyclopédique* que Sarmiento, asiduo lector de
la *Revue*, seguramente conocía. Por lo tanto, Sarmiento no sólo
estaría perpetrando una falsa atribución y una cita errónea sino
que estaría expropiando un sistema de autorización ajeno: toma
un epígrafe de Diderot que ya ha servido para dirigir la interpretación de un texto de Didier y lo emplea para indicar la forma en
que debía leerse el suyo. La cita desviada (junto con su variante
más benigna, la ortografía equivocada) pueden convertirse en
ejercicios inesperadamente corrosivos.[33]

Precisamente por incorrecta, falsa e inclasificable, la cita de Sarmiento desconcierta y desafía al lector, se niega a ser asimilada.
En ese sentido sí constituye un gesto fundacional y caracteriza
una forma particular de leer, de escribir, de imponer una imagen
del yo. Además, sugiere otra posibilidad. Al referir el incidente,
más o menos en broma, en una carta a su amigo Quiroga Rosas,
escribe Sarmiento: *"On ne tue pas les idées"*.[34] Sin embargo, cuando escribe la cita en una pared al cruzar la frontera con Chile, y
también en ese otro umbral que es la primera página de *Facundo*,
en lugar de *pas* emplea *point*. La diferencia entre *pas* y *point*, entre
el término negativo ordinario y el literario y un tanto arcaico, no es
desatendible: aumenta la importancia de la cita de Sarmiento,
acusando la conciencia que el citante tiene de su gesto. La frase
será o no una cita "auténtica" de Fortoul, de Volney o de Diderot,
pero lo que importa es que *parezca* una cita, una frase escrita por
otro y no improvisada por el yo, que, en un nuevo contexto, ad-

---

[33] En fecha más reciente, los personajes de la novela de Ricardo Piglia, *Respiración artificial* (1980), discuten una vez más la problemática cita de Sarmiento. Saben que no es de Fortoul; suponen que es de Volney, y por fin concluyen que no
merece la pena averiguar. Lo que sí les interesa es la ironía fundamental de la situación: *Facundo*, aclamado por muchos como obra fundadora de la literatura argentina, se inicia con una cita que, primero, es de un autor extranjero, y, segundo,
es falsa. A esto puede agregarse una ironía adicional, el hecho de que, gracias a
una errata, la novela de Piglia, como Sarmiento, también "se equivoca". Si bien los
personajes de Piglia se divierten con el error de Sarmiento, la primera edición de
la novela en cierta forma lo perpetúa: dos veces se lee "Fourtol" en lugar de Fortoul
(Ricardo Piglia, *Respiración artificial* [Buenos Aires: Pomaire, 1980], pp. 161-162).

[34] Citado por Verdevoye, p. 76.

quiere nuevo significado. Sarmiento primero efectúa una total des-
contextualización en la cual sacrifica la atribución correcta y la
exactitud de los términos; luego establece la distancia literaria
mediante el lapidario *point*. Sólo entonces, cuando ya ha liberado
y manipulado la cita a voluntad —cuando, en cierto sentido, la
ha "descitado"— somete aún más la frase. La adapta con brutalidad, mediante una traducción deliberadamente interpretativa, a
la realidad contemporánea, transformándola en denuncia contra la
dictadura de Rosas: "A los hombres se degüella: a las ideas no".
Dando otra vuelta de tuerca a la traducción libre de Sarmiento,
podría decirse: de los autores se prescinde; de la literatura no.[35]

Leer, traducir, citar y citar con desvíos, pedir prestado y adap-
tar, en suma, canibalizar textos ajenos distan mucho de ser, para
Sarmiento, actividades meramente librescas. Condicionan su autopercepción como individuo. Con esto no quiero decir que le
proporcionan medios de progresar en lo intelectual, para volverse más "civilizado", como diría él mismo. Ese aspecto, sin duda,
está presente —Sarmiento cree a pie juntillas, como sus mentores
de la *Revue Encyclopédique*, en el "progreso continuo" y en la "per-
fectibilidad"— pero acaso constituya el aspecto menos interesante del proceso de la lectura. La lectura, en la forma casi desafiante en que se practica en *Mi defensa* y *Recuerdos de provincia*, no
sólo representa una concepción de la literatura: es parte integral
de la imagen que Sarmiento tiene de sí mismo, le brinda verdadero apoyo ontológico. Sarmiento no puede existir (o no puede
verse existir) sin libros. Esto es evidente a lo largo de su obra
autobiográfica, donde las referencias al archivo europeo no son
menos escasas que en sus otros textos, supuestamente más "objetivos". *Mi defensa* y *Recuerdos de provincia* operan la fantasmáti-
ca traducción del libro al ser.

Este proceso que, andando el tiempo, se vuelve sistemático en
Sarmiento, se inicia en la adolescencia, prácticamente desde la
época en que se inicia en la escena de lectura. Leer al otro no es
sólo apropiarse de las palabras del otro, es existir a través del otro,
ser ese otro. Se podrá decir que la mayoría de los niños y adoles-

---

[35] Véanse consideraciones adicionales sobre la problemática relación de Sar-
miento con la cultura europea (y su manipulación de esa cultura) en Ricardo
Piglia, "Notas sobre *Facundo*", en *Punto de vista*, 3, 8 (1980), p. 17, y en Julio Ramos,
"Escritura y oralidad en el *Facundo*", *Revista Iberoamericana*, 143 (1988), pp. 551-572.

centes recurren a ese tipo de fantasía proyectiva, y que el proceso no debe considerarse como característico de Sarmiento, de la literatura argentina o de Hispanoamérica. Por cierto, Sarmiento describe la primera manifestación de esta transposición precisamente como una simpática reacción infantil: "La historia de Grecia la estudié de memoria, y la de Roma en seguida, sintiéndome sucesivamente Leónidas y Bruto, Arístides y Camilo, Harmodio y Epaminondas; y esto mientras vendía yerba y azúcar, y ponía mala cara a los que me venían a sacar de aquel mundo que yo había descubierto para vivir en él" (p. 172). La biblioteca extranjera proporciona al joven Sarmiento, en su provincia de San Juan, lo que el cine a los personajes de Manuel Puig en *La traición de Rita Hayworth* un siglo después: un fantasmal suplemento ontológico. Con una diferencia: Sarmiento (que no es el único en cultivar este *bovarismo* literario) continúa este proceso de traducción e identificación vitales más allá de la infancia. Ya viejo, pensando en la historia de Grecia para explicar los males de Argentina, escribe en 1875: "Uno se siente ser algo por comparación y sólo así se puede vivir en este mundo estrecho, en este país secundario, en este cuerpo caduco".[36] Sarmiento hace de este proceso de comparación y traducción, mediante el cual construye su yo autobiográfico, uno de los postulados básicos de su ideología literaria.

La práctica de lectura de Sarmiento, mejor dicho, la dramatización que hace de esa práctica en *Mi defensa* y en *Recuerdos de provincia*, manifiestamente toma en cuenta la contaminación entre vida y texto y la utiliza para su provecho. Al leer la *Vida de Cicerón* de Middleton, Sarmiento dice "vivir largo tiempo entre los romanos" y sueña con llegar a ser un "insigne orador", proyecto que convirtió en realidad en sus discursos y, a no dudarlo, en sus textos, donde a todas luces influyó una tradición retórica y, sobre todo, oratoria.[37] Huella aún más honda dejó en él la *Au-*

[36] "La organización nacional", en *Obras completas*, XLIX, p. 169. Ricardo Piglia analiza la propensión de Sarmiento a la analogía: "Si Sarmiento se excede en su pasión, un poco salvaje, por la cultura es porque para él conocer es comparar. Todo adquiere sentido si es posible reconstruir las analogías entre lo que se quiere explicar y otra cosa que ya está juzgada y escrita" ("Notas sobre *Facundo*", p. 17).

[37] Véase en Luisa López Grigera, "Lectura retórica de *Facundo*", *Letras* (Buenos Aires), VI-VII (1982-1983), pp. 119-128, una exposición de la deuda de Sarmiento con la retórica clásica en la composición de *Facundo*.

tobiografía de Benjamin Franklin.[38] Además de convertirse (traducirse) en Franklin, o bien de convertir (traducir) a Franklin en Sarmiento, el texto de esa *Autobiografía* sirve también de mediación genérica, le permite descubrir una tradición literaria:

> La vida de Franklin fue para mí lo que las vidas de Plutarco para él, para Rousseau, Enrique IV, Mma. Roland y tantos otros. Yo me sentía Franklin; y ¿por qué no? Era yo pobrísimo como él, estudioso como él, y dándome maña y siguiendo sus huellas, podía un día llegar a formarme como él, ser doctor *ad honorem* como él, y hacerme un lugar en las letras y en la política americana [pp. 176-177].

Para Sarmiento, el traducirse en Franklin es algo más que ser Franklin el personaje ejemplar.[39] Es también ser Franklin el lector y, más concretamente, el lector de Plutarco —el autor que, para Sarmiento, legitima el acto de narrar vidas—. Así, de modo retrospectivo, la traducción de (o en) Franklin proporciona a Sarmiento tanto una forma de ser como una forma de escribir que le permiten ubicarse en la tradición (auto)biográfica. En *Mi defensa* y *Recuerdos de provincia*, la necesidad de llegar a ser a través de la referencia literaria desemboca en un ejercicio, notablemente preciso, de autorretrato textual. El autobiógrafo se apoya en fragmentos de otros textos, se convierte en sí mismo en el acto de referirse a otros y, en particular, a otros autobiógrafos. A través de Montaigne afirma su creencia en la legitimidad de la escritura

[38] John E. Englekirk, en su estudio exhaustivo "Franklin en el mundo hispánico", *Revista Iberoamericana*, 41-42 (1956), pp. 319-372, considera que Sarmiento es el único autobiógrafo hispanoamericano en quien influyó Franklin.

[39] Hay consideraciones generales sobre la importancia de la autobiografía de Franklin como modelo autobiográfico en William C. Spengemann, *The Forms of Autobiography* (New Haven y Londres: Yale University Press, 1980). Es evidente que Sarmiento también considera las biografías y autobiografías como *exempla*. Quería que la autobiografía de Franklin formara parte de los programas escolares de manera que cada alumno, después de leerla, quisiera "ser un Franklincito", y es obvio que deseaba para *Recuerdos de provincia* el mismo efecto inspirador. Sin duda, pueden aplicarse a *Recuerdos* los mismos términos que Spengemann aplica a Franklin: "El objetivo de la *Autobiografía* [...], más que explicar cómo un principio universal justifica la vida, es justificar esa vida convenciendo a los otros de que sus conclusiones son de valor universal" (p. 54). Pueden encontrarse consideraciones adicionales sobre la ejemplaridad de la escritura autobiográfica de Franklin dentro de la tradición norteamericana en Robert F. Sayre, "Autobiography and the Making of America", *Essays Theoretical and Critical*, James Olney, comp. (Princeton: Princeton University Press, 1980), pp. 146-168.

autobiográfica; a través de Rousseau y de madame Roland, su convencimiento de que al escribirse se presta a sí mismo un servicio, a través de Franklin, de que presta un servicio a los demás. Recordar las lecturas, y, en especial, la forma en que los demás se han recordado a sí mismos, es una forma de recordarse uno mismo, de ser en el texto. La autoescritura se convierte en gesto cultural.

Hacia el final de *Recuerdos,* padeciendo la ansiedad de clausura que agobia a casi todos los autobiógrafos —¿cómo terminar la historia de mi vida si no he muerto? ¿Cómo apresar por escrito ese punto asintótico en que mi pasado y mi presente se tocan?— Sarmiento escribe con desacostumbrada modestia: "siento el interés de estas páginas se ha evaporado ya, aun antes de haber terminado mi trabajo" (p. 218). En realidad, no es que el relato de Sarmiento pierda interés; es más bien Sarmiento quien pierde interés en su relato. Da la impresión de querer pasar a otra cosa, dejando atrás la anécdota personal. La forma en que decide hacerlo da un nuevo sesgo a su escena de lectura, y añade un toque dramático al final. *Recuerdos de provincia* capta el preciso momento en que el individuo, continuamente sostenido por la lectura, por la traducción, por las citas, por su escritura, cede el lugar a su propio texto, el cual acaba por suplantarlo. *Recuerdos* termina con siete capítulos muy cortos (de un total de 25), que contienen el equivalente de un catálogo descriptivo bien ordenado, en una palabra, una bibliografía crítica de cuanto había publicado Sarmiento. Esas publicaciones, parecería insinuar el texto, retratan al autobiógrafo con la misma fidelidad que los antepasados a quienes evocó al principio: hablan por él y continuarán haciéndolo cuando ya no esté. "El espíritu de los escritos de un autor, cuando tiene un carácter marcado, es su alma, su esencia. El individuo se eclipsa ante esta manifestación, y el público menos interés tiene ya en los actos privados que en la influencia que aquellos escritos han podido ejercer sobre los otros" (p. 218). El emblema del autobiógrafo —el libro en la mano— se convierte en su epitafio.[40] "A mi progenie me sucedo yo", escribe Sarmiento

---

[40] Véase Louis Marin, "Variations sur un portrait absent: les autoportraits de Poussin", *Corps écrit,* 5 (1983), pp. 87-108, acerca de las relaciones entre autorretrato y muerte y la autobiografía como "autobiotanatografía". Para una reflexión sobre autobiografía, epitafios y prosopopeya, véase Paul de Man, "Autobiography as De-Facement", pp. 919-930.

en un momento crucial de *Recuerdos de provincia*. También podría haber dicho con no menor acierto: a mí me suceden mis textos.

Sin duda, varios hechos contribuyen a explicar la textura literaria de esas páginas, notables aun en Hispanoamérica. Sarmiento vivió en una época en que, en el mejor de los casos, era muy tenue la identidad cultural; en que la lectura, y hasta el hecho de poseer libros,[41] proporcionaba al lector una firme, si bien a menudo ilusoria, sensación de autoridad. Más aún, por ser autodidacta, se deleitaba Sarmiento, como la mayoría de los autodidactas, en hacer alarde de sus lecturas, de las que se servía no sólo para que reflejaran sus conocimientos sino para dar sustancia a su ser. Pero lo llamativo de su actitud, o las razones históricas que podrían explicar su caso personal, no deben llevar a pensar, erróneamente, que su caso es único. Sarmiento pone de manifiesto una actitud cultural al cultivar una de sus muchas formas. Después de Sarmiento, la escena de lectura seguirá caracterizando las autobiografías hispanoamericanas,[42] ya por su obsesiva presencia, como en las constantes referencias al texto europeo que permean el ejercicio autobiográfico de Victoria Ocampo (una especie de "cito, luego soy"), o a través de su enérgica omisión, como en el vehemente rechazo de Neruda —"Libro, déjame libre"— en sus memorias y su poesía. Espejo para el autobiógrafo, el libro refleja, consuela, aumenta, deforma; finalmente, muestra la imagen de quien lo convoca.

[41] Hablando de Funes, en dos ocasiones indica Sarmiento que el deán era propietario único de los libros que citaba (y, probablemente, plagiaba). Por su parte, cuenta con verdadero orgullo cómo él y sus amigos eran los únicos que poseían libros de Hugo, Thiers, Tocqueville, Guizot, Chateaubriand y otros escritores franceses (*D*, pp. 9-10). En otro tenor, Lucio V. Mansilla habla de la impresión que, de adolescente, le causaron los libros: "Los libros, en esa época, eran muy raros y [...] la impresión que me producía la vista de una que otra empolvada biblioteca que por esta noble ciudad solía verse a través de las rejas de las ventanas, tendré que confesar que era una sensación de temor" (*Entre-Nos. Causeries del jueves* [Buenos Aires: Hachette. 1963], pp. 54-55).

[42] Sobre comentarios relacionados con la escena de lectura en dos autobiografías brasileñas, véase Daniel Balderston, "As primeiras letras de Graciliano Ramos e José Lins do Rego", *Travessia*, 8-9 (Florianópolis, 1984), pp. 107-114.

II. DE LA SUJECIÓN AL SUJETO:
LA "AUTOBIOGRAFÍA"
DE JUAN FRANCISCO MANZANO

> ...la palabra aparece en el texto fragmentada, co-
> mo herida. Está presente en él como "ruina".
>
> MICHEL DE CERTEAU, "Montaigne: *De los caníbales*"

La Sra. Da. Beatriz de Justiz Marqueza Justiz de Sta. Ana, esposa del Sor. Don Juan Manzano, tenia gusto de cada vez qu.iva a su famosa asienda el Molino de tomar las mas bonitas criollas, cuando eran de dies a onse años; las traia consigo y dándoles una educación conforme a su clase y condision, estaba siempre su casa llena de criadas...[1]

Este despreocupado comienzo anecdótico, parecido al de muchas novelas decimonónicas, es engañosamente ingenuo. No es, como podría creerse, el comienzo de una novela en tercera persona cuyo principal personaje sería la marquesa; es, en cambio, el principio de la autobiografía del esclavo de esa marquesa, Juan Francisco Manzano. Tampoco se trata, como es obvio, de un párrafo especialmente armónico. La ortografía desigual, la puntuación arbitraria, la sintaxis caprichosa hacen de él, a las claras, un texto *diferente*.

Con la misma sintaxis despreocupada y ortografía peculiar, Juan Francisco Manzano prosigue la narración de lo que parece

---

[1] Juan Francisco Manzano, *Autobiografía, cartas y versos de Juan Fco. Manzano*, con un estudio preliminar de José L. Franco (La Habana: Municipio de La Habana, 1937), p. 33. Cito en adelante por este texto. Esta edición, no así las otras, conserva la sintaxis *sui generis* y la ortografía vacilante del manuscrito original de Manzano que sufrió posteriores revisiones y cuestionables "limpiezas". Entre otras, la muy corregida traducción inglesa en Richard Madden, *Poems by a Slave in the Island of Cuba, Recently Liberated; Translated from the Spanish by R. R. Madden, M. D. with the History of the Early Life of the Negro Poet, Written by Himself, to Which Are Prefixed Two Pieces Descriptive of Cuban Slavery and the Slave-Traffic, By R. R. M.* (Londres: Thomas Ward and Co., 1840). También la más reciente versión española modernizada: Juan Francisco Manzano, *Autobiografía de un esclavo*, ed. de Ivan A. Schulman (Madrid: Guadarrama, 1975).

ser el primero y único relato de esclavo publicado en Hispanoamérica. Cuenta cómo, en una de las visitas de su ama a El Molino, escogió "a una Ma. del Pilar Manzano, mi madre" (p. 33), para
que fuese su criada de razón; cómo María del Pilar fue nodriza
de Manuel de Cárdenas y Manzano, nieto de la marquesa; cómo
la criada se casó con Toribio de Castro, otro de los esclavos de la
marquesa; y finalmente, como culminación de esta tortuosa genealogía que mezcla la vida del esclavo con la del amo, cómo
María del Pilar dio a luz a un hijo propio, el Juan Francisco que
escribe esta autobiografía. Como era costumbre, al niño no se le
dio el apellido del padre sino el del amo. Así, la visita en apariencia trivial de la marquesa a El Molino —inesperado antecedente
de aquella marquesa de Valéry que salía a pasear a las cinco— se
vuelve gesto de vida, gesto fundador: la presencia de la anciana
y benévola Beatriz de Justiz inaugura por fuerza el relato de vida
de Manzano, puesto que es literalmente el poder que, al presidir
sobre vida y muerte, permite su nacimiento.

Que la vida del esclavo dependa a tal punto de un gesto de su
dueño, que la novela familiar del siervo se encuentre tan ligada a
la del amo, no es por supuesto infrecuente en la Cuba colonial
del siglo XIX: "recuerde smd. cuando lea qe. yo soy esclavo y qe.
el esclavo es un ser muerto ante su señor", escribe Manzano a su
protector, Domingo del Monte.[2] La autobiografía de Manzano da
vida a ese ser muerto, no ya para el amo sino para los lectores.
Reemplaza el gesto fundador del ama con otro gesto, también
generador de vida, que él mismo ejecuta: su propia escritura.

Las circunstancias en que fue escrita esta autobiografía y las
peripecias posteriores del texto son de singular interés. Como esclavo doméstico que aprendió a leer y escribir por sí solo supe-
rando enormes dificultades (volveré sobre este punto, de capital
importancia), Manzano sobresale entre sus pares. Nacido en 1797,
llegó a ser poeta de cierto renombre a pesar de su condición de
esclavo y fue estimulado en su tarea literaria por los intelectuales cubanos reformistas, aunque no abiertamente abolicionistas,
que en los años treinta rodeaban al publicista liberal Domingo del
Monte. La libertad de Manzano fue una de las consecuencias de
esas relaciones: Del Monte y sus amigos hicieron una colecta para

---

[2] Carta del 25 de junio de 1835, en *Autobiografía*, p. 84.

sufragar su manumisión en 1836. La autobiografía fue otra. A petición de Del Monte, para dar publicidad en el extranjero a la causa abolicionista, Manzano escribió una autobiografía en dos partes que narraba su vida de esclavo. El texto formaría parte del expediente que Del Monte compilaba para Richard Madden, el magistrado británico que, como superintendente de africanos manumitidos, era árbitro del Tribunal Mixto de Justicia establecida en La Habana en 1835.[3] Una vez terminado, el relato de vida de Manzano fue corregido por un miembro del grupo de Del Monte, Anselmo Suárez y Romero, él mismo autor de una novela abolicionista, *Francisco*, también destinada a ser incluida en el citado expediente antiesclavista. Traducido al inglés por Madden (el *Francisco* de Suárez y Romero no corrió tal suerte), el relato de Manzano fue presentado, junto con un informe, en la Convención General Antiesclavista celebrada en Londres en 1840.

En Cuba, el manuscrito de Manzano circuló clandestinamente en el grupo de Del Monte, al punto, escribe Francisco Calcagno, que "cuando se dice 'la autobiografía' ya por antonomasia se entiende que se habla de la de Manzano".[4] En este proceso, se perdió (o acaso se destruyó) la segunda parte del manuscrito: lo que queda sólo abarca desde los primeros años de Manzano hasta su huida, a los 19 años, en busca de amos más clementes. Gracias a un provisorio relajamiento de la censura, Francisco Calcagno pudo incluir varios fragmentos de la primera parte del texto en *Poetas de color* (1887), una serie de biografías de poetas negros, pero el texto completo se consideró impublicable mientras Cuba permaneció bajo el dominio español. Para 1898, ya casi nadie se acordaba de él. Prácticamente desconocido durante casi un siglo, el texto de Manzano que sobrevivió —52 páginas manuscritas— pasó a los herederos de Del Monte y luego fue adquirido por la Biblioteca Nacional de La Habana. Se publicó por primera vez el texto ínte-

[3] Para una descripción concisa y útil sobre las tumultuosas relaciones de Inglaterra con España (y, por tanto, con Cuba) en lo concerniente a la esclavitud, véase Franklin W. Knight, *Slave Society in Cuba during the Nineteenth Century* (Madison, Milwaukee y Londres: University of Wisconsin Press, 1970), especialmente el capítulo 3: "The Cuban Slave Trade, 1838-1865". Para un panorama general de la esclavitud en Cuba, es indispensable la consulta de Manuel Moreno Fraginals, *El ingenio: complejo económico-social del azúcar*, 2ª ed. La Habana: Editorial de Ciencias Sociales, 1978.

[4] Francisco Calcagno, *Poetas de color*, 4ª ed. (La Habana: Imprenta Mercantil de los Herederos de Santiago Spencer, 1887), p. 64, nota 1.

gro en 1937. Hasta entonces, sólo la traducción al inglés de Madden, no demasiado fiel por la simpatía misma que la anima, era la única versión de la autobiografía que podía conocer el lector común.

Como puede verse por lo anterior, la autobiografía de Manzano padeció incontables manipulaciones: es el relato de un esclavo que, además de tener por tema el desposeimiento, sufrió ese mismo desposeimiento en el proceso de su redacción y final publicación. Fue escrito a iniciativa de otro (Del Monte); fue otro quien lo corrigió y publicó (Suárez y Romero); otro lo tradujo y lo modificó (Madden); otro (Calcagno) lo anexó a su texto. Por último, lo desposeyeron de su segunda parte. En resumen, fue un texto *aprovechado* por otros, sobre el cual Manzano apenas ejerció control. El hecho de que el texto se haya utilizado para promover una causa cara a Manzano no resta importancia a esa manipulación.

La manipulación es un fenómeno habitual, como es sabido, en los relatos de esclavos norteamericanos del siglo XIX. El esclavo primero contaba su historia a un interlocutor; luego la discutía con él; luego se le dictaba, y el redactor luego leía el texto al narrador para que aclarara puntos oscuros. El texto, una vez transcrito, se completaba con testimonios adicionales que también servían para condicionar su recepción.[5] No era raro que el redactor añadiera datos o efectos retóricos para aumentar el dramatismo del relato. Este inventivo trabajo de enmienda, por bien intencionado que fuera, no estaba exento de riesgo, pues como escribe John Blassingame, "a veces los relatos contienen tantas opiniones de los redactores que queda poco espacio para el testimonio del fugitivo".[6]

El caso de Manzano es claramente diferente. Cuando compuso su relato era —además de esclavo— escritor. Como poeta de cierto renombre no necesitaba, como los esclavos norteamericanos, la pluma mediadora del blanco para dar forma a lo que sólo se sabe expresar de manera oral. Pero aun así Manzano necesita la mediación del blanco: no para escribir sino para ser leído. Inevi-

---

[5] Véase la introducción de John W. Blassingame a *Slave Testimony. Two Centuries of Letters, Speeches, Interviews, and Autobiographies* (Baton Rouge: Louisiana University Press, 1977).

[6] Blassingame, p. xxviii.

tablemente, todo relato de esclavo es un trabajo de colaboración, ya que el esclavo, por sí solo, carece de la autoridad que le permitiría denunciar su condición; su texto debe ser incorporado por fuerza a la institución literaria blanca para adquirir validez y acaso ser escuchado. Siempre es, de una u otra forma, un texto *mediado*, un texto que inevitablemente favorece la *duplicidad* (en el sentido más literal del término) que describen tantos escritores negros y que también padecen muchos miembros de grupos marginales. En el caso de Manzano, los principales mediadores fueron Del Monte y Madden, el motivador y el traductor, cuyo interés por Manzano debe considerarse en detalle.

Del Monte desempeñó el papel de mentor literario de Manzano mucho antes del proyecto autobiográfico, cuando Manzano sólo escribía poemas. No era este papel excepcional para Del Monte, cuya influencia magisterial era reconocida por muchos jóvenes escritores que buscaban sus consejos. Aun así, parece excesiva la agradecida reacción de Manzano ante la atención que le dedica Del Monte. Sus cartas revelan fe incondicional en la opinión literaria del crítico, gratitud inmensa por su ayuda, y una confianza tan grande que equivale a conceder a Del Monte control absoluto sobre sus poemas: "solo el esmero con qe. smd. se ha dedicado a pulir mis versos amenisandolos en las partes qe. le cupieren podrá darme el titulo de medio poeta".[7] Por su parte, Del Monte asume el poder que Manzano le otorga. Además de aconsejarlo en materia literaria, inicia negociaciones para que los poemas se publiquen en Cuba y en el extranjero.[8] Asimismo invita a Manzano a leer sus poemas en su tertulia. (Algunos críticos han destacado una de esas sesiones de lectura, transformándola en ficción emblemática: Manzano leyendo su soneto "Mis treinta años" ante un público de compadecidos delmontinos, que al punto inician una colecta para comprar la libertad del poeta.) Es muy posible que Manzano haya exagerado su dependencia en sus relaciones con Del Monte esperando ganar la simpatía del crítico para una causa mucho más importante que la calidad literaria de sus escritos.[9] No es casual que, en carta a Del Monte del 11 de diciem-

---

[7] Carta del 16 de octubre de 1834, en Juan Francisco Manzano, *Autobiografía*, p. 79.
[8] Carta del 11 de diciembre de 1834, *Autobiografía*, p. 80.
[9] "Aprende que su poesía, cualquiera que sea su valor, ha de pasar por las manos de Del Monte si ha de llegar a Europa; intuye que su libertad, si al fin ha

bre de 1834, después de citar uno de sus poemas en que se compara a sí mismo con una hoja abandonada al viento y a Del Monte con un frondoso árbol, Manzano coloca su libertad, además de sus poemas, en las manos de su protector, recordándole "aquella propension qe. pr. un prinsipio natural tiene todo hombre esclavo a su rescate".[10]

En cierto sentido, los dos hombres se beneficiaban mutuamente: Manzano, como poeta y como esclavo, por razones evidentes; su mentor, por motivos más complejos. Del Monte, pese a su postura liberal ante la esclavitud, era capaz de reacciones desconcertantes contra los negros,[11] y con seguridad encontró en el paciente y sumiso Manzano (cuya paciencia y sumisión pueden haber sido más cuestión de estrategia que de carácter) una vícti-

---

de llegarle, provendrá de un modo u otro de esas manos" (Roberto Friol, *Suite para Juan Francisco Manzano* [La Habana: Editorial Arte y Literatura, 1977], p. 60).

Quizá haya exagerado Manzano su admiración por Del Monte, pero su lealtad era muy verdadera. Esto se ve claramente en sus declaraciones a favor de Del Monte durante las crueles investigaciones llevadas a cabo a raíz de la rebelión de los negros conocida como "Conspiración de la Escalera" en 1843.

[10] Carta del 11 de diciembre de 1834. *Autobiografía*, p. 81. En otra carta, fechada el 25 de febrero de 1835, Manzano comunica a Del Monte que ha contraído matrimonio (con una liberta), y de nuevo aborda el tema de su propia libertad: "No se olvide smd. de qe. J. F. no será de ningun modo feliz sino siendo L. y ahora con mas razon" (*Autobiografía*, p. 83).

[11] A este sentido, no hay texto más elocuente que el de la carta abierta en que Del Monte se defiende contra quienes querían implicarlo en la fracasada Conspiración de la Escalera. La carta, publicada en *Le Globe* en agosto de 1844, durante el exilio de Del Monte en París, es una notable mezcla de pensamiento realista, estrechez ideológica y miedo irracional. Del Monte reafirma su deseo de abolir la esclavitud, pero a continuación extiende ese deseo a la expulsión de los negros de la isla para que Cuba pueda ser "el más brillante foco de la civilización de la raza caucásica en el mundo hispano americano". Es reveladora la forma en que Del Monte se refiere a los planes de los conspiradores: "Para desvanecer el primer cargo bastará recordar cuál era el plan de la conspiración, según los mismos negros declarantes; este plan se reducía, en último resultado, a destruir con el incendio los ingenios y demás fincas de campo y destruir con el puñal y el veneno a todos los hombres blancos, para gozar impunemente de sus hijas y mujeres, constituyendo después en la isla una república negra, como la de Haití, bajo la protección de Inglaterra" (Domingo del Monte, *Escritos* I, José A. Fernández de Castro, comp. [La Habana: Colección de Libros Cubanos, Editorial Cultural, S. A., 1929], pp. 189-202).

Al principio de esta carta, Del Monte niega haber participado en la conspiración, declarando que los testimonios que lo implicaban en ella habían sido arrancados por la fuerza a los conspiradores negros. Irónicamente, en el párrafo citado, recurre a esas mismas declaraciones como fuentes fidedignas de información, sin poner en tela de juicio su veracidad.

ma a la medida de sus esperanzas. Manzano fue para él, como observa Richard Jackson, algo así como un "negro de exhibición".[12] Como tal, se podía contar con que produjera una autobiografía doblemente útil: útil porque describiría los atroces excesos de la esclavitud y, sobre todo, útil porque reflejaría, así fuese en forma indirecta, la opinión de la clase media esclarecida, deseosa de distanciarse de la intolerancia de sus contemporáneos. El expediente del que formaba parte el texto de Manzano y que Del Monte entregaría a Madden tenía por objeto proporcionar al magistrado inglés datos precisos "para que éste forme una idea exacta del estado de la opinión acerca de la trata y de los siervos entre los jóvenes que piensan en el país".[13]

Es difícil y acaso imposible determinar hasta qué punto Manzano se ajustó deliberadamente a la ideología de Del Monte. La propuesta de Jackson de que, para complacer a su protector, Manzano "tenía que minimizar la imagen amenazadora del esclavo rebelde y subrayar la del esclavo dócil y sumiso",[14] si bien

[12] "La norma impuesta por el grupo de Del Monte, más reformista que abolicionista, pedía 'moderación y reserva' en la descripción del esclavo negro [...] Como Del Monte sabía que contaba con un negro de exhibición, de buena estampa y capacidad intelectual, ¿por qué no mostrarlo en público?" (Richard L. Jackson, "Slavery, Racism and Autobiography in Two Early Black Writers: Juan Francisco Manzano y Martín Morúa Delgado", en *Voices from Under. Black Narrative in Latin America and the Caribbean*, William Luis, comp. [Westport,CT: Greenwood Press, 1984], pp. 56-57). Para otros ejemplos de estereotipos de esclavos con fines abolicionistas, véase Larry Lara, "The Professional Fugitive in the Abolitionist Movement", *Wisconsin Magazine of History*, 48 (1965), pp. 196-204.

A su vez, Ivan Schulman observa que el ideal del grupo de Del Monte era el del "negro racional" o el de la "criada de razón", una razonable y dócil "víctima de la sociedad, que difícilmente se malquistaría con los elementos conservadores de la 'sacarocracia', firme defensora del principio de tiranización del esclavo —'tiranizar o correr el riesgo de ser tiranizado'— y de la continuación de la trata ilegal de esclavos. El patético ser producido por esta situación no sólo ganaría conversos para la causa humanitaria de los criollos (al menos eso se esperaba) sino que apelaría a la misericordia y a la justicia de los lectores extranjeros, en especial de los ingleses, quienes, a su vez, presionarían a la Corona española para que se respetaran los tratados sobre la esclavitud" (Ivan A. Schulman, "The Portrait of the Slave: Ideology and Aesthetics in the Cuban Antislavery Novel", en *Comparative Perspectives on Slavery in New World Plantation Societies*, Vera Rubin y Arthur Tuden, comps. [Nueva York: New York Academy of Sciences, 1977], p. 359).

[13] José Z. González del Valle, *La vida literaria en Cuba*, citado en César Leante, "Dos obras antiesclavistas cubanas", *Cuadernos americanos*, 207 (julio-agosto de 1976), p. 175.

[14] Jackson, p. 56. No paran aquí las conjeturas de Jackson. Basándose en el final de la primera parte de la *Autobiografía* (la única que se conserva), concluye

no imposible, carece de fundamento. También es plausible (aunque sin duda más penoso), conjeturar que Manzano no necesitó minimizar "la imagen amenazadora del esclavo rebelde" sencillamente porque no la llevaba dentro de sí: perversamente, el sistema se la había arrancado a golpes, con el abuso físico y, sobre todo, con el buen trato arbitrario. En situaciones opresivas la autocensura se convierte en segunda naturaleza. Entre las imágenes que ofrecía el sistema, la imagen favorecida por Del Monte tal vez fuera también la más deseable para Manzano y bien puede haber coincidido, sin gran conflicto, con la imagen que tenía de sí.

Como sólo han sobrevivido de la correspondencia entre Manzano y Del Monte las cartas del primero, no nos quedan las admoniciones de Del Monte, si acaso las hubo. Más aún, las cartas de Manzano para nada mencionan las instrucciones que acaso haya recibido de su mentor, y tampoco suministran detalles sobre lo que escribe. Se refiere a su proyecto como "la carrera de mi vida" o "la historia de mi vida", y a menudo lo llama, con cautela, "el asunto". De modo significativo, recurre al mismo eufemismo para referirse a los planes para lograr su manumisión, poniendo de manifiesto que la literatura y la libertad —dos actividades "impropias" de un esclavo— quedaban estrechamente unidas en su mente. Lo que sí revelan las cartas de Manzano es un *cambio de actitud* hacia su mentor literario provocado por la experiencia autobiográfica misma. Dos cartas que se refieren de manera expresa al proyecto permiten apreciar la magnitud de ese cambio. La primera, fechada el 25 de junio de 1835, describe el momento preciso en que empezó a escribir. Debido a su importancia la cito casi íntegra:

> Mi querido y Sor Dn Domingo: reciví la apresiable de smd. fecha 15 del corriente, y sorprendido de qe. en ella me dise smd. qe. ase tres o cuatro meses me pidió la historia, no puedo menos de manifestarle qe. no he tenido tal abiso con tanta antisipasión, pues en el dia mismo qe.

que Manzano se preparaba a deshacerse de su imagen sumisa, y hace conjeturas sobre la desaparición de la segunda parte del manuscrito: "Puede suponerse que la segunda parte era más franca que la primera. Quizás Manzano olvidó en la segunda parte las normas originales, y expresó opiniones que, en beneficio de todos los interesados, comenzando por Manzano, era preferible no mencionar. Quizá Manzano se había cansado de su circunspección, y quería ir con mayor rapidez hasta donde sus amigos liberales no estaban preparados a seguirlo" (p. 58).

reciví la de 22 me puse a recorrer el espasio qe. llena la carrera de mi vida, y cuando pude, me puse a escrivir crellendo qe. me bastaría un real de papel, pero teniendo escrito algo mas aun que saltando a veces por cuatro, y aun pr. sinco años, no he llegado todabia a 1820, pero espero concluir pronto siñendome unicamente a los susesos mas interesantes; he estado mas de cuatro ocaciones pr. no seguirla, un cuadro de tantas calamidades, no parese sino un abultado protocolo de embusterias, y mas desde tan tierna edad los crueles azotes me asian conoser mi umilde condision; me abochorna el contarlo, y no se como demostrar los hechos dejando la parte mas terrible en el tintero, y ojala tubiera otros hechos con que llenar la historia de mi vida sin recordar el esesivo rigor con que me ha tratado mi antigua ama, obligandome o poniendome en la forsosa nesesidad a apelar a una ariesgada fuga para aliviar mi triste cuerpo de las continuas mortificasiones que no podia ya sufrir mas, asi idos preparando para ver a una débil criatura rodando en los mas graves padesimientos entregado a diversos mayorales siendo sin la menos ponderasion el blanco de los infortunios, temo desmereser en su apresio un siento por siento, pero acuerdese smd. cuando lea que yo soy esclavo y que el esclavo es un ser muerto ante su señor, y no pierda en su apresio lo que he ganado: consideradme un mártir y allareis que los infinitos azotes que ha mutilado mis carnes aun no formadas, jamas embiliseran a vuestro afectisimo siervo que fiado en la prudensia que oscaracteriza se atreve a chistar una palabra sobre esta materia, y mas cuando vive quien me ha dado tan largo qe. gemir.[15]

La torpe sintaxis, característica de la prosa de Manzano,[16] contribuye a crear esa impresión de urgencia en el texto que vuelve irresistible su lectura. Manzano no necesitaba excesivo estímulo para ponerse a contar su vida; el modo de hacerlo, como lo demuestra la carta, era asunto diferente. Para Manzano, la autobiografía significa tener acceso a una nueva escena de escritura, cargada de ansiedad, muy diferente de la escena relativamente segura a la que estaba acostumbrado como poeta epígono. La preguntas que se formulan en esta carta, las reflexiones que inspira la escri-

---

[15] *Autobiografía*, pp. 83-84. La persona a la que se alude al final de la carta es la marquesa de Prado Ameno, quien murió en 1853, un año antes que Manzano (Friol, p. 51).

[16] Véase, por ejemplo, la traducción al inglés de esta misma carta en Juan Francisco Manzano, *The Life and Poems of a Cuban Slave*, Edward J. Mullen, comp. (Hamden, CT: Archon Book, 1981) pp. 14-15. Igual que Madden, este compilador presenta las cartas de Manzano en "correcto" inglés.

tura del yo, el recelo que se experimenta, son parte de los dilemas típicos de todo autobiógrafo. ¿Qué voy a elegir contar? ¿Dónde parar? ¿Creerán que miento o exagero? Luego, una vez hecho público "el abultado protocolo de embusterias", sobrevienen los temores: me siento avergonzado de esto; ojalá tuviera otras cosas que contar además de esto; esto decepcionará a mi lector (Del Monte), que ya no me querrá.

¿Cuál es la naturaleza del *esto* que perturba a Manzano al punto de hacerle sentir vergüenza? Como suele suceder con las víctimas, Manzano se hace cargo de la vergüenza de su opresor y le cuesta dar nombre a la tortura padecida. Pero, ¿por qué habría de decepcionar a Del Monte el relato de ese sufrimiento, visto que el propio Del Monte lo había encargado? Lejos de resolverse, estas ambigüedades aumentan a la luz de algunas observaciones de Manzano. Por una parte, declara que se limita a los "susesos mas interesantes"; por otra, desea que hubiera *otros* hechos, además de los que refiere, para llenar la historia de su vida. Notablemente, una segunda carta a Del Monte, fechada tres meses después, el 29 de septiembre de 1835, es muy diferente. Aunque de nuevo se refiere al "asunto", han desaparecido la ansiedad y el desconcierto que caracterizaban su primera reacción al pedido de su mentor. Hasta la manera de la carta es diferente, la sintaxis menos entrecortada, el tono más reposado:

> Me he preparado para aseros una parte de la istoria de mi vida, reservando los mas interesantes susesos de mi ella pa. si algún dia me alle sentado en un rincon de mi patria, tranquilo, asegurada mi suerte y susistensia, escrivir una nobela propiamente cubana: combiene pr. ahora no dar a este asunto toda la estension marabillosas de los diversos lanses y exenas, pr. qe. se necesitaria un tomo, pero a pesar de esto no le faltará a sum. material bastante mañana empesaré a urtar a la noche algunas oras pa. el efecto.[17]

La actitud de Manzano en esas líneas es totalmente distinta de la de la carta anterior. En vez de preguntas y dudas, ahora hay decisiones. Manzano habla como autor de su texto, en control de su escritura, consciente del potencial de ficción de su relato ("una nobela propiamente cubana"). Mientras que la primera carta daba

---

[17] *Autobiografía*, pp. 84-85.

plenos poderes a Del Monte sobre el relato de vida de Manzano, la segunda marca un deslinde entre lo prometido al crítico ("no le faltará a sum. material bastante") y lo que Manzano guarda para sí. La primera carta denotaba sumisión; en ella Manzano renunciaba a sus derechos sobre el texto y se lo "daba" a Del Monte. En la segunda carta hay en cambio marcada resistencia; Manzano se queda con el texto. O mejor dicho, con *parte* del texto.

Además, la segunda carta invierte el concepto de *interés* que justifica la selección del material autobiográfico. En junio, Manzano escribe para Del Monte "los susesos mas interesantes"; pero en septiembre conserva para sí "los susesos mas interesantes", para el libro que piensa escribir cuando sea libre y se sienta cómodo en su país. Esto no significa, por supuesto, que en septiembre Manzano suprime del texto esos sucesos interesantes ya descritos en junio para reemplazarlos con otros de menor interés. Sí quiere decir —y esto es de crucial importancia— que en esos tres meses de autoescritura ha cambiado el concepto que tiene Manzano de "lo más interesante": está valorizando *otra cosa* dentro de sí además del relato de sus desgracias, y esa *otra cosa* más interesante no se regala.

Como Manzano nunca escribió su "nobela propiamente cubana" (de hecho, después de la *Autobiografía* escribió poco, entre ello algunos poemas),[18] no dio forma visible a esa *otra cosa*. Y sin embargo, propongo que esa *otra cosa* está presente y marca toda la autobiografía, desde el momento en que la *resistencia* al otro (o sea, la diferenciación con respecto al otro) reemplaza la capitulación ante el otro. Desde el momento en que Manzano anuncia que hay una parte de sí que no va a entregar —una parte *que no*

---

[18] Se ha mitologizado este supuesto "silencio" de Manzano. Suárez y Romero propone una explicación sumamente especiosa: "Esclavo aprendió a leer y a escribir, esclavo compuso sus primeros versos, esclavo bosquejó la consternadora relación de su angustiosa vida, y esclavo trabó amistad con los literatos que lo redimieron. Su musa severa y levantada casi no permite oír el ruido de las cadenas del cautiverio; pero como si el dolor hubiese sido su único numen, Juan Francisco Manzano enmudeció cuando a las noches de la servidumbre sucedieron las auroras de la libertad" (citado en Antonio López Prieto, *Parnaso cubano. Colección de poesías selectas de autores cubanos*, I [La Habana: Editorial Miguel de Villa, 1881], p. 253).

Habiendo descubierto poemas de Manzano aparecidos en varias publicaciones después de su manumisión, Friol cuestiona este mito y devuelve a este "silencio" sus verdaderas proporciones (Friol, pp. 215-216).

se da— esa parte resistente afecta el resto del texto con su mismo silencio desafiante.

A estas alturas, resulta útil comentar la traducción hecha por Richard Madden y comparar la versión inglesa con el original en español. Si se toma esta versión de Madden como punto de partida, evaluando los cambios que introdujo y, algo más importante, evaluando lo que suprimió del original porque de algún modo frustraba las expectativas de sus lectores, se pueden comenzar a identificar los nódulos de resistencia del relato de Manzano. Al cotejar las dos versiones en su edición de la traducción de Madden de 1981, Edward Mullen, luego de señalar supresiones y cambios, llega a esta sorprendente conclusión: "Con las excepciones mencionadas, la traducción de Madden es, estrictamente hablando, sólo eso: una traducción al inglés del original [...], de un texto cuyo origen es atribuible a un solo autor".[19] La afirmación es muy discutible, si se tiene en cuenta que una de las primeras cosas que hace Madden es, en efecto, "desautorizar" el texto al declararlo anónimo. El texto se vuelve, como reza el título, *The Life and Poems of a Cuban Slave*, la vida y poemas de un esclavo cubano. Madden afirma que obró así para proteger a Manzano: tal vez sea una afirmación sincera, pero no convence. Si bien el nombre de Manzano desapareció de la portada, sus iniciales permanecen en el prefacio de Madden. Más aún, Madden proporciona datos sobre la vida de Manzano (cuánto costó su libertad, en qué trabajó una vez liberto),[20] que facilitan su identificación. "Las autoridades españolas no lo identificaron simplemente porque no lo quisieron identificar. El único poeta ex esclavo que había en aquel momento

---

[19] Mullen en Juan Francisco Manzano, *The Life and Poems of a Cuban Slave*, p. 22. (Cursivas mías.) Algunas páginas antes, la opinión crítica de Mullen parecía apuntar en dirección opuesta: "Otra explicación posible [acerca de las diferencias entre el texto de Madden y el de Manzano] sería que la traducción de Madden es en realidad reconstrucción del texto original en español, en el cual se expresaban puntos de vista abolicionistas, lo cual explicaría por qué el texto subraya particularmente las degradaciones de la esclavitud" (p. 13).

[20] "Tenía alrededor de treinta y dos años de edad cuando obtuvo su libertad, por la cual se pagaron 800 pesos. Una vez liberto, durante algún tiempo trabajó de sastre; después, de criado; luego emprendió un negocio como pintor de brocha gorda, pero fracasó. Le aconsejaron que se instalara como repostero, y perdió todo su dinero en esa empresa. Finalmente se estableció como cocinero, capacidad en la que trabajaba ocasionalmente" (Madden, en Manzano, *The Life and Poems of a Cuban Slave*, p. 39).

en la Isla, era Manzano."[21] En cambio, es muy probable que Madden haya necesitado presentar el texto como anónimo para aumentar lo que consideraba su representatividad. En esta forma, se presentó su traducción no como la vida de un individuo sino como el relato general del "esclavo cubano", e incluso, en forma más ambiciosa, "como el más perfecto cuadro de la esclavitud en Cuba jamás expuesto en el mundo".[22] Esta pretensión que llevó a cercenar lo particular (la amputación del nombre, los cortes dentro del relato) es tan reveladora de la actitud de Madden y de sus hábitos de lectura como lo es del anónimo esclavo cubano.[23] En términos más generales, la representatividad que se exige a ciertos textos escritos por individuos pertenecientes a grupos considerados débiles o insignificantes por los grupos de poder, indica el tipo de recepción que se les reserva. En esos casos, ni los autobiógrafos ni las personas que crean son aceptados fácilmente como individuos: los lectores, en general, prefieren percibir las diferencias en bloque, no singularizarlas.[24] Esta

[21] Friol, p. 34. Para los lectores no cubanos, la identificación era más difícil: "Como Madden no usó el nombre completo de Manzano en su traducción, varios escritores norteamericanos, entre ellos Amelia E. Barr y William Wells Brown, confundieron a Manzano con el mejor conocido poeta mulato Plácido (Gabriel de la Concepción Valdés, 1809-44), y escribieron curiosas semblanzas híbridas de esos poetas" (Mullen, en Manzano, *The Life and Poems of a Cuban Slave*, p. 12).

[22] Madden, en Manzano, *The Life and Poems of a Cuban Slave*, p. 39.

[23] Una manipulación muy parecida del texto, de lo individual a lo general, se ve en el nuevo título que Schulman dio a su edición, *Autobiografía de un esclavo*, acaso haciendo eco a la *Biografía de un cimarrón*, de Miguel Barnet, publicada con considerable éxito unos años antes. Sin duda, las palabras iniciales de Schulman, a pesar del *non sequitur* de la segunda frase, confirman este cambio hacia lo general: "Decidimos no reproducir el texto de la edición de Franco, en la cual aparece el manuscrito original con todas sus deficiencias ortográficas y sintácticas que tanto dificultan su lectura. Nos pareció que el lector contemporáneo, interesado más que nunca en los temas de la literatura negrista, la esclavitud, el subdesarrollo y la dependencia cultural, requería *un texto fidedigno* y moderno" (Juan Francisco Manzano, *Autobiografía de un esclavo*, p. 10; cursivas mías).

[24] Esta representatividad puede ser utilizada estratégicamente, si no por los propios autores, sí por sus entusiastas críticos. Así, Selwyn R. Cudjoe, al analizar la autobiografía de Maya Angelou, describe enfáticamente la autobiografía afronorteamericana como "una forma que suele estar despojada de *subjetivismo excesivo* y de egoísmo *necio* [...] el sujeto autobiográfico surge casi al azar, como miembro cualquiera del grupo, elegido para contar su historia". Se considera por tanto la autobiografía afronorteamericana "más bien como gesto *público* y no *privado*, con el cual el *yo-ísmo* cede ante un *nosotros-ismo*, y la preocupación superficial por el *sujeto individual* suele ser reemplazada por el *sujeto colectivo* del grupo" (citado en Elizabeth Fox-Genovese, "To Write Myself: The Autobiographies

exigencia de representatividad a que se someten ciertos textos autobiográficos —una forma de poner al autor en su lugar— también afecta a menudo la lectura de las autobiografías de mujeres.

Madden, además de volver el texto anónimo, lo incorporó a un libro que en buena parte era obra suya. El volumen consta de las secciones siguientes: dos largos poemas que denuncian la esclavitud, "The Slave-Trade Merchant" (El negrero), "The Sugar Estate" (El ingenio), escritos por Madden; a continuación, en forma muy abreviada, "Life of the Negro Poet Written by Himself" (Vida del poeta negro escrita por él mismo); luego, unos cuantos "Poems, Written in Slavery by Juan..." (Poemas escritos por Juan... cuando era esclavo), adaptados al inglés por Madden; por último, un apéndice bastante largo que contiene una conversación entre Madden y Domingo del Monte, y varios escritos contra la trata de esclavos, de nuevo redactados por Madden. No obstante el título del libro, que pone de relieve al esclavo, sólo la cuarta parte de sus páginas son obra de Manzano y parecen insignificantes junto al copioso material que Madden, sin duda con buena intención pero en forma abrumadora, añade en el prefacio y las conclusiones.

Pero hay otros cortes en la traducción de Madden además de la supresión del nombre de Manzano. A menudo se omiten los apellidos, y también los nombres de lugar y las fechas. Se altera el orden de algunos sucesos, quizá, como atinadamente sugiere William Luis,[25] para presentar los padecimientos de Manzano como un conjunto de creciente intensidad y no, como sucede en el texto original, como una sucesión de incidentes brutales, en la que se intercalan inesperadamente momentos de paz y felicidad. El haber dejado esos momentos en el lugar donde estaban, comenta Luis, habría·atenuado el efecto buscado por Madden, sugiriendo que algunos momentos de felicidad, o al menos de descanso, mitigaban las desgracias del esclavo. Sean cuales fueren las razones de ese reordenamiento, en última instancia perjudican la causa

of Afro-American Women", en *Feminist Issues in Literary Scholarship* [Bloomington and Indianapolis: Indiana University Press, 1987], p. 115; las cursivas son del autor). El hecho de que Manzano no fuese un "miembro cualquiera del grupo", sino un miembro muy excepcional, problematiza desde luego esta aseveración.

[25] William Luis, *Literary Bondage: Slavery in Cuban Narrative* (Austin: University of Texas Press, 1990), pp. 93-100.

que preconizaba Madden. La presentación lineal de los acontecimientos, si bien subraya por cierto la naturaleza progresiva del
sufrimiento en la vida del esclavo, sacrifica otra de sus características, no menos temible: su arbitrariedad. Al alternar fortuitos
momentos de crueldad con momentos de bondad, no menos fortuitos, el original de Manzano acentúa con eficacia la total impo-
tencia del esclavo, títere en manos del amo.

A los momentos positivos se les quita importancia, se los cam-
bia de lugar o incluso se los suprime en la versión inglesa. También
se suprimen pasajes que con seguridad se consideran nocivos
para la imagen de la "noble víctima" que se desea para Manzano, pasajes que ilustran la actitud ambigua de Manzano con respecto a otros negros, sus confusas lealtades, las problemáticas
manifestaciones de su *duplicidad*. Por ejemplo, Madden suprime
las palabras "mulato entre negros" (p. 68), con las que se autodes-
cribe Manzano. En la descripción de un castigo sufrido por Manzano, suprime la comparación hecha al pasar entre Cristo y
Manzano y escribe en cambio "como un criminal" (p. 52); también descarta el pasaje donde Manzano, con cierta suficiencia,
habla de su categoría como criado principal y de la envidia que
despertaba el que lo pusieran de ejemplo ante los demás esclavos (pp. 59-60). Incluso elimina un episodio en que Manzano recibe una "peligrosa herida" en la cabeza, por una pedrada "que
me dio un moreno sin querer" (p. 42). Por último, Madden omite
el pasaje entusiasta (pero no muy simpático) donde Manzano, al
evocar un periodo excepcionalmente largo en que la caprichosa
marquesa de Prado Ameno no lo hace víctima de su ira, habla de
ella con afecto: "habia olvidado todo lo pasado y la amaba como
a madre no me gustaba oir a los criados motejarla y ubiera acu-
sado a muchos si no me constase qe. el qe. le iva con un cuento
era quien la ofendia" (p. 66).

Sin embargo, estas supresiones, realizadas de acuerdo con un
esquema ideológico bien definido, no son las más interesantes.
Entre los pasajes suprimidos por Madden son más reveladores
los que se refieren de manera directa a la persona de Manzano, a
sus afanes y anhelos, eliminados por razones que sólo se pueden
conjeturar. Acaso porque se consideraran insignificantes al no
referirse de manera directa a la historia ejemplar del "esclavo cubano", o quizá porque le parecieron frívolas al circunspecto

Madden, son por lo contrario decisivamente importantes para comprender a Manzano como hombre y como autobiógrafo en sus complejas relaciones con la escritura y los libros.

En la autobiografía de Manzano abundan las referencias al cuerpo, lo cual no es sorprendente dado el maltrato físico al que se lo somete. Para el esclavo, el cuerpo es una forma de memoria, el imborrable recuerdo de pasadas afrentas, "cuyas sicatrises estan perpetua a pesar de 24 años qe. han pasado sobre ellas" (p. 54). Sin embargo, ese cuerpo no le pertenece; queda a disposición del amo para que lo explote con el trabajo forzoso o para que lo manipule a gusto. Desde sus primeros años, el cuerpo de Manzano, más que explotado por el trabajo excesivo (como esclavo doméstico, sólo se lo obliga a ese trabajo en el ingenio, como castigo) es utilizado al capricho de sus amas. La primera de ellas, la anciana y bondadosa marquesa de Justiz, quien hace bautizar al niño Manzano con el traje de bautismo de su propia hija, "me tomo como un genero de entretenimiento y disen qe. mas estaba en sus brasos qe. en los de mi madre qe. abia [...] dado a su señora un criollo qe. ella llamaba, el niño de su bejez" (p. 34). Infinitamente más compleja pero de igual manera despersonalizadora es la relación que establece con el cuerpo de Manzano su segunda ama, la pérfida marquesa de Prado Ameno. Como paje de la marquesa, escribe Manzano: "yo era un objeto conosido pr. el chinito o el mulatico de la Marq." (p. 61). Emblemático del poder del ama sobre el cuerpo del esclavo es el intricado ritual indumentario. Madden redujo a tres líneas la siguiente detallada descripción de la primera librea de Manzano:

Me isieron muchos mamelucos de listado de corto y alguna ropita blanca pa. cuando salía en la librea de paje pa. los días de gala tenia un bestido de usar pantalon ancho de grana guarnesido de lo mismo morreon de tersio pelo negro galoneado, con plumage rojo y la punta negra dos argollitas de oro a la fansesa y alfiler de diamante *con esto y lo demas pronto olvide mi antigua y recolecta vida* los teatros paseos tertulias bailes hasta el dia y otras romerias me asian la vida alegre y nada sentia aberdejado la casa de mi madrina [...] ella me bestia peinaba *y cuidaba de qe. no me rosase con los otros negritos* [p. 37; cursivas mías].

La ropa dota a Manzano de una nueva identidad que borra la anterior. Hace y deshace al individuo al azar, confiriéndole un

tenue sentido de su propia persona, una identidad fortalecida
por el aislamiento en que se lo mantiene con respecto a sus pares[26] pero finalmente frágil. Si Manzano presenta los años pasados al servicio de la marquesa de Prado Ameno como un vaivén
entre lo bueno y lo malo que sólo obedece a los caprichos de la
señora, no menos importante es la oscilación entre los dos estilos
de ropa que el texto registra con minuciosidad. Por una parte,
está la *ropa fina:* se usa dentro de casa e indica, a Manzano y a los
demás, que goza del favor del ama. Por otra, está la caída en desgracia: el pelo rapado, los pies descalzos, y la *esquifación*, o traje
de esclavo de campo, con que lo visten antes de atarlo y llevarlo
al ingenio.[27] Estos cambios de indumentaria ocurren en público: al esclavo se lo despoja de su identidad ante otros. En su relato,
Manzano recalca con habilidad esta humillación al describir la
mirada horrorizada e incrédula de su hermano menor cuando
presencia la escena por primera vez (p. 46). Como observa Manzano elocuentemente: "el cambio de trage y de fortuna fue todo
uno" (p. 55).

Desconectado de los cuerpos de otros negros, permanentemente desorientado por el frecuente cambio de ropa, el cuerpo
de Manzano se halla, literalmente, desplazado. Si se busca el *lugar* que se asigna a ese cuerpo en la casa del ama, se verá que no
existe. Su sitio está siempre a un lado o a los pies de la señora,
nunca fuera del alcance de su vista o donde ella no pueda con-
trolarlo: "era alli mi ofisio al amaneser antes qe. nadie estaba en
pie barria cuanto podia y limpiaba concluida esa diligensia me
sentaba en la puerte dè mi sra. pa. cuando despertara qe. me alla-
se ai en seguida pa. donde quiera qe. iva, iva yo como un falderi-

---

[26] En términos generales, el aislamiento era un medio seguro para lograr el
buen funcionamiento del sistema esclavista. Era costumbre mezclar étnicamente
a los africanos recién llegados, de manera que ningún grupo de esclavos estaba
constituido por africanos de un solo origen étnico. La comunicación se dificulta-
ba al punto de volverse casi imposible: "De hecho, los intereses creados de los
propietarios de las plantaciones no permitían el libre intercambio entre esclavos,
pues con la cohesión social podría sobrevenir un sentimiento de solidaridad"
(Manuel Moreno Fraginals, "Cultural Contributions and Deculturation" en *Africa
in Latin America: Essays on History, Culture and Socialization*, Manuel Moreno Fraginals, comp. [Nueva York: Holmes and Meir, 1984], p. 7).

[27] "Muchachos y muchachas usaban camisa de una pieza con costura lateral.
[...] Nunca se les distribuía calzado. Incluso seguía vigente un decreto francés
del siglo XVIII que prohibía que se dieran zapatos a los negros 'porque eran un
tormento para sus pies'", Moreno Fraginals, "Cultural Contributions", p. 16.

llo con mis brasillos cruzados" (pp. 39-40). El umbral —por definición un no lugar, una mera línea divisoria— es el espacio que se asigna al cuerpo de Manzano, el *locus* de su explotación. En el umbral, el cuerpo ya no es cuerpo, sino instrumento y barrera protectora: "entonses me quedaba a las puertas impidiendo la entrada a todos o llamando a quien llamase o asiendo silensio si consideraba qe. dormia" (p. 51). Estar en el umbral del ama, ser ese umbral dondequiera que vaya, interceptando contactos indeseables, es la función del cuerpo de Manzano: "por la noche se ponia en casa de las Sras. Gomes la manigua qe. luego fue monte y yo debia al momento qe. se sentaba pararme al espaldar de la silla con los codos abiertos estorbando asi qe. los de pie no se hechasen en sima o rosasen con el brazo sus orejas" (p. 65). De hecho, el único lugar donde su cuerpo se libera del control de la marquesa es el retrete que comparte con los demás esclavos: "regularmente el lugar común era mi cuarto de meditasion el inter estaba en él pensaba alguna cosa con sosiego" (p. 68).[28]

El retrete como refugio no constituye en sí un concepto original, pero sí permite considerar otro aspecto de las manifestaciones corporales de Manzano, uno que Madden desechó por completo y que es provechoso conectar con la problemática relación de Manzano con los libros y la escritura. Una y otra vez, Manzano habla de su hambre, o mejor dicho su glotonería, dándole una importancia que sobrepasa de lejos el estereotipo del adolescente siempre hambriento: "yo era en estremo medroso y me gustaba comer" (p. 38) reza una somera descripción que hace de sí como muchacho. La voracidad es una forma de reposesionarse del cuerpo, y también un modo eficaz de rebelarse contra las limitaciones que se le imponen:

> No es de estrañar qe. siempre ambriento me comiese cuanto allaba, pr. lo qe. se me miraba como el mas gloton asi era qe. no teniendo ora segura comia a dos carrillos tragandome la comida medio entera de lo qe. me resultaba frecuentes indigestiones pr. lo qe. hiendo a siertas necesidades con frecuensia me asia acreedor a otros castigos [...] [p. 39].

---

[28] Madden comete un error notable al traducir: "[M]y only comfort at that moment was the solitude of my room" (Manzano, *The Life and Poems*, p. 105).

Así como no hay un lugar para el cuerpo de Manzano, tampoco hay horas fijas para sus comidas. Sin embargo, del mismo modo en que furtivamente reclama un sitio para sí en el retrete, lugar de desperdicios, también furtivamente se las arregla para comer las sobras de los señores: "cuando almorzaban o comian tenia yo cuidado de recojer todo lo qe. todos ivan dejando y me abia de dar mi maña de enguirmelo antes qe. se lebantase la mesa pr. qe. al pararse avía yo de salir de tras" (p. 40). Apoyándome en esta idea de lo residual, descuidada tanto por los traductores de Manzano como por sus comentaristas,[29] quiero considerar su relación con los libros.

Esta relación es, por supuesto, notablemente unilateral. La glotonería de Manzano sólo puede compararse con su voracidad por la letra impresa que le está vedada de continuo: porque no puede conseguir libros, porque recitar de memoria es un acto punible, porque le está prohibido escribir. (Manzano necesitó una autorización especial para publicar años después sus escritos.) El concepto de archivo, de conjunto cultural, el concepto mismo de *libro* —que inspiraba tanta reverencia a un Sarmiento, "el hombre con el libro en la mano"— es por completo ajeno a Manzano. Su escena de lectura es particular: sólo tiene acceso a fragmentos, retazos desvalorizados de textos variados que encuentra por casualidad, sobras de la mesa cultural de sus amos:

> Tenia yo desde bien chico la costumbre de leer cuanto era leible en mi idioma y cuando iva pr. la calle siempre andaba recojiendo pedasitos de papel impreso y si estaba en verso hasta no aprenderlo todo de memoria no resaba [...] (pp. 65-66).

Aun antes de aprender a leer, el niño es un coleccionador de textos. Bajo la tutela de su primera ama, la marquesa de Justiz, ella misma poeta,[30] memoriza eulogías, entremeses, los sermones de fray Luis de Granada y fragmentos de óperas que lo llevan a ver. Desde pequeño se convierte en eficaz máquina de memoria. Como al niño Sarmiento, unos años más tarde se lo exhibe

---

[29] Salvo el agudo estudio de Antonio Vera León en "Testimonios, reescrituras: la narrativa de Miguel Barnet", tesis doctoral inédita, Princeton, 1987 y, del mismo autor, "Juan Francisco Manzano: el estilo bárbaro de la nación", *Hispamérica*, 60 (1991), pp. 3-22.

[30] Friol, p. 48.

ante las visitas para que luzca sus habilidades, pero, a diferencia de Sarmiento, no se le permite desarrollar normalmente su talento. En cuanto el joven Manzano comienza a usar esa memoria prodigiosa para sus propios fines, se lo mira con desconfianza: "Cuando yo tenia dose años ya abia compuesto muchas desimas de memorias causa pr. qe. mis padrinos no querian qe. aprendiese a escrivir pero yo las dictaba de memorias en particular a una joven morena llamda Serafina [...]" (p. 38). Manzano está condenado a la oralidad; no en vano lo apodan *Pico de Oro*. Y, cuando su recitado en voz alta se juzga molesto, se lo condena al silencio:

Supo mi señora qe. yo charlaba mucho pr. qe. los criados biejos de mi casa me rodeaban cuando estaba de umor y gustaban oir tantas desimas qe. no eran ni divinas ni amorosas como propio producto de la ignosensia se dio orden espresa en casa qe. nadien me ablase [...] mi ama qe. no me perdia de vista ni aun dormiendo pr. qe. hasta sonaba conmigo ubo de penetrar algo me isieron repetir un cuento una noche de imbierno rodeado de muchos niños y criadas, y ella se mantenia oculta en otro cuarto detras unas persianas o romanas; al dia siguien por quitame allá esta paja como suele desirse en seguida a mi buenas monda me pusieron una grande mordaza y parado en un taburete em medio de la sala con unos motes de tras y delante de los cuales no me acuerdo y recta proivision pa. qe. nadien entrase en combersasion con migo pues cuando yo tratara de tenerla con alguno de mis mayores devian darme un garnaton [...] [p. 41].

La falta de libros es suplida por el "cuaderno de la memoria". A manera de depósito de modelos (los poemas que escucha, o que lee ocasionalmente o que recoge en la calle), su memoria también conserva los propios poemas, que sigue componiendo a pesar de la doble prohibición: ni puede ponerlos por escrito (el escribir está fuera de su alcance) ni puede decirlos en voz alta (porque le está prohibido recitar). Como no hay manera de escribir, es preciso dar con recursos indirectos que permitan dejar huella en el papel. Cito un pasaje admirable donde se describe la clase de dibujo de la familia Justiz, clase que Manzano espía y astutamente aprovecha:

Iva yó tambien y parado detras de el asiento de mi señora permanesia todo el tiempo qe. duraba la clase todos dibujaban y Mr. Godfria qe. era el allo recorria todas las personas qe. dibujaban a qui disiendo esto alli corrigiendo con el crellon alla arreglando otra seccion, pr. lo qe. beia aser desir corregir y esplicar me alle en disposision de contarme pr. uno de tantos en clase de dibujo no me acuerdo cual de los niños me dió un lapisero biejo de bronse o cobre y un pedasito de crellon esperé a qe. botasen una muestra y al día siguiente a la ora de clase después de aber visto un poco me sente en un rincon buelta la cara pa. la pared empese asiendo bocas ojos orejas sejas dientes & cuando consideraba ser ora de cotejar las muestras con las leciones ante el director Mr. Godfria yo embolbia mis lecciones las metia en el seno y esperaba la ora pr. qe. cotejando se acababan las dos oras de dibujo, y oia y beia de este modo llegué a perfeccionarme qe. tomando una muestra desechada pero entera aunqe. no mi perfecta, era una cabeza con su garganta qe. demostraba a una muger desolada qe. corria con el pelo suelto ensortijado y batido pr. el viento los ojos saltones y llorosos y la copie tan al fiel qe. cuando la conclui mi señora qe. me ogservava cuidadosamente asiendose desentendida me la pidio y la presento al director qe. dijo yo saldria un gran retratis y seria pa el mucho honor qe. algun dia retratse a todos mis amos desde entonses todos me tiraban al rincon donde yo estaba a medio acostar en el suelo muestra de todas clases [...] (p. 40).

Recurriendo sistemáticamente al residuo y la mimesis, la lección de dibujo de Manzano invierte el orden de la lección de sus amos. Sacados del cesto de papeles o recibidos como huesos que le arroja el amo, los desperdicios de los de arriba se cargan de nuevo valor y nueva vida al ser usados por el de abajo: en un rincón, en el suelo, en el sitio que corresponde al siervo. De la copia de bosquejos Manzano pasa a copiar caligrafía y, de allí, a la escritura misma. Durante el periodo, breve y feliz, que pasa al servicio del hijo de la marquesa, Nicolás Cárdenas y Manzano, comprende que la secreta memorización del manual de retórica del amo, a la que recurre para "darme estudios" (p. 57), resulta improductiva puesto que no puede aplicar lo que aprende. Decidiendo "darme otro mas util" (p. 57), se enseña a escribir con un sistema tan admirable como el utilizado para aprender a dibujar, recurriendo a un reciclaje de desperdicios igualmente creador. Compra pluma y papel muy fino y, rescatando papeletas estrujadas y anotaciones desechadas por su amo, las alisa, las coloca bajo una hoja de papel transparente, y literalmente las calca: "con esta imbension antes de un mes ya asia renglones logrando la forma de letra de mi señor" (p. 57). El amo, "que me quería no como a esclavo sino como a hijo" (p. 56), se opone a estos esfuerzos (en ello igual a su madre): "imponiendome dejase aquel entretenimiento como nada correspondiente a mi clase qe. buscase qe. coser" (p. 57). Que ese mismo amo fuese "ilustrado protector de la instrucción pública en esta Isla"[31] y, después, presidente de la rama educativa de la Sociedad Económica de Amigos del País, resulta irónico pero, en fin de cuentas, no sorprendente.[32] Mientras que Manzano considera que escribir es *útil*, su amo (que le ordena volver a su costura, tarea que, según Manzano, no está descuidando), considera que escribir (para el esclavo) es un *pasatiempo*, y el tiempo, en el sistema esclavista, no se *pasa* sino que se *mide* en trabajo realizado.[33]

Identidad e identificación son términos que no aparecen en la autobiografía de Manzano, salvo, precisamente, en este pasaje sobre la lección de escritura. Manzano refiere cómo, al arreglar todas las mañanas el escritorio del amo, su sillón y sus libros "me fui identificando con sus costumbres" (p. 56). Y cuando resume

[31] López Prieto, *Parnaso cubano*, p. 251.

[32] Sobre la forma en que se negaba educación a los negros, véase Ramón Guirao, "Poetas negros y mestizos en la época esclavista", *Bohemia*, 26 de agosto de 1934, pp. 123-124.

[33] "Cuando, por razones que no podían controlar, los propietarios no tenían tareas productivas que asignar a sus esclavos, les inventaban tareas improductivas, como mover objetos de un sitio a otro y luego ponerlos donde estaban antes. Un esclavo sin trabajo era un elemento disolvente para todo el sistema, un factor de posible rebelión." (Moreno Fraginals, "Africa in Cuba: A Quantitative Analysis of the African Population in the Island of Cuba", en *Comparative Perspectives*, Vera Rubin y Arthur Tuden, comps., p. 200.) Ejemplos de estas tareas inventadas cuyo propósito es evitar tiempos vacíos (o pasatiempos), pueden encontrarse en Manzano: "yo tenia pa. oficio cada media ora tomar el paño y sacudir todos los muebles de la casa estubieren o nó con polvo" (p. 48) y "me mandaba limpiar la caobas pa. q. no estubiese o llorando o dormiendo" (p. 56).

Un estudio sobre el tiempo, sobre las diferentes notaciones de tiempo en la *Autobiografía* de Manzano sería sin duda de enorme interés. Los críticos han señalado las aparentes contradicciones entre la excepcional memoria de Manzano en materia literaria y su mala memoria en lo referente a hechos. La cronología y las notaciones de tiempo son por cierto confusas, lo impreciso alterna con deícticos muy precisos ("un poco antes de las once", etc.). Un comentario de Moreno Fraginals sobre la percepción del tiempo entre los esclavos acaso aclare esta aparente contradicción: "Al cabo de algún tiempo, la fatiga acumulada llegaba a ser irreversible. El ritmo antinatural sin duda acarreaba una profunda disociación entre el tiempo humano y el tiempo requerido para la producción, una carencia total de sincronización entre la capacidad biológica y la tarea que debía realizarse" (Moreno Fraginals, "Cultural Contributions", p. 18).

el proceso de aprendizaje descrito, puntualiza: "pr. qe. hay sierta identidad entre su letra y la mia" (p. 57). Lo notable, por supuesto, es que Manzano no se identifica con el amo mismo; se identifica con su letra, con sus lecturas, con los *medios* con que más tarde logrará su propia identidad. En la autobiografía de Manzano hay, en realidad, dos relatos: uno que corresponde al pedido de Del Monte es el relato del sujeto esclavo; el otro, igual o más importante, es el relato de ese sujeto esclavo como lector y escritor.

A pesar de las objeciones iniciales del amo, Manzano siguió escribiendo con considerable éxito. De modesto proyecto llevado a cabo con disimulo en casa del ama ("escrivi muchos curdenos de desimas al pie forsado qe. bendia" [p. 66]), la escritura pasa a ser visible: Manzano publica, mediante licencia especial, *Poesías líricas* (1821) y *Flores pasageras*[sic] (1830). Viene luego el patronazgo de Del Monte y cierta fama como poeta y dramaturgo (*Zafira*, 1842). Ahora bien, lo que llama la atención del lector contemporáneo en la poesía de Manzano es su estilo esforzadamente convencional, mesurado y por último *correcto:* es un pésimo ejemplo de poesía neoclásica, lo cual, pensándolo bien, era previsible. Manzano mismo declara que su modelo era Arriaza, poeta contemporáneo traductor de Boileau. Del Monte, quien retocaba las poesías de Manzano, era ardiente partidario del neoclasicismo que estaba de moda. Además de ser el estilo de los textos que Manzano leía, escuchaba y memorizaba, era, sospecho, un estilo que le resultaba cómodo precisamente por su formalismo prefabricado, sus prácticos clichés, sus elevadas abstracciones, su métrica segura. La predilección de Manzano por el pie forzado, confirma, creo, estas sospechas. Es inútil buscar en esos poemas originalidad poética, confesiones personales o reflexiones sobre la esclavitud. Más aún, resulta ridículo encontrar, como pretende un crítico, "el balido de la *patiens ovis injuriae*"[34] o, como pretende otro crítico, un "sufrimiento creador".[35] Pero resulta igualmente improductivo desecharlos por ser imitaciones.[36] La poesía de Manzano es original *precisamente por ser imitativa*, por ser un es-

[34] Calcagno, *Poetas de color*, p. 50.

[35] Antonio Olliz Boyd, "The Concept of Black Awareness as a Thematic Approach in Latin American Literature" en *Blacks in Hispanic Literature*, Miriam de Costa, comp. (Port Washington, NY-Londres: Kennikat Press, 1977), p. 69.

[36] Miriam de Costa, "Social Lyricism and the Caribbean Poet/Rebel", en *Blacks in Hispanic Literature*, pp. 115-116. Para una apreciación algo más ecuánime del

fuerzo tan deliberado y total por apropiarse de la lectura y la escritura que le habían sido negadas.

En su poesía Manzano modela su yo según la voz y las convenciones de sus amos. Su segunda mujer, la liberta mulata María del Rosario, de diecinueve años de edad, "linda como un grano de oro de pies a cabeza",[37] se convierte en una Delia convencionalmente abstracta. (Una musa anterior, a quien canta en los poemas de 1821 —acaso su primera mujer, Marcelina Campos— recibe el catuliano apodo de Lesbia.) Otro poema, "Un sueño", dedicado a su hermano Florencio, describe a éste como "robusto etíope", eufemismo comúnmente aplicado a los negros que los críticos blancos aplicaron al propio Manzano. Los poemas de Manzano rezuman artificialidad: los arroyos se convierten en ninfas, los vientos, en céfiros, y los cielos en el empíreo. Es frecuente el uso del hipérbaton y de la prosopopeya; abundan las citas clásicas y el amaneramiento; y también los ripios rimbombantes e inanes. "El oído le enseñó la cadencia del verso; el genio le dictó rasgos de buen gusto", afirma Calcagno, empeñado en ubicar a Manzano en el molde estereotipado del poeta inculto y "natural".[38] Pero esas marcas de "buen gusto" (que no es sino convención cultural) son menos atribuibles al "genio" que a la extraordinaria capacidad imitativa de Manzano, una capacidad tan excesiva que encerraba los gérmenes de su propia ruina.[39] La poesía de Manzano está a tal grado sobredeterminada por la imitación, constituye un depósito tan grande de clichés, que se convierte, sin querer, en parodia. Lo mismo puede decirse de la única aportación de Manzano al teatro, la obra en verso *Zafira*. Es un romance "morisco" a la usanza de la época, tan sujeto a las convenciones, desde un punto de vista temático, como lo están los poemas desde un punto de vista formal.

fenómeno de la imitación, véase Samuel Feijóo, "African Influence in Latin America: Oral and Written Language" en *Africa in America*, p. 148.

[37] Carta del 11 de diciembre de 1834 a Domingo del Monte, Manzano, *Autobiografía*, p. 82.

[38] *Poetas de color*, p. 51.

[39] "En el caso de Manzano, con su exagerada retórica, su excesivo decoro, su exaltado sentimentalismo, tenemos justamente el resultado de la imposibilidad de salir fuera del código literario, que fuerza al escritor negro a someterlo mediante el agotamiento y el exceso" (Roberto González Echevarría, "Nota crítica sobre Pedro Barreda, *The Black Protagonist in the Cuban Novel*", en *Isla a su vuelo fugitiva* (Madrid: Porrúa Turanzas, 1983), p. 245.

Después de los poemas y de *Zafira*, la *Autobiografía*, aun luego de una ojeada superficial, necesariamente desconcierta al lector. Si la obra poética daba la impresión de amaneramiento, el relato que hace Manzano de su vida y del descubrimiento de su vocación poética produce el efecto contrario. Es posible que en los poemas haya recibido más ayuda que en el texto autobiográfico: Del Monte revisó y corrigió los poemas antes de su publicación, pero el manuscrito de la *Autobiografía*, en todo caso el publicado en 1937, no parece haber recibido ayuda alguna. (Del Monte había encomendado a Suárez y Romero retoques que éste al parecer realizó,[40] pero esa versión corregida, cuyo rastro se perdió, no es la que finalmente se publica.) Al comparar las obras poéticas con la *Autobiografía*, salta a la vista una innegable fisura que afecta tanto la producción de Manzano como la imagen que tiene de sí como escritor.

El yo lírico de la poesía de Manzano es una elaboración retórica relativamente cómoda, en la que el autor parece encajar sin esfuerzo. Los modelos, almacenados en su memoria o en su arbitraria colección de fragmentos impresos, son fáciles de retener, de autoridad confiable: son, al fin y al cabo, los modelos del amo. Pero cuando Manzano escribe en prosa, y, en particular, cuando se escribe a sí mismo en la autobiografía como negro y como esclavo, no hay modelo que lo guíe, no hay ficción fundacional, no hay imagen *maestra* que se pueda extraer de otros textos. Para validar su tarea autobiográfica y autorizarse a sí mismo, Manzano no puede escoger con libertad entre sus textos almacenados porque no contienen material adecuado para elaborar su imagen, o mejor dicho, contienen esa imagen en forma no escrita, como ausencia. Si bien esos fragmentos pueden utilizarse en la imitación poética, permitiéndole hablar a Manzano con la voz del amo, no se prestan fácilmente a la expresión de una persona autobiográfica que de ninguna manera prefiguran. Se pueden calcar letras de los desechos del amo; no se puede calcar un yo para el cual no hay modelo escrito.

La *Autobiografía*, tal como la escribió Manzano, con sus cláusulas interminables, sus párrafos jadeantes, su sintaxis descoyuntada y ortografía *sui generis*, refleja vivamente ese dilema: una

---

[40] Véase en Friol, p. 231, la carta en que Suárez y Romero describe su tarea de revisión.

siempre renovada ansiedad por los orígenes, que proporciona al texto esa energía tenaz e incontrolable que acaso sea el mayor de sus méritos. La escritura *en sí* constituye el mejor autorretrato que poseemos de Manzano, así como su más importante contribución a la literatura. Y es, a la vez, lo que no pueden tolerar los traductores, editores y críticos: "Basta, sin embargo, con pasar en limpio ese texto, librándolo de impurezas, para que resalte en toda su sencillez la forma clara y emotiva en que Manzano cuenta sus desdichas", escribe Max Henríquez Ureña.[41] Este punto de vista, compartido por muchos, según el cual en la *Autobiografía* de Manzano se halla prisionero, por así decirlo, un relato claro que espera al corrector culto para que lo libere de su escoria, esta noción de que el texto impuro ha de ser reemplazado por una versión transparente (¿blanca?) para ser legible, equivale a una nueva mutilación brutal, que niega al texto legibilidad en sus propios términos. De las "sicatrises [que] estan perpetua" en el cuerpo de Manzano, bien podría ser ésta la más cruel.

[41] Max Henríquez Ureña, *Panorama histórico de la literatura cubana* (Puerto Rico: Ediciones Mirador, 1963), p. 184.

III. EL TEATRO DE LA LECTURA: CUERPO Y LIBRO EN VICTORIA OCAMPO

> Éste es mi cuerpo, ésta es mi sangre. Yo no tenía otra cosa que ofrecer bajo las especies de palabras unidas, bajo el pan y el vino del espíritu que se llama literatura. En síntesis, tal es el epígrafe que podría llevar cada uno de mis escritos, comenzando por mi comentario sobre Dante. Y más me alejaba de este epígrafe para obedecer infantilmente a no sé qué convención del *yo aborrecible,* más se debilitaban mis escritos y resultaban fofos y sin meollo.
>
> VICTORIA OCAMPO, *Autobiografía*

LIBROS, muchos libros se mencionan a lo largo de los textos de Victoria Ocampo. Si las autobiografías suelen privilegiar el encuentro con la palabra escrita como comienzo simbólico de la historia de vida —como reconocimiento de los instrumentos mismos de la autorrepresentación— este encuentro ocurre por lo general, emblemáticamente, al comienzo del relato. Sin embargo, en el caso de Victoria Ocampo no hay una clara inserción de lo textual en el relato de vida; no uno ni dos sino muchos encuentros con los libros aparecen en el texto. El gesto simbólico se repite sin cansancio: una escena de lectura trae la siguiente, un libro trae otro libro, un descubrimiento lleva a otro, de manera que nos quedan muchos comienzos, tantos, que se desdibujan en una vertiginosa corriente en la que el gesto desnudo —leer— se perpetúa a sí mismo como impulso generador de un único, consistente acto autobiográfico.[1]

[1] Salta a la vista la naturaleza autobiográfica de toda la obra de Victoria Ocampo. Mi estudio se centra en los seis volúmenes de la *Autobiografía* póstuma: I. *El archipiélago* (Buenos Aires: Ediciones Revista Sur, 1979); II. *El imperio insular* (Buenos Aires: Ediciones Revista Sur, 1981); III. *La rama de Salzburgo* (Buenos Aires: Ediciones Revista Sur, 1981); IV. *Viraje* (Buenos Aires: Ediciones Revista Sur, 1982); V. *Figuras simbólicas. Medida de Francia* (Buenos Aires: Ediciones Revista Sur, 1983); VI. *Sur y Cía.* (Buenos Aires: Ediciones Revista Sur, 1984). Cito en adelante por estas ediciones, indicando el tomo en números romanos. Asimismo,

Ya me he referido a la versión inicial que propone Ocampo de la escena de lectura, registrada entre sus primeros recuerdos de infancia. Bajo el acápite "Libro" escribe: "Llevo un libro que me leían y hago como si leyera. Recuerdo el cuento perfectamente, y sé que está detrás de las letras que no conozco" (I, p. 81). Quiero detenerme en la descripción precisa de este recuerdo porque contiene muchos de los elementos específicos de la escena de lectura en Ocampo. Al igual que Sarmiento, imita Ocampo el gesto de Hamlet: es el joven lector con el libro en la mano. Pero en la versión de Ocampo se acentúa la teatralidad de la pose. Ocampo se ve a sí misma representando: lleva el libro (como un actor que entra en escena llevando un objeto de utilería) y finge leer. La escena recalca la distancia tanto como la familiaridad: la niña lleva un libro lleno de letras a las que no tiene acceso, pero es un libro cuyo contenido le es del todo conocido porque se lo han leído innumerables veces.[2]

Se podrá decir que este pasearse con un libro en la mano no es más significativo que cualquier otro juego de simulación infantil: así como se "juega al doctor", se "juega al libro". De hecho, Ocampo no es la única autobiógrafa que recurre a este pasatiempo: Sartre, para dar un ejemplo memorable, recuerda una impostura similar en *Las palabras*.[3] Como punto de referencia, este último texto resulta útil para evaluar la experiencia de Ocampo. La mímica infantil de Sartre tiene como origen un modelo preciso: el abuelo materno es escritor, tiene una biblioteca llena de libros y al sacar un libro de los estantes, ejecuta una serie de gestos triviales que el niño espía con avidez. La primera vez que el niño simula leer un libro, lleva a cabo una "ceremonia de apropiación": abre el libro "en la página correcta" como le ha visto hacer al abuelo, esperando confiado una revelación que, en contra de

analizaré buen número de crónicas y ensayos, escritos en primera persona, reunidos en los 10 volúmenes de los *Testimonios*.

[2] Hay otra versión de esta primera escena de lectura en "De la cartilla al libro", en *Testimonios*, 6ª serie (Buenos Aires: Sur, 1963): "Antes de conocerlos, me gustaban tanto los cuentos, y los libros, porque los cuentos estaban adentro, que mi madre me contaba que me sentaba a leer, con un libro abierto en las manos, repitiendo un cuento que sabía de memoria y dando vuelta las hojas en el momento en que correspondía hacerlo" (p. 137).

[3] "Fingía leer. Seguía con los ojos las líneas negras sin saltarme ni una, y en voz alta me contaba a mí mismo una historia, cuidando de pronunciar todas las sílabas" (Jean-Paul Sartre, *Les mots* [París: Gallimard, 1964], p. 36).

sus expectativas, no ocurre.[4] Además, para Sartre, los libros están permanentemente marcados por el género: por un lado, están los serios "objetos culturales" reverenciados por su abuelo, por el otro, los frívolos *colifichets* que alimentan la imaginación erótica de su abuela y su madre.

La simulación de Ocampo con el libro en la mano, aunque claramente imitativa, difiere de la de Sartre en que Ocampo no tiene a su alrededor un lector paradigmático, ya sea "seriamente" masculino o "frívolamente" femenino, sobre el cual modelar su propia lectura. Ninguno de los adultos presentes en su niñez está asociado con libros de manera ejemplar. Tampoco parece tener la lectura un papel importante en las tradiciones familiares, más allá de las lecturas convencionales de la clase alta: "A pesar de 'haber consagrado a los escritores mi parte de credulidad' desde muy niña, como el Orlando de Virginia Woolf, no tuve la fortuna de conocer a gentes del oficio o interesados por los libros" (II, p. 71). Cuando se describe la biblioteca de los padres, los libros aparecen como adornos, objetos que apelan sobre todo a los sentidos (I, p. 94). Los adultos que le leen en voz alta, rara vez identificados, parecieran no tener conexión con los libros más allá de su función de contar cuentos. A una borrosa institutriz francesa, mademoiselle Guérin, se le reconoce el haberle enseñado el abecedario. Acaso *mostrar* sea el término apropiado, ya que el proceso de aprendizaje en sí mismo (Ocampo aprendió a leer en francés antes que en español) se presenta como hecho espontáneo que nadie ha dirigido: "Aprendo el alfabeto sin saber cómo... Aprendo francés sin saber cómo" (I, p. 83). También se menciona a Vitola, la tía abuela preferida que le lee en español, pero lo que se dice de esa lectura es mínimo.

Es obvio, una vez más, que no estamos aquí frente a una situación como la del joven Sarmiento, hijo de padres de cultura rudimentaria, que aprendió a leer sin maestro y se enorgullecía de su condición de autodidacta. La familia en la que nació Ocampo, en 1890, era prominente en lo social y lo económico. Junto con cinco hermanas menores, recibió la educación privilegiada aunque restringida de las clases altas; estudio de varias lenguas, formación musical, y fragmentarias nociones de cultura general en las

---

[4] Sartre, p. 33.

que la literatura y la historia argentinas y los acontecimientos locales de la época brillaban por su ausencia. A pesar de una formación tan limitada, Ocampo está lejos de padecer carencias culturales. Sin embargo, es evidente por muchos pasajes de sus textos autobiográficos que prolongan ese primer recuerdo de la niña que juega a ser lectora, que los libros tuvieron para Ocampo mayor importancia que la que su medio solía atribuirles. Ni son marcas de una cultura convencional ni son medios de adquirir la educación formal a la que, como mujer, no tenía acceso: "'Si hubiera sido un varón, hubiera seguido una carrera', decía mi padre de mí, con melancolía probablemente" (II, p. 16).[5] No sorprende entonces que, como Sarmiento, Ocampo se refiera a sí misma como autodidacta:[6] tuvo que enseñarse nuevas maneras de leer y de relacionarse con un canon al cual, dado su sexo, tenía acceso limitado. La insólita intensidad con la que Ocampo representa en repetidas ocasiones esa primera versión de la escena de lectura, dando vida a la pose de la niña y transformando esa pose en expresión de sí misma, delata una relación con los libros que va más allá, e incluso va en contra, del paisaje cultural domesticado e ideológicamente estrecho en el cual se crió.

Ocampo ha escrito con amplitud acerca de sus voraces lecturas infantiles y por lo tanto no entraré aquí en detalles.[7] A pesar de que su apetito por los libros es constante, las lecturas mismas varían. En la primera niñez están los libros que le leen; más tarde vienen "los clásicos" que se leen en clase y despiertan reacciones predeterminadas; por último están los libros que se leen para sí, aquellos de los cuales Ocampo se apropia más directamente y transforma en vehículos de su propia expresión: "Los libros, los

[5] En el segundo volumen de la *Autobiografía*, *El imperio insular*, hay una incisiva crítica de la educación de la mujer argentina a fines del siglo XIX. Para apoyar sus afirmaciones, Ocampo cita cartas que, de adolescente, escribió a su amiga Delfina Bunge: "Lo que quise destacar es lo mucho que sufrí, lo mucho que me torturó mentalmente la situación de la mujer, desde mis primeros años de adolescente. Y este padecer no era sin razón. Perdía, perdí lamentablemente el tiempo. Y esos años perdidos son imposibles de recuperar después (me refiero a disciplinas de estudio, seriedad de estudios)" (II, p. 143).

[6] "Malandanzas de una autodidacta", en *Testimonios*, 5ª serie (Buenos Aires: Sur, 1957).

[7] También hay referencias específicas a lo que lee de chica en "Ordenar el caos", crónica sobre la autobiografía de Graham Greene (*Testimonios*, 9ª serie [Buenos Aires: 1975], pp. 58-67), y en "La influencia de la lectura sobre nuestra infancia" en el mismo volumen de *Testimonios*.

libros, los libros eran un mundo nuevo en que reinaba una bendita libertad. Yo vivía la vida de los libros, y no tenía que rendirle cuentas a nadie de este vivir. Era cosa mía" (I, p. 177).

Como la escena de lectura de Proust, a la que Ocampo se refiere con tanta frecuencia, esta lectura privada constituye un rito solitario que sigue reglas específicas. Sin embargo, la lectura no escapa a la contaminación del mundo exterior e incluso parece fomentarla. Si bien es cierto que dentro de la casa se devoran libros ingleses y franceses, también es verdad que esta lectura incorpora un medio ambiente específicamente argentino, de tal modo que los dos conviven en el recuerdo, en un intercambio constante entre lo exótico y lo familiar; los páramos de Yorkshire de las hermanas Brontë "iban a oler, para el resto de mis días, a verano argentino y retumbarían del dúo amoroso de los horneros criollos, o de la presencia sonora de las chicharras",[8] mientras que "The Fall of the House of Usher" quedará siempre asociada con el mugido de las vacas y el balido de las ovejas.[9] Esta contaminación tan elemental entre lo que más tarde Ocampo habrá de establecer como categorías complementarias y a menudo intercambiables, *lo vivido* y *lo leído,* tendrá consecuencias en otros campos. Así como lo vivido se cuela en el libro, también lo leído protege del ataque de la experiencia directa y en ciertos casos llega a reemplazarla. Cuando Ocampo lee *David Copperfield,* ya ha muerto su bisabuelo; sin embargo, es sólo la descripción del cuerpo muerto de Steerforth en la playa, hacia el final de la novela —"lying with his head upon his arm as I had often seen him lie at school" [lo vi con la cabeza apoyada en el brazo, como solía verlo en el colegio]— lo que le proporciona su primer contacto "real" con la muerte y su primera experiencia de pérdida:

Lloraba también por mí misma. Por mi infancia que se alejaba de mí, puesto que empezaba a verla. Por mi infancia que no me soltaba del todo, pero que se resistía en vano a la triunfante adolescencia, como la postura habitual de Steerforth se resistía en vano, con su apariencia de vida, a la muerte [I, pp, 179-180].

A partir de la adolescencia, Ocampo habrá de leer los hechos más importantes de su vida a través de los libros. Esto no quiere

---

[8] *Testimonios,* 6ª serie, p. 143.
[9] "Palabras francesas", en *Testimonios* (Madrid: Revista de Occidente, 1935), p. 35.

decir que lleve una vida libresca, recluida, ni tampoco que por la presencia de los libros, para trasponer la frase que Borges se aplica a sí mismo, "vida y muerte le han faltado a [su] vida". Los libros no viven por ella sino que son, en cierto sentido, el espacio donde su vida alcanza una dimensión más vasta, donde puede vivir con más intensidad que en cualquier otra parte.

Refiriéndose a la función modeladora de sus primeras lecturas, Ocampo subraya la simpatía y la identificación. Los términos específicamente teatrales que emplea ilustran la capacidad autorrepresentativa que le atribuye a los libros:

Todos los niños de imaginación y de sensibilidad despiertas se apasionan por ciertos héroes, se cuentan a sí mismos historias en que ellos desempeñan, frente a ese héroe, un papel importante y son perseguidos, amados, traicionados, salvados, humillados, glorificados. Más tarde, una vez traspuesta esa etapa, suelen vivir en la vida las escenas tantas veces ensayadas durante la infancia; el momento magnífico o desolador se presenta al fin y la réplica está pronta: imposible cambiarla, imposible equivocarse... Se han multiplicado demasiado los ensayos. Ya no se puede elegir otra réplica. Nunca se pudo elegir. Cada ser lleva dentro de sí la misma escena, el mismo drama desde que nace a la conciencia y por todo el resto de su vida; y representa su escena, su drama, cualesquiera que sean los acontecimientos o los personajes que le salgan al paso hasta dar con su acontecimiento, su personaje. Tal vez no los encuentre nunca. Pero eso no le impide representar su escena, su drama, y dar a los acontecimientos y a los personajes que menos se prestan a entrar en su juego la forma del acontecimiento y del personaje que son los suyos. Pues ha venido al mundo para una sola escena, un solo drama, y no puede menos de repetirlos a lo largo de toda su existencia.[10]

La lectura es una representación vital, pero es una representación que continuamente busca nuevos escenarios. "A partir de mi adolescencia —escribe Ocampo— no me contenté con los libros que me daban. Empecé a leer cuantos podía procurarme."[11] Uno de los primeros ejemplos de esta nueva libertad de lectura que

[10] "Emily Brontë, terra incognita", en Testimonios, 2ª serie (Buenos Aires: Sur, 1941), pp. 115-116.
[11] Victoria Ocampo, "El aguilucho", en Testimonios, 2ª serie (Buenos Aires: Sur, 1971), p. 100. En adelante, todas las citas harán referencia a esta edicion.

registra su memoria por su impacto modelador es *L'Aiglon* de Rostand, un texto que ve y escucha declamado antes de leerlo (del mismo modo que, de chica, escuchaba los cuentos que le leían). A los quince años asiste a una representación de *L'Aiglon* con Marguerite Moreno (quien más tarde le daría clases de arte dramático) en el papel protagónico, y se identifica por completo con el joven héroe. El hecho de que el papel del duque de Reichstadt casi siempre lo desempeñara una mujer —Sarah Bernhardt, en una de sus actuaciones más famosas, y ahora Marguerite Moreno— sin duda contribuye a esta reacción espontánea. Pero hay más que acerca a Ocampo al protagonista:

> En seguida me reconocí en el protagonista. ¿Por qué me reconocí? La cosa parece descabellada. El problema del hijo de Napoleón no era mío. Pero ese muchacho enfermo (la tisis galopante me pareció, entonces, un mal envidiable) estaba preso en Schoenbrunn, como yo en Florida y Viamonte. Era un *pas-prisonnier-mais*. No podía salir a caballo sin *"le doux honneur d'une invisible escorte"*; vigilaban su correspondencia; no le era permitido leer sino los libros que para él elegían. Alguien le prestó libros clandestinamente:
>
> > *Le soir, dans ma chambre, je lisais, j'étais ivre.*
> > *Et puis, quand j'avais lu, pour cacher le délit*
> > *Je lançais le volume au haut du ciel de lit.*
>
> Mi cama no tenía dosel, pero tenía colchón, y debajo del colchón se ocultaba mi biblioteca privada [p. 100].[12]

Ocampo se lee a sí misma no sólo en un personaje sino en un personaje *que lee:* como Hamlet, el hijo de Napoleón es un príncipe con un libro en la mano. Sin embargo, a diferencia de Hamlet que lee con impunidad, las lecturas no vigiladas del joven duque, su único medio de liberación, constituyen una ofensa seria para sus guardias. En esta ilegalidad, asumida desafiantemente como acto de liberación, Ocampo reconoce la marca de su propia lectura.

Es importante recalcar la naturaleza teatral de esta experiencia. El texto de Rostand no se descubre en la página impresa sino en el escenario, mediante la voz y la representación, a través de un dinámico ejercicio de pose. Lo que Ocampo "lee" (y lo que lee

---

[12] Hay una versión casi idéntica de este descubrimiento en II, pp. 62-63.

de sí misma en el texto que observa) es, en resumen, actuación: una actriz que representa el papel de un personaje que, rechazando el papel que otros le imponen, hace de la lectura un acto de rebelión. Si la lectura es representación, esta particular lectura de *L'Aiglon* es la representación de una representación. Y también es, por supuesto, una traducción: no sólo un traslado de lo textual a lo vital, o de la convención teatral francesa a la cotidianeidad argentina, sino de un género sexual a la representación del otro: la joven Ocampo se identifica con un varón pero también con una mujer que representa a un varón.

La presencia de lo teatral en la escena de lectura de Ocampo, a partir de la niña que posa con un libro, pasando por el deslumbrante autorreconocimiento de *L'Aiglon*, hasta la incesante búsqueda de "su propio argumento y su propio personaje", pone de manifiesto la obsesiva preocupación de Ocampo con la autorrepresentación, preocupación que guía su obra y refleja la difícil problemática del género dentro de la cultura de una época. Pero esta presencia de lo teatral también ha de ser vista literalmente, como expresión de una vocación —"Nací para *actuar*. Llevo el teatro en la sangre"—[13] que se frustró desde temprano, dejando una huella difusa en su vida y en su escritura. El relato de Ocampo la presenta, desde niña, como una inadaptada, constantemente incómoda con los papeles que la sociedad puede ofrecerle, papeles que, sobra decirlo, no incluyen el de actriz o escritora. En lugar de ser actriz, por ejemplo, se le permite recitar en privado: pálido e insuficiente sustituto, es una decorosa manifestación de talento a la que incluso se la anima. Que Ocampo quiso ir más allá de estas representaciones privadas y dedicar su vida al teatro, que lo intentó al tomar clases particulares con una actriz célebre, que no logró defender esa vocación al enfrentarse con la resistencia de sus padres, queda registrado en su autobiografía como una de sus derrotas más dolorosas; una derrota tanto más amarga cuanto que sus ocasionales y exitosas representaciones en años posteriores, como la recitante de *Le Roi David* de Honegger y la *Perséphone* de Stravinsky, confirmaron su talento.[14]

---

[13] Carta a Delfina Bunge, del 3 de agosto de 1908, citada por Doris Meyer en *Victoria Ocampo, Against the Wind and the Tide* (Nueva York: George Braziller, 1979), p. 31.

[14] En estas representaciones, escribe entusiasmada Ocampo, "me expresaba

A principios de siglo la literatura no era carrera fácil, ni siquiera para los hombres. Las caricaturas del burgués incomprensivo y pagado de sí mismo que abundan en los textos modernistas, la desazón de ese mismo burgués cuando se convierte en escritor, como fue el caso de la generación argentina de 1880, son prueba del malestar con que la sociedad veía la institucionalización de la literatura y la categoría profesional que reclamaban esos escritores. Para las mujeres que querían escribir la situación era, previsiblemente, mucho más difícil.[15] De adolescente, Ocampo se queja con su amiga y confidente de esos años, Delfina Bunge:

> *Literato* es una palabra que sólo se toma en sentido peyorativo en nuestro medio. "Es un literato" (o peor aún "es *una* literata") significa un inservible, un descastado, un atorrante, hasta un maricón (a menos que tenga una cátedra y sea *profesor*. Respetan este tipo de títulos). Si se trata de una mujer, es indefectiblemente una *bas-bleu*, una *poseuse*, está al borde de la perversión, y en el mejor de los casos es una insoportable marisabidilla, mal entrazada. En cambio la palabra estanciero tiene prestigio. Significa (como en la fábula) *veau, vache, cochon, couvée* [II, p. 104].

Para las mujeres, la línea divisoria entre lo permitido y lo reprobable, en el terreno de la literatura o el teatro, reproduce con claridad la separación entre lo público y lo privado. Las representaciones teatrales quedan circunscritas al ambiente doméstico, lugar seguro donde, precisamente, una no se ofrece como espectáculo. Otro tanto ocurre con las representaciones literarias —lectura y escritura— aunque sin duda de forma más compleja. Se permite e incluso se fomenta la lectura de obras que no han

plenamente, enteramente. Y *comunicaba*", IV, p. 103. En relación con concesiones hechas a sus padres, escribe a Ortega y Gasset: "He sacrificado a mis padres convicciones que no debí sacrificar a nadie. El sacrificio hubiera sido para mí, dado mi carácter, no sacrificarme, sacrificarlos a ellos. Es decir sacrificar a la falsa visión que tenían de las cosas (desde MI punto de vista) aunque esto los hubiera hecho sufrir. Pero fui cobarde por ternura. Y es un defecto que aún persiste en mí. No sé si alguna vez podré librarme de él" (carta a Ortega, citada en II, p. 175).

[15] "En aquellos años la actitud de 'la sociedad' argentina frente a una mujer escritora no era precisamente indulgente... [Escribir] era escandaloso, tanto como manejar un auto por las calles de Buenos Aires. Por esto último recibí una copiosa lluvia de insultos. Y lo que me gritaban los transeúntes cuando me veían pasar sentada en el auto, con el volante en la mano, lo pensaban otros cuando leían mis artículos" (III, p. 105).

sido censuradas, pero la censura misma es arbitraria. Muchos libros figuran en el *index* familiar, pero otros, inexplicablemente, escapan a la censura. Es el caso, por ejemplo, de *Anna Karenina;* también de Shakespeare y Dante porque "ahí había de todo, pero pasaban a través de la censura por la rima, como las óperas por el acompañamiento de la música" (II, p. 62). Una referencia autobiográfica, casi escondida en el ensayo de Ocampo sobre Virginia Woolf, pone de manifiesto la miopía de sus padres. El padre solía proyectar en casa las primeras películas de Max Linder:

> Si había escenas de amor acompañadas de besos mi madre se ponía de pie en la oscuridad del "hall" —donde no se oía más ruido que el de la máquina— y se plantaba delante del proyector, interceptando la imagen. Nosotras protestábamos sin que se conmoviera. Como no podía adivinar cuánto durarían las expansiones amorosas —el cine era mudo y al tapar las figuras tapaba los letreros— su sombra permanecía más de lo necesario sobre la pantalla, por precaución, a riesgo de hacernos perder el hilo de la historia.[16]

A pesar de su comicidad, el pasaje es significativo. La madre se propone sin duda censurar cualquier insinuación de sexualidad física. Pero al hacerlo, tapa también las palabras (los subtítulos de las películas mudas que el espectador *leía* como si las *oyera)* y borra así el sentido de la historia. El gesto interceptor inesperadamente enlaza cuerpo y lectura, los dos componentes más importantes de la escritura autobiográfica de Ocampo.

Al igual que las obras teatrales montadas en privado, las primeras publicaciones son también acontecimientos *entre nos.* Dos de sus poemas, en francés, se publican de manera anónima en 1908; el periódico de Buenos Aires en el que aparecieron apenas si identifica a Ocampo como joven de familia distinguida. De ninguna manera la escritura, o incluso el interés por la literatura, habían de aparecer personalizados, manifestados en público, *firmados.* En 1910, durante una larga estadía de la familia Ocampo en París, los padres permiten que su hija mayor asista de oyente a cursos de la Sorbona y, como estaba de moda, asistir a las conferencias del Collège de France. Ocampo escucha a Bergson, a

[16] *Virginia Woolf en su diario* (Buenos Aires: Sur, 1944), pp. 44-45.

Faguet, y queda particularmente impresionada por el curso de Hauvette sobre Dante. También durante esa estadía, la familia encomienda a diferentes pintores de moda, entre ellos Troubetz-koy y Helleu, el retrato de la hija. Uno de ellos, Dagnan Bou-veret, impresionado por su amor por los libros y por la pasión con la que cita la *Comedia*, decide colocar un pequeño busto de Dante en la mesa sobre la cual se apoya Ocampo mientras posa. Ocampo cuenta con ironía las consecuencias de esa idea:

> [Mis padres] le hicieron notar, con diplomacia, al pintor, que ese nue-vo adorno no le iba a una chica de diecinueve años y que resultaría pretencioso, o sería interpretado como manifestación de un ridículo *basbleuisme*. Dagman contestó que mi afición por Dante le parecía jus-tificar plenamente "el adorno", pero que estaba dispuesto a borrarlo y reemplazarlo por unos pensamientos o una rama de laurel en un florero. Así lo hizo. Nos separaron, pues, a Dante y a mí, en efigie, y el mundo vegetal ocupó su lugar sin (en mi memoria) "briser son absence". Tan no la quebró que mi primer artículo, publicado en *La Nación*, fue un comentario sobre *La Comedia* (diez años después... es decir después de diez años de navegar contra viento y marea) [II, p. 151].

Si Ocampo no llegó a ser actriz sí llegó a ser escritora, "contra viento y marea", como le gustaba decir, contra la institución lite-raria argentina y contra el criterio del grupo social al cual per-tenecía. El desplazamiento de una vocación por otra afectó sin duda su escritura y su actuación en un campo que nunca llegó a sentir como totalmente propio. A pesar de la importancia que llegó a tener en círculos literarios, tanto locales como extranjeros, a pesar de que fundó y dirigió por muchos años *Sur*, una de las revistas literarias más influyentes de Hispanoamérica, a pesar de la convicción personal con que promovió los derechos de la mu-jer y fundó la Unión Argentina de Mujeres en 1936 junto con María Rosa Oliver y Susana Larguía,[17] cuando Ocampo habla de sí como escritora hay un malestar, una resistencia a aceptarse del todo en ese papel. Como es sabido, ese tipo de automenospre-cio no es infrecuente entre las escritoras del siglo XIX e incluso

[17] Hay una detallada descripción personal sobre la lucha por los derechos de la mujer en esos años en el segundo volumen de la autobiografía de María Rosa Oliver, *La vida cotidiana* (Buenos Aires: Sudamericana, 1969), pp. 350-355.

del xx.[18] En el caso de Ocampo, el gesto desvalorizador acaso sea reflejo inconsciente del mismo prejuicio de clase que cree estar combatiendo, es decir, del desdén por el escritor profesional y el menosprecio del trabajo remunerado. El gesto se complica, por añadidura, con el hecho de que Ocampo, la actriz, está siempre detrás de Ocampo, la escritora, o más bien, que la escritora es siempre una actriz enmascarada que representa un *rôle manqué*. El texto que lee será siempre un guión listo para ser representado, una palabra en reposo en busca de su expresión, una *chose possible*, como nota más tarde Ocampo, citando a Valéry: "el poema es una abstracción, un texto que espera, una ley que no tiene vida sino es en la voz humana".[19] De la misma manera el yo se percibe como *chose possible*, como palabra —"Yo"— en busca de su guión. Si el teatro no puede proporcionar una escena apropiada para el encuentro de los dos, la literatura —la escritura como representación de la lectura— tendrá que bastar.

El que Ocampo viva y escriba a través de libros y autores se ha interpretado rutinariamente como deseo de identificación con los modelos masculinos ofrecidos por una sociedad patriarcal.[20] Aunque el juicio sea en parte acertado, es también reductor y necesita ser interpretado en varios niveles. En lo que se refiere a los *personajes* con los cuales Ocampo se identifica a través de su lectura, esta interpretación resulta insuficiente. No toma en cuenta, por ejemplo, la identificación de la joven Ocampo con la protagonista de *Corinne* y su afinidad por madame de Staël, mencionada a menudo en el segundo volumen de su autobiografía.[21]

[18] Sandra M. Gilbert y Susan Gubar, "Infection in the Sentence: The Woman Writer and the Anxiety of Authorship", en *The Mad Woman in the Attic* (New Haven y Londres: Yale University Press, 1979), pp. 45-92.

[19] *Testimonios*, 8ª serie, p. 195. Ocampo cita a Valéry: "De la diction des vers", en *Pièces sur l'art, Oeuvres*, II (París: Gallimard, La Pléiade, 1966), p. 1255.

[20] Así, por ejemplo, escribe Doris Meyer: "Victoria ha identificado a sus héroes de adolescente. No es sorprendente que todos sean personajes de sus libros favoritos, y que todos sean hombres [...] A principios de siglo, los modelos femeninos son notablemente poco inspiradores. Tanto en la vida como en la literatura, la era victoriana fomentaba la idea de que la mujer debía ser casta y abnegada [...]" (Meyer, p. 27). Esta aseveración surge de un concepto estrictamente mimético y coetáneo de la identificación: no contempla la posibilidad del anacronismo en el proceso de la identificación *literaria*.

[21] Meyer no menciona a madame de Staël en su biografía de Ocampo. Sin embargo, ésta escribe a Delfina Bunge en 1906: "Mme. Necker de Saussure tiene razón al señalar en una nota: 'Al escribir ella quiso expresar lo que llevaba en el

Por otra parte, esta interpretación —vivir a través de los libros como manera de identificarse con los modelos masculinos— nos aleja de una de las identificaciones más interesantes y complejas de Ocampo, la identificación con la Francesca de Dante.

Al describir su primer encuentro con la *Comedia*, a los dieciséis años, Ocampo recuerda su reacción apasionada ante "ciertos pasajes del *Inferno*":

La impresión que me causó la lectura sólo es comparable a la que sentí, de muy niña, la primera vez que, bañándome en el mar, fui envuelta y derribada sobre la arena por el magnífico ímpetu de una ola. En todo mi ser recibí el bautismo de aquellas *parole di colore oscuro*, como tan cabalmente dice el poeta, y salí de la inmersión tambaleándome, saturados los labios de amargura.[22]

Dos años más tarde, en una carta a Delfina Bunge en la cual habla de su atracción por el hombre con el cual se casaría (con consecuencias desastrosas), comienza citando el canto v y agrega: "Esos versos cantan en mi cabeza como las melodías pegadizas" (II, p. 97). A pesar de su presunción de adolescente —Ocampo, de dieciocho años, está buscando la aprobación de una muchacha mayor, aspirante a *femme de lettres*—[23] la carta pone de manifiesto un proceso que escritos posteriores repiten incansablemente. Lo vivido y lo leído forman un sistema de vasos comunicantes, se traducen recíprocamente. Uno llama sin esfuerzo al otro: la co-

alma mucho más que ejecutar obras de arte'. Más que de costumbre he tenido la conocida impresión de vivir lo que leía. Yo era *Corinne*. Su destino era el mío" (II, p. 166). Más adelante, en el mismo volumen, Ocampo se refiere una vez más a madame de Staël, "porque me es útil para presentar mi circunstancia" (II, p. 173). Drieu la Rochelle, amigo (y durante algún tiempo amante) de Ocampo, también la compara en su diario con madame de Staël. La comparación es poco halagadora: "Victoria habría sido mi Madame de Staël, pero tenía menos sustancia. A los pocos meses prácticamente me libré de ella" (Pierre Drieu la Rochelle, *Sur les écrivains*, F. Grover, comp. [París: Gallimard, 1964], p. 208). Ocampo se defiende con elegancia de este juicio brutal (II, p. 167). Hay más referencias a madame de Staël y a la política en IV, p. 14.

[22] *De Francesca a Beatrice*, Epílogo de José Ortega y Gassset. 2ª ed. (Madrid: *Revista de Occidente*, 1928), p. 27.

[23] Delfina Bunge, nueve años mayor que Ocampo, escribía poemas en francés en la época de este intercambio epistolar. La amistad entre las dos duró poco debido a los crecientes prejuicios religiosos de Bunge y a la ideología protofascista que compartía con su marido, Manuel Gálvez. Además de poemas y ensayos sobre temas religiosos, Bunge publicó recuerdos de infancia, escritos directamente en español: *Viaje alrededor de mi infancia* (Buenos Aires: Imprenta Guadalupe, 1941).

nexión es automática, "como las melodías pegadizas". Si la corriente parece favorecer, a veces, una de las dos posibles direcciones, es porque el momento o las circunstancias sociales así lo exigen;[24] lo que importa es que el contacto, la mezcla, y el refuerzo mutuo entre las dos —vida y literatura— son incesantes.

Con el apoyo de la *Comedia*, el tercer volumen de la *Autobiografía* se destaca como aquel en el que mejor se expresa, incluso se celebra, este entrecruzamiento entre vida y literatura en una única representación apasionada. Desde un punto de vista narrativo, este volumen constituye la culminación del relato de Ocampo; dedicado al gran amor de su vida y (no por casualidad, como se verá) a sus comienzos literarios, también marca el paso de lo privado e individual de los primeros dos volúmenes a la vida pública y madura de los volúmenes restantes. Con menos digresiones que los otros volúmenes, el tercero es, en todos los sentidos de la palabra, el más *dramático*: establece dinámicamente un argumento y sitúa en él al yo como protagonista. A partir de los ecos stendhalianos de su título, *La rama de Salzburgo* proclama su textura literaria y funciona como un guión de muchos niveles en el cual Ocampo se lee a sí misma. Si bien en el guión intervienen muchas voces, la figura que mantiene unidos esos ecos literarios, el modelo que centra la representación y sirve de emblema al yo autobiográfico, es, una vez más, la Francesca de Dante.[25]

¿Por qué Francesca? La referencia a *De l'amour* de Stendhal revela el texto como lo que es, una historia de *amour passion* dedicada casi en su totalidad al relato de una larga y secreta relación con el primo de su marido, Julián Martínez. De por sí esto parecería justificar la traducción de Francesca, de una particular ver-

[24] Años después, declara Ocampo en una entrevista: "En mi infancia, adolescencia y primer chapuzón en la juventud, yo vivía en los libros lo que no podía vivir en la vida. Porque la vida estaba llena de tabúes absurdos para una niña o muchacha en los años en que me tocó serlo. Después yo viví en la vida lo que antes vivía en la literatura; y la literatura palideció. Quedaba para contar, de manera más o menos indirecta o directa, lo vivido" ("Entrevista con Fryda Schultz de Mantovani", en *Testimonios*, 8ª serie [Buenos Aires: Ed. Sur, 1971], p. 297.

[25] Nora Domínguez y Adriana Rodríguez Persico, en un artículo en general perspicaz, sugieren que en este tercer volumen Racine es el intertexto de Ocampo, y el personaje de Hermione su emblema. Afirman con razón que Ocampo "representa" su texto. Sin embargo nunca se menciona el texto de Racine en *La rama de Salzburgo* y la referencia a *Andrómaca* parece un tanto precipitada ("Autobiografía de Victoria Ocampo. La pasión del modelo", *Lecturas críticas*, 2 [Buenos Aires, 1984], pp. 22-23).

sión de Francesca —la eterna amante, popularizada por las interpretaciones decimonónicas de Dante— en la vida de Ocampo. Refuerza la comparación el hecho de que la relación descrita por Ocampo, con una mezcla de pasión y franqueza rara en las autobiografías hispanoamericanas, ya sean de hombres o mujeres, es paralela a la que evoca Dante: en este caso dos primos en lugar de dos hermanos. Sin embargo, ni el parecido superficial, ni el carácter clandestino de la relación, justifican plenamente la presencia en este texto del canto v, ya que hay muchas otras referencias a maridos celosos y amantes condenados (*Tristan*, *Pelléas et Mélisande*, *Anna Karenina*, *La Princesse de Clèves*) en este concierto de voces a través del cual Ocampo se escribe a sí misma.

Más importante es tener en cuenta la naturaleza ilícita de este amor que lo vincula con otros gestos transgresores en la vida de Ocampo. En más de una ocasión, al ser presionada por su amante para que desafiara la opinión pública y dejara a su marido, Ocampo no se animó a hacerlo por temor al rechazo de sus padres. Esta combinación —una atracción vital por lo prohibido contenida por el miedo a la represión autoritaria— hace que el lector establezca de inmediato la conexión entre esta relación y otras prohibiciones impuestas por (o atribuidas a) la intolerancia familiar y, por extensión, social. Relegada a los límites de lo permisible, como la niña que escondía sus libros debajo del colchón, la mujer se encuentra con su amante en un departamento de las afueras de la ciudad. Ocampo inscribe sus tres pasiones prohibidas —el teatro, la literatura y el amor— en los márgenes de lo establecido.

Así como el lenguaje cifrado de las flores constituía un ritual en las novelas del siglo xix, los libros, a lo largo de la relación y, en forma muy especial, en su comienzo, se cargan de significado. Cuando están vedadas las otras posibilidades de intercambio, los libros se vuelven medio privilegiado de comunicación —o mejor dicho, de conversación y confabulación—. Antes de ser amantes, Ocampo y Martínez recurren a la lectura como evidente sustituto del contacto físico:

Pronto me acostumbré a llamarlo. A veces desde la casa de mi maestra de canto. Hablábamos poco tiempo. Nos recomendábamos libros. Leíamos a Colette, a Maupassant, a Vigny. Nos dábamos cita para leerlos a la misma hora. "A las diez, esta noche. ¿Puede?" A veinte cuadras de distancia, yo en mi casa, él en la suya, leíamos. Al día siguiente, comentábamos la lectura [...]. Alguna vez nos dimos cita en una librería, para vernos de lejos. No nos saludábamos. No íbamos más allá de la mirada [III, p. 29].

En esta unión fecunda de amor y literatura, y más específicamente, en el uso del libro como mediador en el progreso del amor, la presencia de Francesca cobra pleno significado en el texto de Ocampo, no sólo como amante apasionada sino también como lectora cuyo signo es el libro. Francesca reconoce una expresión de sí misma y la *prima radice* de sus sentimientos a medida que lee. Además, en un importante momento de reflexión, reconoce la calidad mediadora del libro mismo: "*Galeotto fu il libro e chi lo scrisse*".[26] Como en el caso de *L'Aiglon*, Ocampo se lee a sí misma en una figura que lee y para quien la lectura está aliada con lo prohibido. Más importante aún, se lee a sí misma en una figura que reflexiona sobre los efectos del proceso de lectura.[27]

[26] Como detalle curioso, remito a una nota al pie de Ángel Battistessa, en su traducción de la *Divina Comedia* que patrocinó el Fondo Nacional de las Artes, de cuyo consejo de administración formaba parte Ocampo: "En la famosa novela caballeresca francesa, este personaje [Galeoto/Galehault] sirve a modo de tercero, o intermediario en amores, entre Lanzarote y la reina Ginebra. Papel semejante, bien que cumplido por un objeto inanimado, es el que opera el libro en la relación entre los dos cuñados. El episodio dantesco *constituye un ejemplo remoto pero patente del nocivo influjo de ciertas lecturas*" (Dante Alighieri, *La Divina Comedia*, I, traducción, prólogo y notas de Ángel Battistessa [Buenos Aires: Ediciones Carlos Lohlé, 1972] p. 313, n. 137; cursivas mías). La estrechez de miras del traductor y crítico son como un eco de la represión familiar y social contra la que Ocampo luchó toda su vida.

[27] Marcelle Thiébaux sostiene que la lectura de mujeres no es tolerada por el discurso patriarcal y se ve constantemente interrumpida, redirigida e incorporada en el texto masculino. "Dante registra el relato de la misma Francesca de cómo la lectura de un texto sobre el adulterio excita su pasión y la de su amante. Entonces el fatídico beso interrumpe la lectura: 'Ese día ya no leímos más'. Ahora Francesca es un texto en el infierno ("Foucault's Fantasia for Feminists: The Woman Reading", en *Theory and Practice of Feminist Literary Criticism*, Gabriela Mora y Karen S. Van Hooft, comps. [Ypsilanti, Michigan: Bilingual Press/Editorial Bilingüe, 1982], p. 53). No coincido con algunos aspectos de esta interpretación, pero concuerdo con su argumento general. La lectura que realizan Francesca y Paolo no es tanto un acto de excitante voyeurismo como un momento de conocimiento (Dante emplea dos veces el verbo *conoscere*): la lectura no sólo excita a los dos amantes, les permite reconocer y nombrar. Así, "el fatídico beso", más que interrumpir la lectura, en cierta forma la continúa. Janet Beth Green-

A estas alturas, es oportuno recordar la ilustración de la portada de este tercer volumen. Aunque es difícil saber qué papel tuvo Ocampo en la selección de la tapa, ya que los seis volúmenes se publicaron póstumamente, *La rama de Salzburgo* difiere mucho de los volúmenes restantes. Mientras que hay fotografías en la tapa de los otros, en éste hay un impresionante retrato de cuerpo entero: una Ocampo sensual y físicamente desafiante, el cuerpo manifestándose de manera conspicua, *con un libro en la mano*. Es éste el retrato de Dagnan Bouveret mencionado con anterioridad, del que se borró el busto de Dante para obedecer al úcase paterno, sin lograr, sin embargo, que Ocampo borrara a Dante de su mente. En cierto sentido esta portada, construida alrededor de la ausencia de Dante, vuelve esa ausencia en una presencia, y *re-presenta* a Francesca: el cuadro une el cuerpo del amor con el cuerpo del libro, expresando de manera desafiante —como una actriz en el escenario— la unión de los dos.

"Yo vivía a Dante, no lo leía. Algunos versos me daban su bautismo pues sentía que estaban escritos para nombrarme. Tomaba notas para aprender a leerlo mejor" (III, pp. 97-98). Si se descartan los mediocres sonetos en francés escritos a pedido de una institutriz, la escritura para Ocampo ha sido hasta este momento sólo una extensión de la lectura, no su complemento sistemático. Las anotaciones en los márgenes de Dante marcarán una transición. Por un lado, son la lógica continuación, "en literatura", del desordenado diario íntimo que lleva desde la adolescencia; por el otro, la preparan para un esfuerzo más sostenido y visible, la redacción en francés de su primer libro, *De Francesca a Beatrice*, que se publica durante esta relación amorosa. Que el escribir alcance finalmente su forma y se vuelva gesto público en este momento de la vida de Ocampo no es casual. Es una manera de completar el significado del cuadro de Dagnan Bouveret, de *exhibir*, a través de lo que es ahora una triple mediación —un libro sobre otro libro en una lengua que no es la materna— aquello que la sociedad le niega: expresar su cuerpo y expresar su men-

berg, en "The Divided Self: Forms of Autobiography in the Writings of Victoria Ocampo" (tesis doctoral inédita, Universidad de California, Berkeley, 1986), concuerda con la interpretación de Thiébaux sobre el episodio de Francesca. Aplicándola a Ocampo, habla de la dimensión voyeurística en la lectura que hace Ocampo de Dante (p. 150), opinión que no comparto.

te.[28] "Aquel librito era un sucedáneo de la confesión, de la confidencia" (III, p. 108). Es significativo que *De Francesca a Beatrice* esté dedicado al amante de Ocampo, en una dedicatoria cifrada, gesto subversivo que llama la atención sobre sí mismo.

Si bien la Francesca de Dante es el texto mediador que gobierna el autorretrato en *La rama de Salzburgo*, no es el único. No sorprende que el tercer volumen de la autobiografía, el más personal y conmovedor de los seis volúmenes, sea también aquel en el que se lee más, en el que se cita más, en donde las referencias literarias son más densas. El exceso mismo de los sentimientos —"Esa pasión no es bella sino en su exceso y sólo se concibe en su exceso" (III, p. 32)— es igualado por el exceso de voces que se entrecruzan en el texto. Dante, sí, pero un Dante contaminado: no sólo leído a través de las lecturas francesas del siglo XIX sino también leído junto con Stendhal (la cristalización del amor), con Proust (la violencia de los celos retroactivos), con Shakeaspeare ("Make thee another self, for love of me"), con Eliot, cuando la pasión se ha agotado ("What is actual is actual only for one time"), con Péguy, cuando el amante muere ("C'est le sang de l'artère et le sang de la veine / Et le sang de ce coeur qui ne bat déjà plus").

En cierta medida podría aplicarse aquí el concepto stendhaliano de la cristalización, no sólo al amor que se describe sino al mismo proceso narrativo, acumulación de citas fragmentarias que gradualmente adquieren sentido. De hecho, esta prolífica anotación de la vida a través de los textos es un dilatado proceso que ocurre en diferentes etapas. Se recurre al texto en el momento mismo de las experiencias, ya que, como se ha señalado, lo vivido va de la mano con lo leído: Ocampo piensa y siente "en literatura". Pero también ocurre, de modo aún más evidente, en el momento mismo del acto autobiográfico. Ocampo somete su recuperación del pasado al mismo contacto con la literatura al que

[28] El hecho adicional de que Ocampo inaugure su producción literaria con un texto en francés, lleva a Beatriz Sarlo al siguiente comentario oportuno: "La lengua extranjera era lengua de consumo femenino y no de producción. Victoria Ocampo la subvierte, volviéndola lengua productiva: leer, recibir, pero también citar, devolver [...] Devuelve, cambiándole el sentido, lo que su familia le había dado en la infancia. Lo que su medio social pensaba como adorno, Victoria Ocampo lo convierte en instrumento" (*Una modernidad periférica: Buenos Aires 1920-1930* [Buenos Aires: Nueva Visión, 1988], p. 91).

sometió la vida misma: el recuerdo de lo vivido también sigue un sendero de textos. Doy sólo un ejemplo. Durante su relación con Julián Martínez, escribe Ocampo, no había leído aún a Proust. Es sólo al recordar esos años, con el fin de narrarlos, cuando el texto de Proust, que para entonces ya conoce, le permite reconocer y nombrar, dentro de los marcos de esa relación, una de las fuentes de su ruina: los celos retroactivos.

El recurso a la literatura, en ese rescate del pasado, permite algo más: permite la interpretación retrospectiva en la que se emplea con habilidad la literatura para asignar al yo la mejor parte, disimulando sucesos que podrían darle una imagen adversa, y desviando la lectura de la autobiografía de temas espinosos en potencia. Consideremos una vez más la referencia a Proust. Los celos retrospectivos son motivo de una de las escenas más intensas del volumen: cuando le están tomando medidas para un vestido, Ocampo siente una oleada de celos cuando la asistente del diseñador inocentemente le describe, en detalle, el cuerpo de la mujer que ha sido, antes que ella, amante de Martínez. La escena, al combinar de manera sutil el voyeurismo retroactivo con el deseo reavivado, es muy eficaz; tanto que, por un momento, distrae la atención del lector de otro tema más inmediato que afecta la relación de una manera no menos crucial, el hecho de que Julián mismo es celoso, no de amantes que pudiera haber tenido Ocampo antes de él, sino de un hombre en particular, con el cual ella flirtea en esa época.

Al hablar de la publicación de *De Francesca a Beatrice,* de modo deliberado la comparé con una exhibición, dando al término un sentido casi físico. De hecho, es el sentido que le dan al término los críticos que acogen, de modo desfavorable, este primer intento literario. Las críticas de que fue objeto demostraron, como mínimo, que su lectura era novedosa. Ocampo dio a leer el manuscrito antes de su publicación a dos figuras prominentes dentro de las letras argentinas, Paul Groussac, el mordaz crítico francés, autodesignado mentor de la *intelligentsia* argentina, y a Ángel de Estrada, el respetado esteta y escritor modernista que colaboraba en *La Nación.* Groussac, desde su cumbre magisterial, rechazó el ensayo como pedante:

Se burlaba de mi elección y me aseguraba que si realmente sentía picazón literaria (picazón que consideraba, a las claras, eminentemente masculina), más valía elegir temas *"personales"*. ¿Personales? Este buen señor no se percataba de que *Dante era un tema personal para mí* (III, p. 106).

Por razones exactamente opuestas,[29] Ángel de Estrada también critica el trabajo de Ocampo y le recomienda cautela:

Me dice usted que las páginas están escritas porque así entiende usted a Dante. Ya lo sé, basta leerlas; pero no es eso lo que dificulta la publicación sino la forma demasiado personal, *completamente directa* [...] Cuando las mujeres empezaron a ir a medio vestir a los teatros y bailes, todo el mundo gritaba; ahora se grita menos y quien grita tiene que gritar contra la sociedad entera. Se trata de un universal *estado de cuerpo*. Pero usted es la única innovadora que se tutea con los costureros espirituales y, aislada, ofrecerá *un estado de alma* [III, p. 107].

A pesar de la comparación con el mundo de la moda, muy revelador de la opinión general sobre las mujeres que escribían, el juicio, extrañamente, no es desacertado. Estrada percibe que hay algo desagradable, algo que huele a exhibicionismo, a revelación indecorosa, a exceso, y al no poder nombrarlo con exactitud, lo traduce en términos físicos: mostrar lo que se piensa, si se es mujer, es tan inaceptable como lo era en otras épocas mostrar el cuerpo. Pero al fin de cuentas mostrar el cuerpo y el pensamiento a través de la lectura de Dante era, precisamente, el propósito de Ocampo.

Cuando hablo aquí de cuerpo, como lo he hecho en las últimas páginas, no estoy reivindicando para Ocampo el concepto de una escritura femenina basada en el placer físico o en la diferencia fisiológica, concepto que sostiene cierto feminismo francés y que encuentro peligrosamente próximo a una formulación esencialista de lo femenino que no comparto.[30] Tampoco, claro está,

---

[29] Las dificultades de los críticos hombres cuando juzgan textos de mujeres se hacen patentes en los juicios contradictorios que suelen emitir sobre los textos mismos. Véase una situación parecida en Gilbert y Gubar, cuando hablan de la "recepción conflictiva" de Emily Dickinson, en *The Madwoman in the Attic*, pp. 541-543.

[30] Para una inteligente crítica a algunas versiones de esta posición, véase Ann Rosalind Jones, "Writing the Body: Toward an Understanding of *L'écriture féminine*", en *Feminist Criticism. Essays on Women, Literature and Theory*, Elaine Showalter, comp. (Nueva York: Pantheon Books, 1985), pp. 361-377.

estoy celebrando el cuerpo de Ocampo en contra de ella, considerándolo en lugar de su escritura, como lo hacen a menudo críticos masculinistas cuando hablan de textos escritos por mujeres y
como de hecho lo hicieron algunos de los amigos o supuestos pre-
tendientes de Ocampo. Con ironía volcada sobre sí, cuenta Ocampo cómo en una ocasión, estando de joven de visita en Roma, fue
invitada por un obsequioso *senatore* que compartía su pasión por
Dante a ver "su tesoro más preciado". "Yo imaginé que sería alguna edición rara de Dante. Me llevó, en cambio, el calco de yeso
de un seno de Pauline Borghese... Este señor no tomaba en serio
mi amor por Dante. Al diablo el senador y el seno" (III, p. 15). Con-
fusiones similares, menos ridículas pero sin duda más dolorosas,
abundan en la vida de Ocampo. Ortega y Gasset, sensible a sus
encantos físicos, alabó de modo extravagante sus virtudes "fe-
meninas" mientras que con sutileza desdeñó sus capacidades intelectuales en el epílogo a *De Francesca a Beatrice,* libro que él
mismo había publicado. Hermann von Keyserling nunca pudo
aceptar que la pasión de Ocampo por sus libros no le abriera el
camino a su cama.[31] Que hay un fuerte impulso sexual y sensual
en Ocampo, la mujer —lo que Drieu La Rochelle, su amigo y a
principio de los años treinta su amante, llamaba su *génie charnel*
(II, p. 11)— es cierto: Ocampo lo manifiesta de diversas maneras
a través de los seis volúmenes de la autobiografía, no privándose
nunca de hablar de deseo erótico, de su necesidad física de tener
un hijo con su amante, de sangre menstrual. Pero veo esas referencias al cuerpo como algo significativamente más complejo,
algo que sin duda incluye lo concretamente físico pero que va
más allá, más bien como una *presencia* (como se habla de presencia en escena) que la sociedad intentaba reprimir y de la cual su
cuerpo era el signo más visible.

Ocampo habla de modo complaciente de los aspectos más evi-

[31] Sobre sus malentendidos con algunos de esos hombres, y con Ortega en
particular, escribe Ocampo: "Tal vez ignorara (como la mayoría de los hombres)
hasta qué punto era yo capaz de apasionarme (al margen de la pasión amorosa)
por un libro, una idea, sin que mi pasión invadiera otras zonas de mi ser. Esas
zonas parecían tener sus leyes, sus exigencias, oponían su veto de acuerdo con su
naturaleza. Si el hombre-libro-idea no era aceptado por esa otra parte de mí misma [...] la distancia era definitiva en ese sector. Esto ocurrió con Ortega" (III,
p. 110). Sobre su particularmente molesto malentendido con Keyserling, escribió
El viajero y una de sus sombras (Buenos Aires: Sudamericana, 1951); además, dedicó al mismo tema buena parte del cuarto volumen de su autobiografía.

dentes, casi frívolos de esa presencia, en términos visuales, refiriéndose en forma narcisista a la manera en la que otros la miran, la desean, la elogian. Su considerable estatura, su belleza, las imponentes proporciones que tanto impresionaban a conocidos y admiradores en la vida real (Ortega la llamaría "la Gioconda de las Pampas") pasan a formar, en la autobiografía, una figura sobrecogedora. Sin embargo hay un curioso desequilibrio entre esa confianza física y la cortedad de palabra que aparece con tanta frecuencia en sus textos, cortedad agravada por una situación básica que se repite en el texto: Ocampo, "callada, inarticulada, muda" ante un escritor locuaz y persuasivo. Estos interlocutores son por lo general hombres, pero no siempre: Gabriela Mistral, María de Maeztu, Virginia Woolf tienen el mismo efecto, el de intimidarla y hacerla enmudecer. La descripción de sí que hace Ocampo, en la visita a Virgina Woolf narrada en el primer volumen de sus *Testimonios*, es un elocuente ejemplo de esos diálogos fallidos:

> Tavistock Square, este mes de noviembre. Una puerta pequeña, en verde oscuro, muy inglesa, con su número bien plantado en el centro. Afuera toda la niebla de Londres. Dentro, allá arriba, en la luz y la tibieza de un *living-room*, de paneles pintados por una mujer, otras dos mujeres hablan de las mujeres. Se examinan, se interrogan. Curiosa, la una; la otra, encantada.
>
> Una de ellas ha alcanzado la expresión, porque ha conseguido, magníficamente, alcanzarse; la otra lo ha intentado perezosamente, débilmente, pero algo en sí misma viene impidiéndoselo, precisamente porque, no habiéndose alcanzado, no ha podido ir más allá.[32]

En vida, Ocampo solía compensar esta falta de elocuencia con gestos. Eran en general magníficos (la venta de una diadema para pagar la estadía de Tagore en Buenos Aires, los regalos extravagantes a Virginia Woolf, quien en retribución se burlaba de ella) y a menudo avasalladores. Era como si, cuando la escritora vacilaba, entraba en acción la gran dama, con una seguridad que no tenía la escritora. Esta excesiva facilidad para cambiar de papeles encontró un lugar en sus escritos, con resultados poco felices: a momentos de sorprendente acierto literario siguen rencores mez-

[32] "Carta a Virginia Woolf", en *Testimonios*, p. 9.

quinos o declaraciones arrogantes que a menudo llevan la marca
de su clase. Además de su sexo, y quizás aún más que su sexo, es
esta vacilación entre dos formas de autovalidación —la compe-
tencia literaria y la posición social— la que acaso explique, finalmente, su carencia de *autoridad* literaria. Sin duda explica cómo
la juzgaron sus críticos menos generosos: como una mujer rica,
a la vez exasperante y fascinante, a quien le da por escribir.

En sus mejores momentos, los *Testimonios* de Ocampo —desde
los que tratan cuestiones de actualidad mundial (derechos de la
mujer, juicios de Nuremberg) hasta minucias cotidianas que considera igualmente dignas de atención (el tránsito en Buenos Aires,
el color y el olor de los árboles) o encuentros con libros y autores (por lo general los más memorables)— transforman la falta
de elocuencia en mérito. En estos escritos dispersos, Ocampo elige desempeñar el papel de testigo: si no puede hablar con facilidad, podrá en cambio atestiguar las palabras de los otros. Diez
colecciones de ensayos, publicados bajo un título que subraya la
postura testimonial, registran sus encuentros, conversaciones y
entrevistas con figuras como Ravel, Mussolini, Malraux, García
Lorca, Anna de Noailles, Nehru, Stieglitz. Y cuando los *Testimonios* no se ocupan directamente de interlocutores vivos —esas figuras que Ocampo llama "hombres-libros-ideas"— tratan, en su
mayor parte, de lectura y de libros. En todos estos encuentros
Ocampo hace de Galeotto para el lector: es la mediadora que trans-
mite la voz de los demás. Los *Testimonios* son, en cierto sentido,
minirrepresentaciones donde Ocampo, para usar una metáfora
tomada del teatro clásico francés que conoce tan bien, hace el
papel de *suivante* para el héroe o heroína de su preferencia.[33]

Y sin embargo, como en esos cuadros en que el artista, aunque
poniendo en primer plano a otros, se retrata a sí mismo en un
ángulo, Ocampo usa los testimonios como medio de autofiguración indirecta: en última instancia estos textos no son menos autobiográficos que la autobiografía misma. La tendencia de Ocampo al silencio es reemplazada por las voces de otros, voces que se
habrán de volver, a medida que las escribe, su propia voz. Tanto
como su autobiografía, los *Testimonios* atestiguan su búsqueda

[33] Acerca de los *Testimonios* de Ocampo como composiciones subjetivas y ahistóricas, véase Marta Gallo, "Las crónicas de Victoria Ocampo", *Revista Iberoamericana*, 132-133 (1985), pp. 679-686.

de expresión: se trata de encontrar una *voz* para su *presencia* y así completar su representación.[34]

El hecho de que la selección de su lengua de escritura estuviera tan cargada de ansiedad sin duda contribuyó en buena medida a sus dificultades. Dividida entre una lengua materna que se le enseñó a considerar inadecuada (las palabras del castellano no "eran las palabras con que se piensa")[35] y una segunda lengua, el francés, con cuyos ritmos reconfortantes y retórica prestigiosa parecía funcionar mejor, se inició en la literatura "representando" a una escritora francesa.[36] Si bien Ocampo llegaría a dominar su propia lengua, hasta alcanzar, al parecer sin esfuerzo, ese punto de fusión entre lo escrito y lo hablado, aquello que Borges identifica como una *entonación* típicamente argentina,[37] buena parte de sus escritos y, lo más importante, su autobiografía, contarían hasta el final con la duplicación como medio necesario para expresarse: Ocampo siguió escribiendo siempre en francés y traduciéndose a sí misma. (Un examen minucioso de su estilo a través de los seis volúmenes de la autobiografía permite ver cómo funciona ese método. Ocampo vivió lo suficiente como para traducir

[34] Cortázar comenta la inmediatez de los testimonios como actuaciones verbales: "No conozco de ella sino sus libros, su voz, y Sur". Y añade: "Pero es que este libro, además, nos obliga a aceptarnos como destinatarios directos; viene a nuestro nombre, y sólo los flojos lo devolverán al remitente. Cada capítulo muerde en su materia con un impulso a la vez confidencial y desafiante, un: 'Esto es así: ¿qué te parece?'" (Julio Cortázar, "Soledad sonora", *Sur*, 192-3-4 [1950], p. 294).

[35] "Palabras francesas", en *Testimonios*, p. 34. En este mismo texto, interesante ejemplo de penetrante autoexamen lingüístico, añade: "Agréguese a esto que nuestra sociedad era bastante indiferente a las cosas del espíritu, incluso bastante ignorante. Muchos de entre nosotros habíamos llegado, insensiblemente, a creer enormidades. Por ejemplo, que el español era un idioma impropio para expresar lo que no constituía el lado puramente material, práctico de la vida; un idioma en el que resultaba un poco ridículo expresarse con exactitud —esto es, matiz. [...] Muchos de nosotros empleábamos el español como esos viajeros que quieren aprender ciertas palabras de la lengua del país por el que viajan porque esas palabras les son útiles para sacarlos de apuros en el hotel, en la estación y en los comercios, pero que no pasan de ahí" (p. 36).

[36] Es interesante notar que la otra Ocampo escritora, Silvina, pasa por un conflicto similar entre el dominio inadecuado del español escrito y la facilidad de escritura en otra lengua, en su caso el inglés. Véase Noemí Ulla, *Encuentros con Silvina Ocampo* (Buenos Aires: Editorial de Belgrano, 1982), p. 16.

[37] Una forma de "hablar lo escrito" que Ocampo admiraba en sus actores favoritos, Marguerite Moreno (cuyo estilo prefería a la elocución declamatoria de Sarah Bernhardt) y Laurence Olivier ("Hamlet y Laurence Olivier", en *Soledad sonora* [Buenos Aires: Sudamericana, 1950], pp. 194-195.

—hacer suyos— sólo los primeros tres volúmenes, con estilo admirable. Los otros tres se publicaron póstumamente *como si ella también los hubiera traducido,* aunque es evidente por la calidad inferior del trabajo que otra persona, y no Ocampo, realizó la tarea. Aunque se le hizo un flaco favor, quizás motivado por un sentido errado de la lealtad, la traducción anónima de los últimos tres volúmenes muestra, a través de sus errores y por comparación con los tres primeros, hasta qué punto Ocampo reescribía sus textos para que su duplicidad lingüística pasara inadvertida.)

Hasta el final, entonces, el procedimiento fue el mismo —apropiación de textos y voces ajenos—. La autoexpresión es, necesariamente, un proceso de *alteración:* se habla a través de la voz de *otro,* aun cuando ese otro —como en el caso de la autotraducción de Ocampo— es simulacro de uno mismo. ¿Acaso no se podría comparar la tarea autobiográfica, pregunta Ocampo recurriendo una vez más al teatro, con lo que Jouvet dijo de los actores?: "Uno se introduce en un rol, de desliza en él, se esgrime el texto, se lo esgrime por astucia; *subrepticiamente uno se sustituye* [...]" (VI, p. 11). El proceso de reconstrucción de esta voz *alterada,* este recolectar fragmentos literarios y "grandes" voces con el propósito de expresarse, recuerda el método de Séneca, tal como lo describe Foucault:

> La función de la escritura es la de constituir, con todo lo que ha sido constituido por la lectura, un "cuerpo" *(quicquid lectione collectum est, stilus redigat in corpus).* Y este cuerpo no debe entenderse como cuerpo de doctrina, sino, más bien —para recurrir una vez más a las tantas veces citada metáfora de la digestión— como el cuerpo de aquel que al transcribir sus lecturas, se apropia de ellas y hace suya su verdad. La escritura transforma aquello que se ve o escucha "en fuerza y sangre" *(in vires, in sanguinem).*[38]

Desde este punto de vista, la empresa cultural más conocida de Ocampo, la fundación en 1931 de *Sur* (revista que habría de ser, durante los 40 años siguientes, una de las publicaciones literarias más influyentes del mundo de habla hispana), se vuelve otra forma (mediada) de autoescritura, una extensión de una

---

[38] Michel Foucault, "L'écriture de soi", *Corps écrit,* 5 (París: Presses Universitaires de France, 1983), p. 12.

presencia que cada vez más necesita hacerse pública.[39] El concierto de voces que Ocampo transforma *in vires, in sanguinem* para sí, habrá de volverse su otro cuerpo, el de esa publicación con cuyo nombre ha quedado para siempre asociada.

Sé que bien podría hablarse de dependencia con respecto a las lecturas de Ocampo. Tal opinión se apoyaría en el hecho de que las lecturas a las que acude en busca de autoexpresión pertenecen en su mayoría a autores canónicos hombres. Subrayaría el hecho de que Francesca, emblema de lectura predilecto de Ocampo, era personaje tomado de una obra escrita por un varón y también el hecho de que los escritores cuya amistad cultivaba y a quienes consideraba mentores suyos, fuesen en su mayoría varones. A esta supuesta dependencia de Ocampo como mujer, podría agregarse su excesiva dependencia, como latinoamericana, de los modelos europeos; dependencia evidente no sólo en los textos que cita sino también en su preferencia por un conjunto de extranjeros extrañamente anacrónico —Gramsci al lado de Denis de Rougemont, por ejemplo— que se convirtió en sello característico de la revista. Beatriz Sarlo interpreta con agudeza este "bovarismo con los escritores europeos" como una respuesta tardía: "Podría decirse que *Sur* es la revista que Victoria Ocampo, de joven y adolescente, hubiera deseado leer: responde, más de veinte años después, a sus truncadas batallas de iniciación".[40] No es mi intención, en todo caso, evaluar *Sur* en sí, como producto cultural de un periodo.[41] Prefiero en cambio, ocuparme del primer aspecto de la dependencia de Ocampo, aquel que afecta su lectura, su escritura y su autofiguración como mujer.

[39] Sobre *Sur* como forma de "escritura personal", véase María Luisa Bastos, "Escrituras ajenas, expresión propia: *Sur* y los Testimonios de Victoria Ocampo", *Revista Iberoamericana*, 110-111 (1980), pp. 123-137; y "Dos líneas testimoniales: *Sur*, los escritos de Victoria Ocampo", *Sur*, 348 (1981), pp. 9-23.

[40] Beatriz Sarlo, *Una modernidad periférica*, p. 89.

[41] La evaluación más completa de los méritos y deficiencias de *Sur* se encuentra en John King, *Sur. A Study of Argentine Literary Journal and Its Role in the Development of a Culture*. 1931-1970 (Cambridge y Londres: Cambridge University Press, 1986). Véase también María Luisa Bastos, *op. cit.*; Eduardo Paz Leston, "El proyecto de la revista Sur", *Capítulo*, 106 (Buenos Aires: Centro Editor de América Latina, 1981); Beatriz Sarlo *et al.*, "Dossier: La revista *Sur*", *Punto de Vista*, 17 (1983), pp. 7-14; Nicolás Rosa, "*Sur*, o el espíritu y la letra", *Los libros*, 15-16 (1971), pp. 4-6; Blas Matamoro, "*Sur*: la torre inclinada", en *Genio y figura de Victoria Ocampo* (Buenos Aires: Eudeba, 1986), pp. 201-308.

Es verdad que las presencias masculinas moldean el sistema de voces a través de las cuales Ocampo logra autodefinirse. Si Ocampo se refiere con frecuencia a mujeres —Woolf, Anna de Noailles, las Brontë, Mistral, María de Maeztu, Adrienne Monnier— ya sea por la intensidad de sus presencias o por la intensidad igualmente importante de sus textos, nunca *cita* a esas mujeres salvo en aquellos trabajos que les están dedicados de manera específica. En otras palabras, aun cuando ve con simpatía la producción literaria femenina —recuérdese la forma admirable en que se entrelazan las voces de Ocampo y de Woolf en "Virginia Woolf en mi recuerdo"—[42] Ocampo no las incorpora en el sistema de citas más amplio y libre en el que se apoya para encontrar su voz. Parece haber una contradicción aquí que pone al descubierto el conflicto entre dos modalidades de autorrepresentación.[43] Por un lado está el deseo de Ocampo de "llegar a escribir un día, más o menos bien, más o menos mal, pero *como una mujer*. [...] Pues entiendo que una mujer no puede aliviarse de sus sentimientos y pensamientos en un estilo masculino, del mismo modo que no puede hablar con voz de hombre".[44] Por el otro lado está el hecho de que casi siempre Ocampo habla, si no *con* voz masculina, sí *a través* de voces masculinas. Ocampo nunca logró resolver esta ambivalencia. Y a pesar de tener tanta conciencia de que su escritura estaba marcada no sólo por su sexo sino también por sus orígenes latinoamericanos, nunca se refirió a otras escritoras latinoamericanas (salvo Gabriela Mistral) entregadas a la misma búsqueda de autoexpresión. Sospecho que este silencio debe leerse menos como esnobismo que como "ansiedad sororal", un caso de rivalidad entre hermanas literarias.[45] Como

[42] Virginia Woolf en mi recuerdo", en *Testimonios*, 2ª serie (Buenos Aires: Sur, 1941), pp. 415-428. Versión en inglés de Doris Meyer, *Victoria Ocampo. Against the Wind and the Tide*, pp. 235-240.

[43] Sobre modos de autorrepresentación que compiten unos con otros en autobiografías de mujeres, véase Sidonie Smith, *A Poetics of Women's Autobiography. Marginality and the Fictions of Self-Representation* (Bloomington e Indianapolis: Indiana University Press, 1987), en especial el capítulo 3: "Woman's Story and the Engendering of Self-Representation".

[44] *Testimonios*, p. 12.

[45] Hay que añadir que esta actitud no es privativa de Ocampo. Véase Sandra M. Gilbert y Susan Gubar, "'Forward into the Past': The Female Affiliation Complex", en *No Man's Land. The Place of the Woman Writer in the Twentieth Century*, vol. I: *The War on Words* (New Haven y Londres: Yale University Press, 1987), pp. 165-224. Sobre la actitud de Ocampo en particular, véase Matamoro, p. 80.

Sarmiento, Ocampo crea distancia alrededor de sí con el fin de que se la perciba sola.

Queda sin embargo la pregunta: ¿las voces apropiadas por Ocampo siguen siendo puramente masculinas? Una posible solución al dilema creado por la ambigüedad de Ocampo nos lleva de nuevo a la escena de lectura; a Ocampo no sólo como lectora sino como lectora mujer. Al comentar la pintura de Artemisia Gentileschi dentro de una tradición masculina, Mary Jacobus escribe: "Para poder verse a sí misma y ser vista, tiene que insertarse dentro de una narrativa preexistente".[46] Lo mismo puede decirse de Ocampo quien, como lectora y autobiógrafa que busca autodefinirse a través de la lectura, sólo puede insertarse en el linaje de textos masculinos que implica un sistema masculino de representación —el único a su disposición— a la vez que desea un sistema diferente. Lo que podría juzgarse debilidad por parte de Ocampo, también podría verse —dadas su época y su circunstancia— como prueba de su ingenio. Careciendo de voz propia y de un sistema femenino de representación, se apropia de voces canónicas masculinas y, por el mero hecho de enunciarlas desde un yo femenino, logra, como Pierre Menard cuando reescribe a Cervantes, *diferenciar* su texto. Los constantes malentendidos entre Ocampo y los "hombres-libros-ideas" con quienes busca dialogar con tanta pasión (y tanta imprudencia), el sesgo insólito de sus comentarios sobre textos canónicamente ortodoxos, la sensación que tan a menudo tiene su lector de que sus citas, aunque impecablemente exactas, están de alguna manera erradas, son todos síntomas, creo, de esa diferencia. Forma diferente de leer, es también forma diferente de *leerse*, de ser en la lectura.

> La alteridad de la lectura feminista —dice Jacobus— no radica simplemente en una oposición a la lectura masculina, no es simplemente un movimiento que desfamiliariza un texto conocido para usarlo de manera diferente, sino un movimiento que instala lo extraño (lo femenino) dentro de la lectura misma.[47]

Propongo que la alteridad de la autofiguración a través de la lectura es, a su vez, movimiento que introduce una extrañeza si-

---

[46] Mary Jacobus, *Reading Woman. Essays in Feminist Criticism* (Nueva York: Columbia University Press, 1986), p. 132.
[47] *Ibid.*, p. 286.

milar en el proyecto autobiográfico. No es de sorprender entonces que, detrás de estas lecturas de las que se apropia Ocampo en
su autobiografía para constituir su propia voz, subsista una pregunta, tanto carencia como anhelo, que resuena en el texto sin
encontrar nunca satisfacción: "Soy lo otro. ¿Pero qué?" (i, p. 61).

Segunda Parte

CUENTOS DE INFANCIA, NOVELA FAMILIAR

... cuentos de familia referidos tan a menudo que, con el tiempo, se tiene la ilusión de estar, más que oyendo, recordando lo que sucedió.

LEONARD WOOLF, *Autobiografía*

Dulce hogar sin estilo, fabricado
de un solo golpe y de una sola pieza
de cera tornasol.

CÉSAR VALLEJO, *Los heraldos negros*

Ahora yo soy otro, quiero recordar a aquel niño y no puedo. No sé cómo es él mirado desde mí. Me he quedado con algo de él y guardo muchos de los objetos que estuvieron en sus ojos.

FELISBERTO HERNÁNDEZ, *El caballo perdido*

IV. INFANCIA Y EXILIO: EL PARAÍSO CUBANO DE LA CONDESA DE MERLIN

> Uno escribe de estas cosas para transmitir a otros
> la visión del mundo que se lleva dentro.
>
> ERNEST RENAN, *Souvenirs d'enfance*

DE LAS muchas ficciones a que recurre el autobiógrafo para lograr *ser* en su texto, la que trata del pasado familiar y, más específicamente, de la niñez parecería, a primera vista, la más sencilla. Está lo bastante alejada del momento de la escritura para que se la considere una entidad independiente que el adulto ve con simpatía pero a distancia; está respaldada por la más elemental y segura de las legalidades, la del certificado de nacimiento; por fin, de acuerdo con una convención narrativa que ve la topología y la genealogía —el dónde y el de dónde— como los comienzos necesarios de una biografía, parece bastante inevitable.

Sin embargo, no siempre ha sido así. La importancia dada a la niñez en literatura, autobiográfica o no, es, como se sabe, relativamente reciente:[1] las vidas, o mejor dicho los relatos de vida, solían tener otros comienzos. Al igual que en los grabados de Epinal, los niños aparecían menos como lo que eran que como representaciones en potencia, adultos en miniatura. Antes del siglo XIX, la escritura autobiográfica en general recurre poco a los primeros años del sujeto, salvo para considerarlos una suerte de prehistoria, un espacio vagamente delimitado que antecede la pre-

---

[1] Véanse, por ejemplo, Roy Pascal, "The Autobiography of Childhood", en *Design and Truth in Autobiography* (Cambridge, MA: Harvard University Press, 1960); Peter Coveney, *The Image of Childhood* (Baltimore: Penguin Books, 1967); Luann Walthur, "The Invention of Childhood in Victorian Autobiography", en *Approaches to Victorian Autobiography*, George P. Landow, comp. (Atenas: Ohio University Press, 1979); Richard Coe, *When the Grass Was Taller: Autobiography and the Experience of Childhood* (New Haven: Yale University Press, 1984); Susannah Egan, *Patterns of Experience in Autobiography* (Chapel Hill y Londres: University of South Carolina Press, 1984); Michael Long, *Marvell, Nabokov. Childhood and Arcadia* (Oxford: Clarendon Press, 1984); Brian Finney, *The Inner I: British Literary Autobiography of the Twentieth Century* (Londres y Boston: Faber and Faber, 1985).

sencia total del yo. Hispanoamérica, en este sentido, no es excepción: las referencias a la niñez durante la Colonia son en realidad tan escasas que, cuando aparecen, el lector moderno tiende, anacrónicamente, a la sobrelectura. Así, por ejemplo, cuando se lee en la *Respuesta a Sor Filotea de la Cruz* cómo Sor Juana, a la edad de tres años, convence a la maestra de su hermana de que le enseñe a escribir, o cómo deja de comer queso, manjar preferido, porque supuestamente disminuye el entendimiento, es grande la tentación de olvidar el propósito de estos recuerdos conmovedores. En realidad, poco tienen que ver con la infancia; aparecen en el texto con toda deliberación, para reforzar la autodefensa explícita de Sor Juana (el afán de aprender como fuerza natural dada por Dios) y no para deleitar al lector con detalles que permitan anclar, siquiera de manera fugaz, al pequeño mundo de una niña traviesa y decidida.[2] El lector moderno, ávido de infancias, las encuentra hasta donde no están.

Como elemento autobiográfico significativo y como medio de iniciar relatos de vida, la niñez aparece en Hispanoamérica más tardíamente que en Europa. Es interesante notar cómo el autobiógrafo hispanoamericano de principios del XIX, a la vez que lee con fervor a Rousseau y reconoce la influencia general del maestro de Ginebra, se resiste a seguirlo en un tipo de relato de infancia (el de las *Confesiones)* que a las claras le resulta ajeno. Para dar un solo ejemplo, el mexicano Guridi y Alcocer, en sus *Apuntes* autobiográficos (1802), demuestra haber leído las *Confesiones* y hace buen uso de lo que Starobinski llama las dos "tonalidades" predominantes del texto de Rousseau, la elegíaca y la picaresca.[3] Sin embargo, se demora poco en el comienzo de su vida: de los ochenta apuntes que constituyen los ocho legajos[4] dedica sólo cuatro a

---

[2] Frederick Luciani sostiene, con razón, que no pocos detalles sobre los primeros años de Sor Juana, considerados por la mayoría de los críticos "como preciosos fragmentos de la vida real incrustados en la matriz densamente retórica de la carta", son invenciones literarias "basadas tanto en otros textos como en la vida" ("Octavio Paz on Sor Juana Inés de la Cruz: The Metaphor Incarnate", *Latin American Literary Review*, 15, 30 [1987], pp. 11-12).

[3] Jean Starobinski, "The Style of Autobiography", en *Autobiography: Essays Theoretical and Critical*, James Olney, comp. (Princeton University Press, 1980), p. 82.

[4] La connotación jurídica de esos términos —*apuntes* en vez de capítulos, *legajos* en vez de libros— forzosamente recuerda la división del Lazarillo de Tormes en tratados. También confirma la tesis expuesta por Roberto González Echevarría ("The Life and Adventures of Cipión and Berganza: Cervantes and the Picares-

esos primeros años. El elemento elegíaco está sin duda presente, cuando el adulto considera de modo retrospectivo su infancia, pero sólo en forma embrionaria; se presta más a la alusión que al desarrollo explícito, como si el autobiógrafo no se sintiera del todo libre para detenerse en esa época de su vida o tratarla de manera creadora. En Guridi, la evocación elegíaca de la infancia se reduce, prácticamente, al siguiente pasaje:

> Los años primeros son el trozo más dulce de la vida, y aun sus sencillos entretenimientos, con ser en si bagatelas, son más deliciosos que quantos disfrutamos despues. ¿Quando, por exemplo, el caballo mejor y más bien enfrenado dará el gusto que entonces un carrizo, metido entre las piernas para hacer con el quatro cabriolas? ¿Qué banquete, el más espléndido, sabrá lo que entónces un pedazo de pan, ó un poco de dulce ó fruta? ¿Ni quando los saraos y diversiones, ni la posesion de las mayores riquezas, equivaldrán jamás al gozo del trompo ó del texo, ni á la satisfaccion de tener dos juguetes, ó un muñeco que cierre los ojos, ó levante un brazo tirándole de una cuerda?
>
> ¡Qué agradable sensacion la de aquellas inocentes recreaciones de la niñez, y aquellos primeros periodos de la existencia! ¡Porcion dichosa de la edad, sabrosos instantes de la vida, vosotros pasáis rápidamente; pero dexáis impresas para siempre vuestras huellas en la memoria!⁵

Guridi intuye el potencial del relato de infancia, su capacidad de deleitar al lector con la carga evocadora del detalle trivial, pero, a diferencia de Rousseau, no quiere o no puede aprovecharlo con plenitud. De modo similar, el entretenido relato del chileno José Zapiola y Cortés, *Recuerdos de treinta años (1810-1840)*, a pesar de haber sido marcado con fuerza por Rousseau,⁶ es parco

---

que", *Diacritics* 10:3 [1980], pp. 15-26) y Antonio Gómez-Moriana ("Autobiographie et discours rituel. La confession autobiographique au tribunal de l'Inquisition", *Poétique*, 56 [1983], pp. 444-460) sobre los fundamentos jurídicos tanto de la picaresca como de los relatos en primera persona en las literaturas hispánicas.

⁵ José Miguel Guridi y Alcocer, *Apuntes de la vida de D. José Miguel Guridi y Alcocer* (México: Moderna Librería Religiosa de José L. Vallejo, 1906), p. 13.

⁶ "Rousseau dice: 'Plutarco es mi hombre'. Nosotros podíamos decir entonces: —Rousseau es el nuestro. La *Profesión de fe del vicario de Saboya,* tan extensa como es, la sabíamos en gran parte de memoria" (José Zapiola y Cortés, *Recuerdos de treinta años (1810-1840),* 5ª ed. [Santiago de Chile: Guillermo Miranda, 1902], p. 36). Hernán Díaz Arrieta observa cómo, "hijo de su época, saturado del ambiente en

en su evocación de la infancia. También Juan Bautista Alberdi, si bien confiesa abiertamente su deuda con Rousseau en su *Autobiografía*, apenas sigue a su mentor al hablar de su infancia. El nombre de Rousseau aparece en momentos decisivos del relato de vida de Alberdi, queda permanentemente asociado a su descubrimiento de la literatura, y aparece de manera conmovedora cuando Alberdi habla de su nacimiento: "Mi madre había cesado de existir, con ocasión y por causa de mi nacimiento. Puedo así decir como Rousseau que mi nacimiento fue mi primera desgracia".[7] No obstante, después de rápidas referencias a su infancia, Alberdi, con mayor rapidez aún que Guridi, se lanza al relato de la vida adulta, concentrando su atención en el autobiógrafo como escritor y como hombre de estado. El propio Sarmiento, también asiduo lector de Rousseau, a pesar de referirse con más detalle a su infancia (el capítulo de *Recuerdos* consagrado a José de Oro sin duda imita el estilo de las *Rêveries),* siente con frecuencia la necesidad de proyectar retrospectivamente en su niñez las características del hombre público que llegará a ser.[8] La revalorización de la infancia y la adolescencia que Rousseau lleva a cabo en sus *Confesiones* provoca en Hispanoamérica reacciones diversas y, al menos en público, casi siempre negativas. Mientras que Luis Montt desdeña el relato de Rousseau como inconsecuente —"las aven-

que el enciclopedismo dominaba, cayó muy joven Zapiola bajo el hechizo de Rousseau, que, además de pobre y abandonado, había sido músico" (*Memorialistas chilenos* [Santiago de Chile: Zig-Zag, 1960], p. 29).

[7] Juan Bautista Alberdi, *Autobiografía* (Buenos Aires: El Ateneo, 1927), p. 45. La pasión de Alberdi por Rousseau es intensa y personal. En una carta a un amigo describe su emoción al ver en Ginebra el retrato de Rousseau de Fantin-Latour: "Pocos rostros más bellos he visto en mi vida [...] Confieso que, nacido mujer, difícilmente hubiera podido rehusar mis simpatías a tal hombre. Ahora me explico enteramente el extravío que por él padeció Mme. de Warens" (citado en Ricardo Sáenz Hayes, "Alberdi en el país de Rousseau", en *La polémica de Alberdi con Sarmiento y otras páginas* [Buenos Aires: M. Gleizer, 1926], p. 57).

[8] Por ejemplo, los pasatiempos infantiles se describen más por su contenido ideológico que su carácter lúdico: "Por mi madre me alcanzaban las vocaciones coloniales; por mi padre se me infiltraban las ideas y preocupaciones de aquella época revolucionaria; y obedeciendo a estas impulsiones contradictorias, yo pasaba mis horas de ocio en beata contemplación de mis santos de barro debidamente pintados, dejándolos en seguida quietos en sus nichos, para ir a dar a la casa del frente una gran batalla entre dos ejércitos que yo y mi vecino habíamos preparado un mes antes, con grande acopio de balas para ralear las pintorreadas filas de monicacos informes" (*Recuerdos de provincia*, en *Obras completas*, III [Buenos Aires: Imprenta y Litografía Mariano Moreno, 1896], p. 167).

turas a lo Gil Blas de su juventud destituida y vagabunda"—,[9] Lucio V. Mansilla lo censura por su cinismo.[10] Si bien las referencias a *El contrato social* no parecerían plantear problema alguno al autobiógrafo, toda alusión a las *Confesiones* tiene que ser breve, o indirecta, o expuesta en términos levemente peyorativos.[11]

En términos generales, entonces, ni escritores ni lectores aceptan del todo la infancia como parte orgánica de la escritura autobiográfica. De las muchas explicaciones posibles de esta demora, dos merecen consideración.[12] En primer término, hay un problema de vacilación genérica, a la cual volveré a referirme, pero que merece mención aquí. Al autobiógrafo hispanoamericano, especialmente en la primera mitad del siglo XIX, le es difícil definirse co-

[9] Luis Montt, introducción a Vicente Pérez Rosales, *Recuerdos del pasado (1814-1860)* (Santiago: Biblioteca de Escritores de Chile, 1910), p. viii.

[10] Temprano y entusiasta lector de *El contrato social*, Mansilla distancia su labor autobiográfica de la de Rousseau: "La idea [...] no es prescindir de toda traba decente, de todo escrúpulo, a lo J. J. Rousseau. ¡Hay tanto en él que no es sino cinismo!" (*Mis memorias* [Buenos Aires: Hachette, 1955], p. 63).

[11] En lo referente a la influencia de Rousseau en la escritura autobiográfica hispanoamericana, no coincido con Tulio Halperín Donghi cuando afirma: "En el umbral del ciclo de la revolución contemporánea, Rousseau se atrevió a ofrecer la que desde el título mismo era una réplica a ese mensaje llegado de la primera edad cristiana; sus *Confesiones* eran también, a su modo, la historia de un alma, cuyo curso era menos lineal y más atormentado que el de la ofrecida por su gran predecesor.

"Y ésta era una dimensión que ha de faltar cada vez menos en las autobiografías que debemos al siglo XIX; con ella se vincula, sin duda, la incorporación ahora tan frecuente de la infancia al relato autobiográfico, si ella no hace al hombre público, hace al hombre total" ("Intelectuales, sociedad y vida pública en Hispanoamérica a través de la literatura autobiográfica", en *El espejo de la historia. Problemas argentinos y perspectivas latinoamericanas* [Buenos Aires: Editorial Sudamericana, 1987], p. 54). Yo sostengo más bien lo contrario: *1)* que esta "dimensión" introducida por Rousseau influye en pocas autobiografías del XIX y únicamente a fines de siglo; y *2)* que el relato de la niñez, cuando se incorpora a una autobiografía decimonónica, se emplea no tanto para expresar al "hombre total" como para prefigurar los logros del adulto. En este sentido, prolépticamente, sin duda sí "hace al hombre público".

[12] Una explicación que por cierto no tomaría en cuenta es la que propone Richard Coe (en un libro valioso por otros conceptos). Refiriéndose a la carencia general de relatos de infancia "entre los pueblos mediterráneos y latinos", Coe sugiere que "como los esquemas estrechamente entrelazados de las relaciones familiares en estos países latinos y católicos continúa a lo largo de la vida del adulto, resulta difícil, quizá imposible, que el escritor considere el yo de su niñez como algo marcadamente diferente de su yo adulto" (*When the Grass Was Taller: Autobiography and Experience of Childhood* [New Haven: Yale University Press, 1984], p. 277). Aquí reaparece, con un sesgo desagradable, la reducción al infantilismo del Otro extranjero.

mo sujeto de escritura dentro de los límites aún inestables de las nacientes literaturas nacionales. A menudo partícipe directo, ya en la lucha por la independencia ya en el proceso de consolidación de los estados nacionales, suele percibir la empresa autobiográfica, todavía no establecida con claridad como género, como una tarea didáctica no del todo desinteresada. Además del memorialista puramente político empeñado en corregir su imagen para la posteridad y así lograr, en palabras de Gusdorf, "una venganza contra la historia",[13] está el hombre de estado que se postula como figura ejemplar, cruza de héroe civil y moralista cuya vida puede resultar útil a sus descendientes y futuros compatriotas.[14] No hay que olvidar que la autobiografía hispanoamericana, desde sus comienzos, es un relato ante todo público: público en el sentido en que publicita lo que puede y debe contarse, y público porque, más que satisfacer la necesidad del individuo de hablar de sí mismo, sirve al interés general. Poco o ningún espacio hay en estos textos para la *petite histoire* (esos episodios *insignificantes* que la niñez suele ofrecer); el autobiógrafo manifiesta en cambio el claro deseo de insertarse en una historia más importante, la Historia que se está gestando. Incluso, en algunos casos, lo que se anuncia como historia de un individuo pronto se convierte, por metonimia, en la historia de un país en formación. Es éste, a las claras, el caso de Sarmiento, quien escribe en *Recuerdos de provincia*: "Yo he nacido en 1811, el noveno mes después del 25 de mayo" (p. 160), recalcando así el lazo genético, casi biológico, entre su nacimiento y el de la nueva patria independiente.[15] En autores que conciben la autobiografía como ser-

[13] Georges Gusdorf, "Conditions and Limits of Autobiography", en *Autobiography. Essays Theoretical and Critical*, James Olney, comp. (Princeton University Press, 1980), p. 36.

[14] Lo que Richard Coe comenta sobre Montaigne bien podría aplicarse a los primeros autobiógrafos hispanoamericanos: su descuido "prácticamente total" de la infancia, además de reflejar la actitud de su época hacia esa etapa de la vida, deriva del hecho de que "sobre todo le interesan las responsabilidades del *adulto*" (p. 20).

[15] La posición tiene, por supuesto, antecedentes en el romanticismo europeo, del cual es buen ejemplo el "Ce siècle avait deux ans" de Victor Hugo, donde se confunden la historia personal y la nacional. James Fernández, en su inteligente libro, *Apology to Apostrophe: Autobiography and the Rhetoric of Self-Representation in Spain* (Durham y Londres: Duke University Press, 1992), habla de una tendencia parecida en España. Comparada con sus homólogas europeas, la variante hispanoamericana de dicha posición recalca más el eslabón genético con la nación y la

vicio —"nunca he escrito sino en la solicitud de un resultado práctico", escribe Sarmiento[16] y otros muchos habrían podido decir lo mismo— no es sorprendente que la infancia, periodo por excelencia incierto, a menudo placentero por su intrascendencia misma, se despache en pocas palabras.

Los debates y reflexiones sobre la especificidad literaria, frecuentes en la primera mitad del XIX, inevitablemente oponen, en su esfuerzo por definirlas, historia y ficción. Aunque no se la mencione de modo directo, la autobiografía se considera una forma de la historia (Guridi la llama *legajo*, y Sarmiento, *documento*). La *petite histoire* de la infancia y los relatos de familia —la materia misma de una vida, por así decirlo— se ven, en cambio, como textos de ficción y, más precisamente, de ficción histórica. Vicente Fidel López, uno de los fundadores de la historiografía argentina y autor, él mismo, de una autobiografía y de novelas históricas, establece un significativo deslinde:

A mi modo de ver, una novela puede ser estrictamente histórica sin tener que cercenar o modificar en un ápice la verdad de los hechos conocidos. Así como de la vida de los hombres no queda más recuerdo que el de los hechos capitales con que se distinguieron, de la vida de los pueblos no quedan otros tampoco que los que dejan las grandes peripecias de su historia. Su vida ordinaria, y por decirlo así, *familiar*, desaparece; porque ella es como el rastro humano que se destruye con la muerte. Pero como la verdad es que al lado de la vida *histórica* ha existido la vida *familiar*, así como todo hombre que ha dejado recuerdos ha tenido un rostro, el novelista hábil puede reconstruir con su imaginación la parte perdida creando libremente la *vida familiar* y sujetándose estrictamente a la vida histórica en las combinaciones que haga de una y otra parte para reproducir la verdad completa.[17]

Considerada ficción —reconstrucción, como lo entiende López, a través de la imaginación— la *vida familiar* es aceptable en la *novela* histórica pero no en la historia misma, que es donde la autobiografía, por el momento, busca situarse. La noción de que el yo

misión mesiánica del individuo que convierten a los dos, individuo y nación, en un único e indisoluble *corpus gloriosum*.

[16] Domingo Faustino Sarmiento, *Cartas a la Señora María Mann* (Buenos Aires: Publicación de la Academia Argentina de Letras, 1936), p. 160.

[17] Vicente Fidel López, prólogo de 1854 a *La novia del hereje o La Inquisición en Lima*, citada por Emilio Carilla en *El romanticismo en la América Hispánica* (Madrid: Gredos, 1967), vol. II, p. 67, n. 13.

es un instrumento histórico y que así se lo debe presentar para autojustificarlo persigue al autobiógrafo: determina la escritura autobiográfica hispanoamericana hasta el día de hoy. Con el tiempo se la expresará, eso sí, con mayor sutileza y hasta se la combinará felizmente con una presentación más generosa de la *petite histoire* infantil y familiar.

Sin duda la percepción cambiante que tiene el autobiógrafo del pasado también contribuye al lento desarrollo del relato de infancia en Hispanoamérica. Aunque después me extenderé sobre el tema, lo menciono ahora, si bien con brevedad, porque esa percepción cambiante afecta, sin duda, la forma en que el individuo, al mirar al pasado para escribir sobre él, decide parcelar tiempo y espacio. Los autobiógrafos del siglo xix tienden a registrar más que a evocar. La nostalgia, cuando aparece, constituye un lujo poco común en esas vidas dedicadas a la activa participación política; es una actitud controlada por un adulto calculador que desconfía del exceso sentimental (o no tiene tiempo para él), al menos en su autobiografía. A manera de ejemplo, cabe observar cómo Alberdi reprime las emociones que despierta la evocación en su *Autobiografía* mientras que, en sus cartas (género diferente, más "privado"), no vacila en detenerse con nostalgia en el pasado.[18] En las autobiografías el pasado se concibe al servicio del presente: el "ahora", para esos hombres de acción, es a todas luces más importante que el "entonces"; "el que soy", preferible a "el que fui".

[18] Es significativo que Alberdi se permita citar aquí a Rousseau y que añore la infancia recurriendo como *aide-memoire* a *La Nouvelle Heloïse*. "Esta novela —escribe Alberdi en una carta— tiene un atractivo más para mi alma, y es que ella se liga en mi memoria a los recuerdos de la primera época de mi vida. Sus armonías y bellezas despiertan en mi alma el recuerdo de las primeras sensaciones de mi juventud, como los coros del 'Barbero de Sevilla' y los acentos de la música que animaba nuestras bulliciosas y alegres escenas de la primera edad. Todos aquellos dulces tiempos, tan felices para nosotros y que ya no volverán jamás, los sueños de esperanza de nuestros primeros años; nuestros días de entusiasmo generoso y de fe en lo venidero; los alegres paseos a San Pedro, a San Isidro; nuestros comunes amigos, unos errantes en el mundo, otros muertos en los campos de batalla; las pasadas dichas de nuestra patria, todo esto me viene al pensamiento leyendo las páginas de este libro de tan deleitosos recuerdos." Y añade Alberdi, en un proceso de total identificación con el personaje de Rousseau: "Si Julia, tal como la describe Rousseau, hubiese existido y volviese hoy a la vida para leer sus cartas, no sentiría con más viveza el recuerdo de los pasados días de su juventud primera, que los siento yo recorriendo estas cartas [...]" (citado en Sáenz Hayes, *La polémica de Alberdi con Sarmiento y otras páginas*, pp. 53-54).

La subordinación del pasado al presente y aun, en un continente muy dado a las utopías, al futuro, es un imperativo en la Hispanoamérica de principios del siglo XIX. No sorprende por lo tanto que la literatura de esos primeros años, aunque esté marcada por el romanticismo europeo, más que demorarse en la pérdida del inocente paraíso infantil, tienda a pensarse en términos de ganancia y, fiel al espíritu de la Ilustración, haga del progreso su meta. Cuando por ejemplo Bello, en la silva "A la agricultura de la Zona Tórrida" (1826), exhorta a Hispanoamérica a retornar a la naturaleza después de las guerras de la Independencia, propugna la naturaleza como agricultura, fuente de toda prosperidad —topos clásico—, y no la naturaleza que se presta a la nostalgia o el recuerdo. Por otra parte, cuando el pasado aparece en estos textos, tiende invariablemente a lo monumental. Conjunto de mitos remotos (a menudo poco conocidos) con hazañas casi contemporáneas —como por ejemplo la carnavalesca mezcla de la "Oda a Bolívar" de Olmedo (1825)— el pasado no es causa de nostalgia sino de celebración: elude la reminiscencia personal y, lo que es más importante, evita el más reciente pasado cotidiano. En la Hispanoamérica de principios del XIX, no se encuentra el equivalente, digamos, de "Tristesse d'Olympio" de Victor Hugo. Tampoco se concibe una poética de ruinas: "En el Teocali de Cholula" (1820) de Heredia, que también evoca épocas precolombinas, es menos lamento por lo desaparecido que condena de esas épocas "bárbaras" en nombre de una modernidad "civilizada". En términos generales, la meditación sobre el pasado sólo se justifica cuando lleva a una estética de reconstrucción, estética en la que el pasado individual todavía no ha encontrado su lugar. Históricamente, esto no debería sorprendernos. El pasado concreto, inmediato, de estos escritores estaba enraizado en un orden caduco, el de la Colonia española, y, como tal, podía resultar incómodamente próximo. Recordarlo en términos personales (y tanto más añorarlo) acaso llevara a una valoración afectiva de ese pasado y del mundo que éste representaba, aventura riesgosa para la cual el escritor hispanoamericano, y en particular el autobiógrafo, no está preparado. Ese pasado suyo reciente, el pasado en que nació o con el cual tiene vínculos estrechos, está pasado de moda.[19] Como tal, es el que más necesita olvidar.

[19] Benjamin habla de "un empeño decidido por disociarse de lo pasado de

> [...] una cesta con unas flores bellísimas, y en el
> centro, una planta de La Habana, una flor de mi
> país. Al aspirar su perfume me estremecí y sentí
> que una gruesa lágrima caía en su cáliz.
>
> CONDESA DE MERLIN, *Viaje a La Habana*

Hay, sí, una manera de tomar distancia sin evitar la evocación de un pasado personal, una manera, no deliberada, de reivindicar la nostalgia como algo más que un ejercicio solipsista. Me refiero a la literatura del exilio (por supuesto, también género romántico) donde el pasado se ve como irrecuperable, una *patria* inasible en el tiempo y en el espacio que sólo se rescata a través de la detallada recreación de la escritura. Mediante esa nostalgia del exilio, como una grieta en la inmaculada superficie del pasado monumental, se insinúa en el texto esa *vida familiar* de que hablaba López. En poesía abundan ejemplos de esta postura nostálgica producida por el exilio y no me detendré en ellos; "Vuelta al Sur" de José María de Heredia y "Vuelta a la Patria" de Antonio Pérez Bonalde son tan sólo dos ejemplos de una larga lista.[20] En prosa, y especialmente en la autobiografía, sus manifestaciones, aunque algo escasas, resultan más interesantes. A diferencia de las añoranzas convencionales de la poesía lírica, son más detalladas, y por cierto de naturaleza más individual: introducen en la recreación del pasado un elemento de placer, un deleite en el mero contar parecido al que proporciona el chisme. Un buen ejem-

moda —esto es, del pasado inmediato—. Estas tendencias dirigen la imaginación visual, activada por lo nuevo, hacia un pasado primigenio. En el sueño donde, ante los ojos de cada época, lo que está por venir aparece en imágenes, estas últimas se ven vinculadas a elementos tomados de la prehistoria, esto es, de una sociedad sin clases" (Walter Benjamin, "Paris, Capital of the Nineteenth Century", en *Reflections*, Peter Demetz, comp. [Nueva York y Londres: Harcourt Brace Jovanovich, 1978], p. 148).

La discutible mezcla que hace Olmedo de heroísmo decimonónico y mitología precolombina —Huayna Capac, el último inca, se le aparece a Bolívar en el campo de batalla de Junín— puede verse desde esta perspectiva. La subsiguiente popularidad del indianismo también podría considerarse como un esfuerzo por eludir el pasado inmediato, en favor de un pasado primigenio, autóctono, que desemboca en un utópico futuro.

[20] Carilla proporciona una lista exhaustiva de exiliados políticos del siglo XIX cuya poesía está dedicada a la re-creación de la patria (*El romanticismo*, pp. 28-29). Lamentablemente, el libro se queda en el catálogo y no comenta a fondo los textos de estos escritores.

plo lo constituye *Mis doce primeros años*, de María de las Mercedes Santa Cruz y Montalvo, condesa de Merlin.

Exiliada de Cuba, aunque no por razones políticas, Mercedes Merlin (como se firma en cartas a Domingo del Monte) escribe en Francia lo que posiblemente sea el primer relato de infancia de la literatura hispanoamericana. Escrito en francés, traducido luego al español, el texto sufrió la mala suerte que tan a menudo recae sobre estos híbridos: al no considerárselo ni francés ni hispanoamericano, no fue reclamado por ninguna de las dos literaturas. El hecho de que la autora fuera sobre todo famosa en París por sus dotes sociales —tuvo un salón muy frecuentado durante la monarquía de Luis Felipe, patrocinó actividades musicales y escribió una biografía de María Malibrán— puede explicar, en parte, la indiferencia literaria de que fue víctima.[21] El hecho de que se tratara de una mujer, en una época en que escribir, en particular en Hispanoamérica, era privilegio masculino, sin duda contribuyó por añadidura al olvido.

El primero de dos textos autobiográficos, *Mis doce primeros años* (1831), registra la infancia de la autora desde su nacimiento en La Habana en 1789 hasta su partida de Cuba y su reunión, trece años más tarde en Madrid, con una madre a quien apenas ha visto desde que nació. Como observa pertinentemente Adriana Méndez Rodenas, el texto puede verse como ejercicio de historiografía *sui generis*, como un "architexto de orígenes" que coincide con (o mejor, precede a) la visión "de lejos" que propone Heredia de Cuba.[22] Lo que me interesa considerar, por mi parte, es cómo difiere este texto de los textos autobiográficos que se escribían entonces en Hispanoamérica. Una de las razones de esta diferencia es que *Mis doce primeros años* fue escrito por una mujer; la otra, es que el libro fue escrito *fuera de* Hispanoamérica. La mirada "desde lejos" afecta la actitud del autobiógrafo: el yo escribe desde otro lugar. Esta verdad general, aplicable a toda autobiografía, adquiere realidad concreta en el caso del exiliado, quien escribe literalmente desde otro país, otra cultura u otro idioma. El intento

[21] Inesperadamente, se la propone como posible modelo de la marquesa de San-Réal, en *La Fille aux yeux d'or* de Balzac. Véase Rose Fortassier, prefacio a Honore de Balzac, *La Duchesse de Langeais. La Fille aux yeux d'or* (París: Gallimard, "Folio", 1976), pp. 26-27.

[22] Adriana Méndez Rodenas, "Voyage to La Havane: La Condesa de Merlin's Pre-View of National Identity", *Cuban Studies / Estudios Cubanos*, 16 (1986), p. 75.

de recuperar un pasado lejano del presente de la escritura lleva a un ejercicio dislocador: el yo y su pasado se excluyen uno al otro, están escindidos. El pasado sólo puede ser integrado al presente mediante la práctica de la nostalgia.

No me refiero aquí a aquellos casos de exilio pasajero (el caso de Sarmiento es buen ejemplo), en los que el autor, esperando volver, intenta una recreación dinámica del pasado que empalme de manera natural con el presente y abra una puerta al futuro. En esos casos el exilio —el lugar donde el yo se escribe a sí mismo— se ve como fase transitoria y no como lugar permanente. El exilio que me interesa aquí, el de la condesa de Merlin en particular, es de otra naturaleza: no es transitorio sino definitivo y, se podría agregar, definitorio. Mercedes Merlin encuentra su identidad como escritora *en* el exilio y *por* el exilio. Sólo desde la otredad con la que, literalmente, se ha aliado —se ha casado con un general francés cuyo apellido toma y en cuya lengua escribe— puede llegar, oblicuamente, a la escena de escritura. Sólo al aceptar la pérdida (noción que repugna a sus ambiciosos contemporáneos varones) recupera, en la página, su infancia y su país. La reconstrucción de la vida familiar, que según López se hacía mediante la imaginación, recurre aquí a la facultad que más se asemeja a la imaginación: la facultad de añorar. En efecto, la condesa adopta una postura reminiscente para abordar sus recuerdos:

> No es una novela lo que va a leerse; es un simple relato de los recuerdos de mi niñez, debido a la casualidad. Paseándome sola en el campo una tarde de verano, entregada a una dulce melancolía, me sentí poco a poco transportada a lo pasado; buscaba allí en el curso de mi vida los momentos en que había creído vislumbrar la imagen de la felicidad, y mi país, mi infancia vinieron naturalmente a presentarse a mi pensamiento. Era esto como un dulce sueño; quise prolongarle, al volver a casa tomé la pluma y tracé este ligero bosquejo de las primeras impresiones de mi vida.
>
> Dedicándole [sic] a mis amigos creo hacerles casi una confianza; no les pido en cambio más que un poco de simpatía. Muy lejos de mí la pretensión de ser autora.
>
> Pienso porque siento, y escribo lo que pienso. He aquí todo mi arte.[23]

[23] Mercedes Santa Cruz y Montalvo, Condesa de Merlin, *Mis doce primeros años e Historia de Sor Inés* (La Habana: Imprenta El Siglo XX, 1922), p. 21. En adelante, todas las citas harán referencia a esta edición.

Esta introducción adopta la estética romántica del recuerdo en su modalidad más elegíaca. Como otros autobiógrafos hispanoamericanos de la época, Mercedes Merlin siente especial afecto por Rousseau: "Rousseau y sus escritos me trastornaban la cabeza" (p. 111).[24] Pero, a diferencia de sus colegas varones, desatiende la actitud autodefensiva de Rousseau (que no le interesa emular) y por eso mismo está mejor capacitada para oír, desde su exilio, la voz de la añoranza y del ensueño. La autobiografía es la prolongación de una visión, un *dulce sueño* que la escritura ayuda a mantener vivo. Además, la introducción difiere notablemente de otras autobiografías de la época que también declaran ser "confidenciales". En la mayoría de estas últimas, el término "confidencial", más que una referencia al contenido del relato, es una estrategia narrativa, un medio de seducir al lector convirtiéndolo en depositario privilegiado. Sarmiento y Alberdi emplean el término; antes de ellos, ya lo había utilizado Benjamin Franklin.[25] En cambio, el relato. de Mercedes Merlin se propone la confidencia y cumple la promesa (en la medida en que puede ser confidencial un texto publicado), narrando lo cotidiano en un tono menor que busca la simpatía del lector más que su admiración. Por último, la introducción de la condesa, al disminuir su propia importancia y la de su texto (no es "autora", su texto es sólo un "ligero bosquejo"), evita el yo monumental, esa criatura con marcada conciencia histórica que los autobiógrafos decimo-

---

[24] Como de adolescente le habían prohibido leer a Rousseau, la condesa esperaba que, una vez casada, se levantaría la prohibición: "Los elogios y aun las críticas que había oído [de los libros de Rousseau] excitaban mis deseos de conocer sus obras, y cuando pensaba en la época de mi matrimonio, uno de los mayores placeres que me presentaba ésta era la posibilidad de leer la *Nueva Eloísa* o las *Confesiones*" (pp. 111-112).

[25] La autobiografía de Alberdi, que lleva por subtítulo "Mi vida privada", comienza con una promesa de intimidad que de ningún modo cumple su relato: "Mi vida, contada en familia, a mi familia, es un escrito privado, que poco interesa al público. En la familia en la que nací, mis colaterales y sobrinos son tan numerosos, que la prensa es el medio más económico de multiplicar las copias de este escrito, sin que deje de ser privado y confidencial.
"Lo haré de la forma que mejor conviene a la conversación íntima que es la de la correspondencia epistolar". (*Autobiografía*, p. 39). El propio Franklin había escrito: "Mis divagaciones y digresiones me hacen ver que ya estoy viejo. Antes escribía más metódicamente. Pero uno no se viste para recibir visitas en casa como para aparecer en un salón público" (*The Autobiography of Benjamin Franklin* [Nueva York: Macmillan, 1967], p. 11).

nónicos suelen escoger como figura predilecta, y así permite la
entrada natural de la *petite histoire* en la autobiografía. El hecho
de que Mercedes Merlin sea mujer, más conocida en el orden social que en el intelectual, explica sin duda su postura reticente,
frecuente en mujeres de fortuna pero insuficientemente instrui-
das que de pronto se descubren escritoras en un campo intelectual
dominado por hombres. Acaso Victoria Ocampo sea el mejor
ejemplo de esta actitud.[26] En resumen, es la dudosa categoría de
mujer *escritora* la que, paradójicamente, le permite mayor libertad en la escritura de su autobiografía. Como no está sujeta a las
restricciones del género —debido a su sexo carece de categoría
como escritora y tampoco pretende hacer obra de documentación
histórica— Mercedes Merlin es libre de practicar lo que sus contemporáneos varones, en Hispanoamérica, tienden a reprimir.

Si nos limitamos a los hechos, el relato de la condesa de Merlin
tiene poco de esa niñez idílica que su introducción promete. Narra en cambio una historia de incertidumbre infantil y de abandono, como un Dickens del trópico. Mercedes Santa Cruz y Montalvo es la primogénita de los condes de Jaruco, opulentamente
ricos, y ellos mismos casi niños cuando nace la hija:

> He nacido en la Habana; mi padre, descendiente de una de las prime-
> ras familias de la ciudad, se halló al salir de la infancia dueño de un
> caudal inmenso. Se enamoró y casó a los quince años de edad con mi
> madre, que entraba apenas en los doce, hermosa como el día, y reunien-
> do todos los encantos naturales con que el cielo en su munificencia
> puede dotar a una mortal. Su primera hija los colmó de alegría, y po-
> dría decir de sorpresa, especialmente a mi madre, que acababa de
> dejar las muñecas; así es que ningún pesar tuvo su rostro cuando se
> les anunció mi sexo [...] [pp. 22-23].

Esta actitud lúdica —los chicos que "juegan a los padres"—
tiene resultados desastrosos. Pocos meses después del nacimien-

---

[26] Véase Victoria Ocampo, "Malandanzas de una autodidacta", en *Testimonios*,
5ª serie (Buenos Aires: Sur, 1957). El automenosprecio no es actitud exclusiva de
las autobiógrafas, como tampoco el dar cabida en el relato de vida a la *petite histoire*. Mucho después de la condesa, el argentino Eduardo Wilde en *Aguas abajo*
(1914) y el chileno Benjamín Subercaseaux en *Niño de lluvia* (1938) —ambos escritores que de algún modo se mantienen al margen de la producción literaria
de sus respectivas épocas— también cultivan esta forma particularmente íntima de
recrear el pasado a través del relato de infancia.

to, al reclamar un pariente moribundo la presencia del conde en Europa, el joven padre parte de Cuba en compañía de su mujer, ansiosa por ver Madrid. Mercedes pasa al cuidado de su bisabuela materna, cariñosa matriarca a quien idolatra y llama *Mamita*. La ausencia de los padres, que había de durar seis meses, de hecho se prolonga; pasarán más de ocho años antes de que la niña vuelva a ver al padre, quien regresa con pocas ganas a Cuba como encargado de misión en 1798; pasará más tiempo aún antes de ver a la madre, que no regresará nunca a la isla. Al conde y a la condesa les gustaba vivir en Madrid, donde se establecieron e iniciaron una nueva familia.

Mercedes Merlin no registra su reacción ante el abandono de sus padres, y afirma, en cambio, harto improbablemente, que "Mi felicidad había sido pura y sin nubes desde el día que nací hasta el día que fui separada de Mamita" (p. 60). En ausencia del padre y de la madre, Mamita, al igual que tantas poderosas matriarcas en Hispanoamérica —las "mamás viejas" o "mamás grandes" de la literatura hispanoamericana— se convierte en origen, en fuente genealógica que justifica a la niña:

> Después de haber colocado a once hijos y haberles consolidado su caudal, se hallaba en posesión del amor y del respeto de todos los que la rodeaban. Me acuerdo de haber asistido en su casa a varias reuniones de familia en las que se contaban en línea recta, noventa y cinco personas; yo era el último anillo de la cadena (p. 24).

El retorno provisional del padre rompe esa cadena y separa a la niña de Mamita. Lo que sigue en *Mis doce primeros años* es una historia de separaciones, cortes y abandonos que por involuntarios no son menos dolorosos. La arbitrariedad parece regir esta novela familiar. Aunque el padre "parecía querer indemnizarme de su pasada indiferencia, dispensándome con profusión todos los gustos que mi edad me permitía gozar" (p. 28), envía a Mercedes de interna al convento de Santa Clara, considerando que Mamita, culpable de "excesiva ternura" (p. 39), no tiene suficiente autoridad como tutora. El texto capta de modo admirable la sensación de encierro que puede experimentar un niño, la rigidez de la vida conventual, las súplicas al padre intransigente para que le devuelva la libertad, la apasionada amistad con una monja solitaria, románticamente misteriosa, quien la ayuda a escaparse del convento para reunirse con Mamita, y por fin la nueva separación después de la fuga. Un último gesto decisivo del padre —llevarse a la niña a España para que se reúna con la madre— divide por fin, de modo tajante, esta vida en dos, marcando un deslinde en el texto. Es un desarraigo que lleva la alienación a un punto crítico y a la vez, para la niña, es muestra de la más profunda reconciliación. Así, la separación sigue marcando el texto, disgregando a un yo en vías de formación, frustrando todo intento de ese yo de darse estructura y coherencia. El lugar de origen está reñido con la novela familiar: Cuba (con su sinécdoque, Mamita) coincide con el abandono de los padres, mientras que la reunión con los padres presupone el abandono de Cuba. La aceptación de lo uno excluye la posibilidad de vivir simultáneamente lo otro, lo destierra del presente a un tiempo distante y *otro*.

Al comienzo del relato, al referirse al crucial abandono de los padres, Merlin recurre al eufemismo generalizador para atenuar la realidad: "Este primer suceso de mi vida tuvo una influencia grandísima en mi educación y en mi destino" (p. 23). A medida que prosigue el relato, gana en franqueza lo que pierde en idealización. Aun así, cuando *Mis doce primeros años* por fin describe las privaciones sufridas, la figura del padre e incluso la de la madre permanecen intachables. Al escribir treinta años después de los hechos, la hija reprime las acusaciones y hasta encuentra una interpretación favorable para las faltas paternas:

El rigor que había usado conmigo no dimanaba de él; era incompatible con su carácter. Mi edad me aproximaba tanto a la suya, que muchas veces se le hacía difícil, estando en mi compañía, desempeñar el papel que se proponía representar. Había reconocido el yerro que le obligaron a cometer [...] Pero mi padre no podía confesar su injusticia delante de mí, y si yo adivinaba sus pensamientos era por el aumento de cariño y los extremos que veía en él [p. 77].

Espontáneamente, y cumpliendo con tácitas reglas de decoro, Merlin procura disimular, o al menos excusar, el error. Pero su relato es más explícito de lo que parece a primera vista, quizá más explícito de lo que ella misma piensa. La primera parte del texto, que corresponde a los años pasados en Cuba, introduce de manera encubierta otras voces narrativas, voces que oblicuamente aluden a la arbitrariedad paterna y así subvierten la imagen misma de la armonía familiar que *Mis doce primeros años* procura dar. Si bien escasean los personajes secundarios en este texto, hay cinco que permanecen lo bastante presentes en la memoria de Merlin para que dedique a cuatro de ellos el equivalente de un relato intercalar, y a un quinto, una narración casi independiente.[27] Es obvio que la condesa aprovecha esos personajes —cuatro esclavos y una monja enclaustrada— como proyecciones parciales del yo autobiográfico, que esos relatos intercalares le sirven de pequeñas *alobiografías,* para usar el término acuñado por Richard Butler:[28] mediante los relatos de estos "otros" —cinco víctimas de la autoridad, cuyas penurias, en cierta forma, hace suyas— Merlin de hecho cuenta, de manera indirecta, la historia que, en otro nivel, calla.

El menos interesante de los relatos secundarios es el de Sor Inés, que recurre a los más gastados clichés de la época hasta en su inverosímil forma epistolar. Las confesiones de la misteriosa y melancólica monja que ayudó a Merlin a escapar del convento constituyen una historia de amor frustrado lleno de adversidades en la que abundan los rasgos melodramáticos, los gestos fatales y las premoniciones funestas. No obstante, se inicia con un tema —la injusticia y el abandono paternos— que está siempre presente, si bien de manera velada, en la propia historia de la condesa. Pero a pesar de las semejanzas superficiales entre la historia de la monja y la de Merlin, existe una diferencia básica: en lugar de pasar por alto la conducta del padre, o de procurar excusar su necia intolerancia, la historia de Sor Inés suple con creces lo que no dice la autobiografía de Merlin al hablar de manera explícita de la crueldad paterna.

Los relatos de esclavos tienen más interés porque están tomados directamente de la experiencia cotidiana de la niña. No es mi propósito evaluar aquí lo que se ha juzgado en Merlin postura ambigua, cuando no favorable, hacia la esclavitud.[29] Quiero subra-

---

[27] *Histoire de la Soeur Inés,* París, 1832. Posteriormente, este texto siempre se publicó junto con *Mis doce primeros años,* como segunda parte del volumen.

[28] Véase Richard A. Butler, *The Difficult Art of Autobiography* (Oxford: Clarendon Press, 1968), p. 19.

[29] Véase Méndez Rodenas, pp. 86-91.

yar, en cambio, el modo en que recurre, acaso sin advertirlo pero
de manera sistemática, a un grupo cuyo lugar en la sociedad era
esencialmente inestable, cuya libertad de movimiento era nula y
cuya misma identidad dependía de una autoridad más alta y hace
que ese grupo represente su propia comedia de orígenes, revelando sus fisuras, su textura contradictoria.

Tres de los relatos de esclavos tienen la misma estructura trian-
gular. En esa estructura, la figura del padre y la del esclavo ocupan los dos extremos opuestos; entre padre y esclavo la hija se
adjudica el buen papel, como mediadora que invariablemente
intercede, corrige entuertos, restaura la armonía. En el primer relato, la niña pide al padre la libertad de un esclavo fugitivo; se le
otorga el pedido. En el segundo, implora al padre que cambie de
planes y permita que una joven esclava, cuya fornida musculatu-
ra la destinaba al ingenio, trabaje en cambio en el secadero donde
no la separarán de su hijito; de nuevo le es concedido su deseo.
En el tercer relato intercalar, ubicado justo antes de irse de Cuba,
la niña intercede otra vez por su nodriza, la esclava que rehu-
só la libertad cuando se la habían ofrecido por permanecer junto
a la niña. Esta vez los favores que pide a su padre son mútiples;
no sólo que a Mama Dolores se le dé nuevamente la libertad sino
que también se libere a sus hijos, que se les dé a todos una casa y
un poco de tierra. Mercedes misma, jugando a la precoz dama
dadivosa, supervisa en persona la edificación y el amoblamiento
de la nueva casa. Antes de partir para Europa, tiene la satisfacción de ver a toda la familia de Mama Dolores reunida y eternamente agradecida por su generosidad.

En todos esos incidentes, Merlin se asigna el mejor papel. El
autoengrandecimiento típico del sujeto autobiográfico sin duda
subyace la narración de estos ejemplares sucesos, dignos de las
niñitas modelo de la condesa de Ségur. Sin embargo, bajo las apariencias virtuosas, la participación de Merlin en estos episodios
es significativa en otro sentido: los tres relatos son proyecciones
—y correcciones— de alguna falla en la situación familiar propia. El primero presenta a un individuo privado de libertad por
una autoridad inapelable; el segundo, a una madre que implora
que no la separen del hijo; finalmente (y de manera significativa
en vísperas de la partida de la niña de su tierra natal) la restauración, por interpósita persona, de la novela familiar. La compen-

sación y la satisfacción no se logran aquí mediante el sueño y la fabulación sino mediante la proyección y el desplazamiento. Al mostrar cómo, de niña, podía arreglar vidas ajenas, la autora revela, de modo tanto más patente, el carácter inarreglable de la propia. Hay por fin un cuarto relato intercalar, que he reservado para el final porque difiere de los otros. En una situación que *no puede arreglar*, la niña encuentra a una esclava que llora enloquecida por la muerte de su hijito. El hecho de que el relato reproduzca la fantasía típica del niño que se siente abandonado y, para castigar a los padres, fabula su propia, irreparable muerte, confirma la función compensatoria de estos ejercicios narrativos.

El afán de restaurar la armonía de Mercedes Merlin no se limita a esta elaboración, tan oblicua como creadora, de su propia novela familiar. Después de todo, no es casual que su intervención más llamativa, la de liberar, reunir e instalar a la familia de su nodriza, ocurra justo antes de su partida de Cuba. El episodio es emblemático de una estrategia más general de reconciliación y mejoramiento que opera a través de todo el texto. Como la familia de su nodriza, a Cuba se la ha de "arreglar" antes de la partida:

> Quería, cuando saliera de la Habana, no dejar a nadie descontento de mí, y mientras mi padre se ocupaba de los preparativos del viaje, yo arreglaba los negocios de mi corazón. No tenía otras deudas que pagar más que las de la gratitud... El recuerdo de nuestros pasados placeres no excita en nuestra alma sino pesares; el de las penas los renueva; sucede a veces que nuestros goces y nuestros dolores, mudando de naturaleza en el intervalo de su duración, no se representan después en la imaginación sino como cuadros antiguos medio borrados y alterados por el tiempo; pero cuando la memoria nos transporta hacia el poco bien que hemos hecho, volvemos a encontrar la sensación dulce, viva y en un todo como fue antes [p. 87].

Este virtuoso trabajo de remiendo, visto en retrospectiva como modo eficaz de preservar un pasado feliz intacto, permite a la niña precavida almacenar buenos recuerdos, aquellos mismos que aprovechará luego la autobiógrafa. No es que, como su maestro Rousseau, Mercedes Merlin elija recuperar lo bueno de su niñez prescindiendo de lo malo: es que, gracias a la manipulación a la que ha sometido su pasado, *lo malo no existe*. La niñez pasada en Cuba *tiene que ser* feliz. Por eso, las primeras líneas de *Mis doce primeros años,* en las que la condesa declara vislumbrar "la imagen de la felicidad" en su niñez y en Cuba, no son —a pesar de los hechos— inexactas. La autobiógrafa emprende la recuperación de una felicidad que ella misma, precavidamente, ha almacenado.

La traumática partida de Cuba, "en aquella edad en que los hábitos tienen tan pequeñas raíces" (p. 91), marca a la vez el final de la niñez y su continuación en el campo de la imaginación: establece la diferencia entre vivir (en) Cuba e imaginar a Cuba desde lejos. También marca, de manera importante, el comienzo del interés de la niña por la lectura, poco notable durante los años cubanos ("Apenas sabía leer y escribir" [p. 97]) interés que surge, literalmente, al alejarse de su tierra natal: en el barco manifiesta "deseos de continuar el estudio de la lengua francesa" (p. 94) y un oficial la ayuda a leer y a traducir a Racine. Una vez en Madrid, lee cuanto le permite la madre, en especial a madame de Staël. Poco a poco, Cuba se le vuelve una fabricación literaria. Cuarenta años más tarde, al redactar su *Viaje a La Habana,* el segundo texto autobiográfico que escribe Merlin después de su primero y único viaje de regreso a Cuba,[30] reconstruye la isla menos por observación directa que a partir de notas que encarga a escritores cubanos amigos, de plagios inconfesados de ciertos escritores costumbristas y de sus propios recuerdos.[31] El redescubrimiento se da menos a través de lo que ve en el viaje que a través de lo que lee, recuerda e imagina.

El carácter elegíaco (y claramente literario) de la recreación que hace de Cuba la condesa de Merlin en *Mis doce primeros años* no escapó a sus compatriotas más perspicaces. Al reseñar la versión francesa no bien se publicó, Domingo del Monte elogió "el dulce sentimiento de cariño a la tierra patria, que respira esta obrita, y que nosotros consideramos como el primero y el más puro de los

---

[30] La versión francesa se publicó en 1844. Una versión española, muy reducida, *Viaje a La Habana,* con prefacio de Gertrudis Gómez de Avellaneda, apareció en Madrid ese mismo año. Para un edición moderna, véase *Viaje a La Habana,* introducción por Salvador Bueno (La Habana: Editorial de Arte y Literatura, 1974).

[31] Salvador Bueno presenta documentos sobre los pedidos de ayuda que la condesa dirigió a Domingo del Monte y a José Antonio Saco (pp. 32-33), y sobre lo que plagia, entre otros, a Cirilo Villaverde y Ramón de Palma (*Viaje a La Habana,* pp. 46-49). Hay datos adicionales en el libro a la vez útil y caótico de Domingo Figarola Caneda, *La Condesa de Merlin* (París: Éditions Excelsior, 1928).

afectos del alma",[32] y acertadamente situó el libro dentro de una tradición, señalando sus afinidades con otros textos elegíacos. Estos textos no eran hispanoamericanos, ni siquiera españoles, pues las añoranzas de Merlin y su tono íntimo carecían de precursores hispánicos; eran, en cambio, el *René* de Chateaubriand y las *Meditaciones* de Lamartine. Sin embargo, paradójicamente, Del Monte critica a la autora por lo que es consecuencia inevitable de ese mismo aspecto elegíaco que pondera: le reprocha inexactitudes y anacronismos, que sólo juzga "disculpables por el tiempo que ha mediado entre la observación del objeto y la formación de la pintura".[33] Lo que no ve Del Monte es que *Mis doce primeros años* debe ser, por fuerza, anacrónico: recrea lo que fue (o lo que la autora imagina que fue), no lo que es.

A pesar de estos comienzos auspiciosos, *Mis doce primeros años* no se leyó demasiado en Hispanoamérica. Ha permanecido al margen, prácticamente ignorado, salvo por unos pocos —Carpentier, Sarduy, Arenas— que en alguna oportunidad le han rendido homenaje. En Hispanoamérica, la escritura autobiográfica habría de esperar hasta 1867 para que los idealizados recuerdos de infancia o de adolescencia adquirieran validez literaria. Aun entonces, esa aceptación se logra fuera de la autobiografía; la inmensa popularidad de una novela, *María* —un texto, notablemente, que también trata de autoritarismo paterno y de individuos sometidos— legitima por fin, dentro de la literatura hispanoamericana, la recreación nostálgica del perdido paraíso juvenil como modo válido de reconstruir el pasado.

Sucesivas generaciones de lectores han aclamado la novela de Jorge Isaacs como uno de los ejemplos culminantes —quizá el más brillante— de la ficción hispanoamericana del siglo XIX. Los críticos son unánimes: *María* aparece oportunamente para legitimar un discurso literario específico, el del romanticismo. La mayor parte de esos críticos, sin embargo, no fueron más lejos, poco dispuestos a indagar las razones del éxito fenomenal de María o a buscar qué era precisamente lo que la novela legitimaba. Así,

---

[32] La crónica de Del Monte se cita *in extenso* en Figarola Caneda, p. 134.
[33] *Ibid.*, p. 136.

su enorme impacto se vio reducido al hecho de que era un relato bien logrado de amores desgraciados, más o menos dentro de la tradición de Benjamin Constant, cuyo patetismo estaba en relación directa con la previsible muerte de la heroína. Como resultado de esa reducción crítica, se suele juzgar a *María* con criterio lacrimoso: *María* hace llorar, y esas lágrimas, de alguna manera, avalan las excelencias de la novela. Nadie se ha detenido a considerar las posibles implicaciones de esta obligatoria melancolía, ni a investigar más a fondo las razones de la acogida favorable del libro. *María* es, sin duda, obra legitimadora, no sólo de la novela romántica sentimental, a la usanza hispanoamericana, sino también de una actitud ideológica que supera ampliamente los límites del género y propone una nueva perspectiva sobre el pasado. Si en *María* corren las lágrimas —y el autor mismo invita a sus lectores a llorar con él— corren por algo más que un amor perdido. Desde el principio, hay múltiples indicios de una pérdida mayor, a la que la muerte de la amada (es decir, de la María del título) sirve de emblema; la pérdida del paraíso de la infancia y, más concretamente, la pérdida de la casa familiar. La novela de Isaacs incorpora de manera magistral la *petite histoire* del pasado inmediato —de su propio pasado inmediato, como es sabido, aunque no es aquí mi propósito leer *María* como texto autobiográfico—, y logra darle dimensiones de mito.[34]

La *petite histoire* que recrea Isaacs a través de las evocaciones en primera persona está, como en el caso de la condesa de Merlin, enriquecida por la nostalgia y el anhelo. Los aspectos desagradables de la historia familiar —en especial la severidad del padre ahorrativo, quien no tolera debilidades o pérdidas— se pasan por alto o se evitan: los ambiguos entrecruzamientos del deseo y el sentimiento dentro del círculo familiar, sorprendentes aun en aquellas épocas prefreudianas, se vuelven inofensivos (quizá sólo en apariencia) por la absoluta inocencia con que se evocan.[35] El pasado fue bueno, insiste el texto una y otra vez a pesar de

---

[34] Para un análisis más amplio de *María* desde este punto de vista, véase mi "Paraíso perdido y economía terrenal en *María*", *Sin Nombre*, 14, 3 (1984), pp. 36-55. Véase también la excelente lectura de Doris Sommer en "El mal de María: (Con)fusión en un romance nacional", *Modern Language Notes*, 104, 2 (1989), pp. 439-474.

[35] La contenida sexualidad de los contactos entre el protagonista y su madre no escapa a la atención de Alfonso Reyes en "Algunas notas sobre la *María* de

pruebas evidentes de lo contrario, urdiendo con paciencia una impostura lírica increíblemente seductora. Y —al contrario de las monumentales re-creaciones de Olmedo o la prestigiosa galería de antepasados que propone Sarmiento— ese pasado con tanta diligencia reconstruido coincide con el pasado más inmediato e individual, el de hace unos cuantos días o unas cuantas horas. En *María* no hay futuro, o, mejor dicho, su futuro es su pasado: desde los primeros momentos, el relato es un prolongado adiós.

Al revés de lo que ocurre con la idealizada recreación de la infancia de la condesa de Merlin, Isaacs tiene plena conciencia de la fuerza evocadora del detalle trivial y sabe anclar la nostalgia con minuciosa y selectiva precisión. Es maestro de lo que Richard Coe denomina *curiosa nostalgica*: "las minucias de la vida diaria, compartidas por toda una generación, pero ahora desconocidas o no documentadas, son detalles de una forma de vida que era fundamentalmente aceptable, por ende *acertada*; por lo tanto su desaparición no puede sino inspirar añoranza".[36] Así, la claramente deleitosa recreación de objetos, alimentos, ocupaciones diarias y pequeños rituales da estructura a este pasado idílico, a la vez que lo mantiene fuera del tiempo. Al abrigo de la cronología, el pasado en *María* es semejante a ese tiempo cíclico que Bakhtin observa en las antiguas literaturas: "una vida cotidiana agrícola idealizada, entretejida con el tiempo de la naturaleza y del mito".[37]

El afán de Isaacs por reconstruir el paraíso de la infancia no proviene, como en el caso de la condesa de Merlin, del exilio geográfico. Con todo, el tema del exilio satura el texto: en el nivel de la trama, se relaciona significativamente con la figura del padre y, en un nivel metafórico, se conecta con las muchas formas de pérdida y de destierro a las que alude la novela. Una de las pérdidas reales, disimulada con habilidad en el texto, es una decisiva pérdida *material*: el padre sufre un revés financiero, cuyas consecuencias (a lo sumo insinuadas en el texto) sin duda ponen en peligro la seguridad de la familia junto con su posición social, e

Jorge Isaacs", en *Obras completas*, VIII (México: Fondo de Cultura Económica, 1958), pp. 271-273.

[36] Coe, p. 218.

[37] Mikhail Bakhtin, "Forms of Time and the Chronotope in the Novel", en *The Dialogic Imagination* (Austin: University of Texas Press, 1981), pp. 127-128.

indican el reemplazo de una forma de producción por otra. Este cambio radical hace pedazos (por lo menos con igual intensidad que la trágicamente desgraciada historia de amor) la armonía de la familia, amenazando desterrar a sus miembros del paraíso patriarcal.

Hablo de la novela de Isaacs porque considero que *María* influye sin duda en la forma en que se elabora el pasado en la literatura hispanoamericana. Al reivindicar la *historia familiar* con un detalle que, en por su misma minucia, se vuelve significante, *María* propone un modelo hispanoamericano concreto para el eterno *topos* del paraíso perdido. Marca la inauguración del archivo patriarcal y convierte al escritor en su guardián y conservador; lo instaura, por así decirlo, como *memorator* oficial. Cabe recordar que *María* se publicó en 1867, en un momento de reorganización política y cultural en casi todos los países hispanoamericanos que condujo a nuevos modos de producción. Si bien ya no es época de desorden político, es —a pesar de la pátina de orden y progreso— momento de profundas y a menudo inquietantes transformaciones sociales y económicas, transformaciones cuyas consecuencias ideológicas tendrían influencia decisiva en Hispanoamérica. Pero también es, al cabo de épocas de lucha y anarquía, un periodo de relativa calma, propicio para una revaloración ideológica del pasado más reciente. *María*, con su idealizada recreación de la historia familiar, llega oportunamente como consuelo y resguardo. Como un talismán, provee un medio de contemplar el pasado y deleitarse con lo que tiene que ofrecer —que no es otra cosa, después de todo, que lo que en él se almacenó desde un principio— . El relato de infancia es una forma de inversión, un gesto capitalista; la buena administración de los productos del pasado, embellecidos por el recuerdo, se transforma en acto de poder, en concesión de privilegios. El relato familiar es como la fortuna personal: se comparte con los próximos y se defiende contra los extraños. Por ello no sorprende que a menudo constituya un ensoñado ejercicio de narcisismo colectivo, una mirada a un espejo oficiosamente selectivo que sólo halaga al espectador y a quienes se le parecen.

V. UNA ESCUELA DE VIDA:
"JUVENILIA" DE MIGUEL CANÉ

Cerremos el círculo y velemos sobre él.
MIGUEL CANÉ, *De cepa criolla*

TANTO como el deseo de conservar, la actitud defensiva condiciona la recuperación del pasado. Bajo la pátina de la nostalgia, los relatos de infancia y de familia pueden constituir desafiantes declaraciones ideológicas, sobre todo en épocas en que el autobiógrafo y aquellos con quienes busca compartir una experiencia común más o menos fabulada se sienten amenazados. Buen ejemplo de esta actitud lo da la generación del Ochenta en la Argentina, ese grupo sueltamente constituido cuya razón de ser debe tanto a la clase social como a la cronología.[1] Casi todos sus miembros son burgueses acomodados, escritores que ocupan posiciones de peso en la vida pública argentina: son diplomáticos, políticos y juristas que, a la vez, dedican considerable tiempo (y una atención sostenida, a menudo perpleja) al ejercicio de la literatura. En sus escritos cultivan una fragmentación que es tanto estética como ideológica; rehúyen las categorías genéricas y también una postura autorial unívoca que, siendo demasiado explícita, podría limitarlos a una imagen única. La generación del Ochenta tiende a la digresión creadora —la charla informal, el cuento bien narrado, el recuerdo ameno, el chiste atinado—. Al escribir para familiares y amigos (*Entre-Nos*, título de la colección de charlas de Mansilla, podría aplicarse a la producción literaria de toda la generación), estos escritores, previsiblemente, suelen remitir a un pasado que comparten con sus lectores y, también previsiblemente, hacen de la autobiografía un modo de expresión predilecto.

---

[1] La bibliografía sobre la Generación del Ochenta es demasiado amplia para citar aquí. Puede consultarse con provecho *La Argentina del Ochenta al Centenario*, Gustavo Ferrari y Ezequiel Gallo, comps. (Buenos Aires: Sudamericana, 1980); Noé Jitrik, *El 80 y su mundo* (Buenos Aires: Jorge Álvarez, 1968) y David Viñas, *Literatura argentina y realidad política* (Buenos Aires: Jorge Álvarez, 1964).

Además, de modo notable, varios de ellos relatan su niñez. Lucio Vicente López, hijo del historiador, la recuerda en *La gran aldea*, novela de marcado sesgo autobiográfico, mientras que otros dos miembros de la generación dan lo mejor de sí en libros de recuerdos de infancia: Eduardo Wilde en *Aguas abajo* (publicado póstumamente en 1914) y Miguel Cané en *Juvenilia* (1882). De los dos textos, el de Wilde es el más seductor; sin embargo, por razones ajenas al mérito literario, prefiero analizar *Juvenilia*, texto que, como *María*, obtuvo inmediata —y en la Argentina imperecedera— popularidad.[2]

Si bien se trata de un relato de niñez, más aún, de un relato nostálgico, *Juvenilia* no celebra el hogar ancestral ni se detiene en la vida de familia. El paraíso perdido ya no es rústico (como el idílicamente preindustrial Valle del Cauca de *María*) sino urbano (la ciudad de Buenos Aires en el momento en que pasa de gran aldea a bulliciosa metrópoli). La evocación de la niñez ya no está enmarcada por la naturaleza sino por la cultura, y la familia se ve reemplazada por una comunidad más amplia, si bien, como se verá más tarde, no menos íntima. Dentro de una estructura cultural ya protegida (lo que Ángel Rama llamaría más tarde "la ciudad letrada"), Cané traza otro espacio, aún más protegido, donde exaltar la infancia, el prestigioso Colegio Nacional de Buenos Aires donde pasó seis años pupilo.

El relato de colegio es, por supuesto, un relato tópico que ganaría creciente popularidad en los siglos XIX y XX, suerte de picaresca infantil, benigna o mordaz, según el punto de vista de su autor. Es importante observar que el género (si así cabe llamarlo) se ha cultivado apenas en Hispanoamérica antes de Cané. Guridi y Alcocer se aproxima a él en aquellas secciones de sus *Apuntes* dedicados a sus primeros años en el seminario, tituladas con gran acierto "Travesuras y gramática". Pero Guridi, deseoso de dejar atrás esos años despreocupados para recalcar en cambio la persecución de que fue objeto por parte de la jerarquía eclesiástica mexicana, apenas se detiene en ese periodo de su vida. Dicho

---

[2] Fue también una obra muy imitada. Véase la lista de relatos de colegio semejantes que da Antonio Pagés Larraya en *"Juvenilia*. Un título y una actitud en nuestra literatura", *La Nación*, Buenos Aires, 21 de enero de 1960. Consúltese asimismo Adolfo Prieto, *La literatura autobiográfica argentina* (1966; reimp. Buenos Aires: Centro Editor de América Latina, 1982), p. 173.

sea de paso, hasta fines del siglo XIX, los seminarios, saturados de espíritu escolástico, hubieran sido los únicos espacios en Hispanoamérica lo bastante cerrados para prestarse a la recreación del relato de colegio. El hecho de que esas instituciones por lo general fomentaran un conformismo escasamente imaginativo o un resentido descontento, las volvía lugar poco propicio para la idealizada recreación de la infancia. Esto, sumado a la poca atención que merecen los relatos de infancia en esa época, acaso explique la escasez de este tipo de texto como también las alabanzas que recibió Cané por lo que sin duda, teniendo en cuenta el contexto, era un relato muy original.

No hay pruebas de que Cané hubiera leído *Tom Brown's School Days* de Thomas Hughes, publicado en 1857, pero sí se sabe, por sus frecuentes referencias, que conocía bien a Dickens y que *David Copperfield* era uno de sus textos predilectos. Kipling —con quien el paternalista y xenófobo Cané coincide en más de un punto— aún no había escrito *Stalky and Co.* (1890). Si evoco estas novelas es porque *Juvenilia* presenta notable afinidad con ellas, aun cuando no comparte sus técnicas narrativas. Texto conservador, celebra con entusiasmo los años de formación como periodo privilegiado de donde el niño madura y mejora, convirtiéndose en valioso ciudadano y posesor, como luego diría Kipling, de la "Verdad y del sentido común de Dios, / Lo cual supera todo conocimiento".[3] Igual que esos dos textos afines, *Juvenilia* se aleja de todo indicio de desorden y desdeña cuanto pueda amenazar la virtud constructiva a la que aspira. No es *El joven Törless* de Musil, ni *La ciudad y los perros* de Vargas Llosa; hasta la violencia o la inconsciente brutalidad infantil que describen Hughes y Kipling (por supuesto, para mejor corregirlas) faltan en la amable, calculadamente humorística recreación de Cané.[4]

Juvenilia se publicó en 1882, en Viena, cuando el autor contaba

---

[3] Rudyard Kipling, *Stalky and Co.* (Londres: Macmillan and Co., 1927), p. viii.

[4] El mismo Cané comenta esa diferencia, que atribuye menos a su propia benevolencia que a diferencias de temperamento nacional. Al describir sus primeros días de colegio como "nuevo", constantemente bajo el escrutinio de los otros, escribe: "me parecía sentir fraguarse contra mi triste individuo los mil complots que, entre nosotros, por el suave genio de la raza, sólo se traducen en bromas más o menos pesadas, pero que en los seculares colegios de Oxford y Cambridge alcanzaran a brutalidades inauditas, a vejámenes, a servidumbres y martirios" (Miguel Cané, *Juvenilia* [Buenos Aires: Talleres Gráficos Argentinos, 1927], p. 40). En adelante, todas las citas harán referencia a esta edición.

sólo treinta y un años. Cuesta tener presente este dato, dada la magnificación a la que Cané somete sus recuerdos, la calculada sensación de distancia y de nostalgia que presta a su evocación. Desde la primera página, se adopta el tono del lamento:

> Lo confieso y lo afirmo con verdad; nunca pensé al trazar esos recuerdos de la vida de colegio, en otra cosa que en matar largas horas de tristeza y soledad, de las muchas que he pasado en el alejamiento de la patria, que es hoy la condición normal de mi existencia. Horas melancólicas, sujetas a la presión ingrata de la nostalgia, pero que se iluminaban con la luz interior del recuerdo, a medida que evocaba la memoria de mi infancia y que los cuadros serenos y sonrientes del pasado iban apareciendo bajo mi pluma, haciendo huir las sombras como huyen las aves de las ruinas al venir la luz de la mañana [p. 27].

Esto —piensa el lector, estimulado por el torpe *ubi sunt* que anima toda la introducción— es obra de un hombre de edad avanzada que apela a recuerdos agradables como antídoto a las "sombras" crepusculares. El lector, por supuesto, se equivoca. Cané está en lo mejor de la vida y los acontecimientos que narra han transcurrido sólo trece años antes. *Juvenilia* no es obra de la edad provecta, como muchos libros de recuerdos, sino la segunda publicación de Cané e incluso, podría decirse, su primer libro verdadero.[5]

Varias razones podrían explicar esta estrategia distanciadora. La primera, más obvia, es de carácter estético: el ubicar los recuerdos en un pasado inalcanzable e irrecuperable es, claramente, una táctica meliorativa. Es también una táctica autofavorecedora, pues da a entender que el autor relee el pasado a la luz de una rica experiencia acumulada que le permite comentar de manera provechosa las lecciones que imparte la vida. A la imagen del anciano sabio se añade la del filósofo.[6] Pero hay otras razo-

---

[5] Antes de *Juvenilia*, Cané había reunido sus artículos perodísticos en un volumen, *Ensayos* (1877), publicación de la cual se arrepintió, según su discípulo Martín García Mérou. Véase la introducción de este último a Miguel Cané, *Prosa ligera* (Buenos Aires: Casa Vaccaro, 1919), pp. 14-15.

[6] Maurice Halbwachs sostiene que la tendencia de los viejos a detenerse en recuerdos de la niñez se debe no tanto a factores biológicos como al lugar en que los coloca la sociedad —un lugar de relativa inactividad donde se los anima a recordar y, por cierto, donde se aprecia su memoria (*Les Cadres sociaux de la*

nes, de carácter puramente biográfico, para la actitud de Cané, que merecen tenerse en cuenta. Sus múltiples y precoces éxitos en la vida pública —doctor en derecho a los veintiún años, diputado a los veinticuatro, director general de Correos y Telégrafos a los veintinueve, ministro plenipotenciario a los treinta— bien pueden haber contribuido a que Cané de veras se sintiera como el estadista entrado en años que con tanto éxito representa en *Juvenilia*. Por último, el hecho de haber escrito el libro durante una de sus múltiples misiones diplomáticas, lejos del país, con seguridad reforzó la distancia psicológica entre el presente del adulto y el pasado infantil dejado atrás. Todas estas razones, a no dudarlo, influyeron en la postura reminiscente que adopta Cané. A éstas acaso se añadan otras, menos evidentes, para explicar la actitud autoritaria, *paternal*, de Cané. La lectura atenta de *Juvenilia* permite ir descubriendo en forma gradual en las páginas de este librito amable y en apariencia sencillo, una posición ideológica que no es precisamente sencilla y que, a veces, tampoco es precisamente amable.

Cané entra al Colegio Nacional pocos días después de la muerte de su padre. Esta coincidencia cronológica, se nos dice en el primer capítulo, fue deliberadamente buscada por el joven Cané:

> Debía entrar en el Colegio Nacional tres meses después de la muerte de mi padre; la tristeza del hogar, el espectáculo constante del duelo, el llanto silencioso de mi madre, me hicieron desear abreviar el plazo, y yo mismo pedí ingresar tan pronto como se celebraran los funerales [p. 39)].

La influencia de la muerte del padre, tanto en el hijo como en el libro, es decisiva. También hombre de letras, buen amigo de Alberdi y miembro de la generación de 1837, Miguel Cané padre murió sin haber cumplido su promesa como escritor y erudito, hecho que el hijo resiente y atribuye al periodo difícil en que le tocó vivir.[7] En un texto de homenaje titulado "Mi padre", que

mémoire [1925; reimp. París-La Haya: Mouton, 1975], p. 105)—. Debe añadirse que esta inclinación a la reminiscencia, a menudo despreciada como chochez cuando es excesiva —"toda función social tiende a su propia exageración", escribe Halbwachs—, es también valorizada por su valor didáctico, como una lección de orígenes. Cané aprovecha (igual que, más tarde, Picón Salas) la segunda actitud: si bien no es viejo, apela a esa especie de respeto que convierte su relato de infancia en lección de hombre prudente.

[7] En su equilibrada evaluación de la generación argentina de 1837, Rodó dedi-

Cané consideraba una especie de prólogo a *Juvenilia*,[8] el hijo evoca al padre de manera notable:

> Mis recuerdos positivos empiezan con la muerte de mi padre. Era en 1863 y yo tenía doce años. Bien que su figura, su expresión, su acento ya duro o cariñoso, se me presentan en muchos momentos de su vida como una visión clara al espíritu, la impresión final fue tan violenta, que siempre que hago esfuerzos para traer a mi memoria alguna de aquellas sobremesas animadas de mi casa, rebosantes de espíritu, siempre que creo entrever el rostro de mi padre, con sus ojos expresivos y brillantes de entusiasmo, hablando de artes, de literatura, de sus pasadas emociones, de viajes, de las tormentas de su vida agitada, el velo de sombras cubre todo y predomina la fisonomía inerte, cansada, inmóvil de la última hora, el fatigado respirar y por fin, la calma suprema del reposo.[9]

Termina la evocación con el lamento conmovedor: "¡haber alcanzado a vivir al lado de mi padre la vida del espíritu y la vida del corazón!" (p. 22). A la vez que celebración, el texto de Cané es apasionado intento de paliar las flaquezas paternas. Refinado hombre de letras y protector de las artes, Miguel Cané padre nunca publicó un libro; sólo escribió "trabajos fugitivos, impresiones notables al pasar, cuadros de viaje, improvisaciones del momento", a la vez que "tenía la concepción de la novela nacional, la que está aún por escribirse, la que nosotros no veremos, la que nuestros hijos escribirán" (pp. 20-21). Lo que dice Cané del padre bien podría aplicársele. También él escribió páginas fugitivas; también él tuvo el proyecto de escribir la novela nacional, *De cepa criolla*, que dejó inconclusa; también él escribió improvisa-

ca páginas interesantes a Miguel Cané, padre, apreciándolo más por su promesa literaria que por sus logros como crítico (José Enrique Rodó, "Juan María Gutiérrez y su época", en *La tradición intelectual argentina* [Buenos Aires: Eudeba, 1968], pp. 30-41). También sobre el padre de Cané, consultar Manuel Mujica Láinez, *Miguel Cané (Padre). Un romántico porteño* (Buenos Aires: Ediciones C. E. P. A., 1942).

[8] Martín García Mérou, secretario de Cané cuando éste era embajador en Venezuela, recuerda haber visto a Cané escribir *Juvenilia* "en cuadernitos cuya fabricación era una de mis especialidades". "Mi padre" aparece justo antes de *Juvenilia* en uno de estos cuadernos, y se publicó por primera vez en periódico años después de la muerte de Cané. A partir de entonces, los editores suelen incluirlo como prólogo a *Juvenilia*.

[9] "Mi padre", en Miguel Cané, *Ensayos* (Buenos Aires: Editorial Sopena, 1939), p. 163. En adelante, todas las citas harán referencia a esta edición.

ciones (como casi todos sus contemporáneos). Sin embargo, a diferencia del padre, sí escribió un libro completo, coherente, redondo: *Juvenilia*.

Adolfo Prieto afirma con acierto que en la segunda parte del siglo XIX los autobiógrafos argentinos suelen experimentar una sensación de desplazamiento, incluso de fracaso, cuando comparan sus vidas con las de antepasados ilustres y, sobre todo, con las vidas de sus padres.[10] Basando sus observaciones en las autobiografías de Carlos Guido y Spano y de Lucio V. Mansilla —los dos presionados por poderosas figuras paternas—,[11] Prieto sugiere que la autoironía y la desenvoltura de sus respectivos textos bien pueden considerarse como formas de atenuar esa presión, como *diversión* de la exigencia que el autobiógrafo siente pesar sobre sí. Menos convincentemente, sostiene Prieto que a Cané no se lo puede leer del mismo modo, y lo libera de todo influjo paterno. Hace lo mismo con Eduardo Wilde. En ninguno de los dos, según Prieto, pesa tanto la figura paterna como para justificar la autoironía y la desenvoltura de sus textos.[12]

Sin embargo *Juvenilia*, ese relato encantador, esa "alegre y burlona epopeya de la adolescencia"[13] muestra la huella profunda, indeleble, del padre. Que el texto comience con la muerte del padre y que Cané, justo antes de emprender la escritura de su relato de infancia, haya sentido la necesidad de redactar "Mi padre", evocando "la fisonomía inerte, cansada, inmóvil de la última hora" como para animarla con nueva vida, muestra con qué fuerza están unidos los dos elementos —padre y colegio—, al menos en la memoria. Además, pone de manifiesto hasta qué punto necesitaba el hijo hacer las paces, del algún modo, con la figura de autoridad que acaba de perder antes de embarcarse en una aventura cultural que lo conduciría, precisamente, a la emulación de esa figura.

---

[10] Prieto, pp. 111-157.

[11] Carlos Guido y Spano, más recordado como poeta, era hijo del general Tomás Guido, una de las figuras más distinguidas de las guerras de independencia. Su autobiografía, titulada *Carta confidencial a un amigo que comete la indiscreción de publicarla*, se publicó en 1879. Lucio V. Mansilla, que publicó el primero —y único— volumen de *Mis memorias* en 1904, era sobrino de Juan Manuel de Rosas.

[12] Prieto, pp. 175-176.

[13] Martín García Mérou, en Miguel Cané, *Prosa ligera*, p. 9.

La experiencia del colegio que describe *Juvenilia* continúa la lección del padre, a la vez que sirve para borrar su muerte. Si Cané afirma que sus recuerdos positivos comienzan al terminar la vida del padre —es decir, al entrar al colegio—, ello significa que, como la condesa de Merlin e Isaacs, ha decidido almacenar sólo lo bueno o —lo que es lo mismo— ha elegido considerar su pasado sólo desde un punto de vista favorable. *Juvenilia* resulta, así, un texto doblemente positivo. Por un lado, los recuerdos son positivos porque, considerados en retrospectiva como antídoto contra la muerte del padre, son amables y divertidos. Si en los primeros tres capítulos hay alguna alusión a la pérdida que sufre el chico y a su soledad como "nuevo" en el colegio, esa pérdida y esa soledad son corregidas con rapidez por las cómicas naderías de la vida del internado: los trucos a que recurren los alumnos para no madrugar, la incomible comida, las estratagemas para engañar a los maestros y otras anécdotas por el estilo, típicas del género. El texto prosigue en ese tono, burlándose de alumnos y profesores, fiel a una estructura que se basa menos en la progresión que en la mera acumulación de bromas e incidentes graciosos.

Pero, por otro lado, el libro de Cané es positivo —y vuelvo aquí a la noción de construcción que comparte *Juvenilia* con *Tom Brown's School Days* y *Stalky and Co.*— porque narra una experiencia provechosa que, de manera concreta en el caso de Cané, perfecciona una formación que el padre no tuvo oportunidad de brindarle. El Colegio Nacional, para Cané, funcionará literalmente *in loco parentis* y, más precisamente, *in loco patris*. No es casual que Cané evoque con tanta nostalgia a los dos rectores que más influyeron en él, el viejo y bondadoso doctor Agüero, quien creía que sus muchachos eran incapaces de portarse mal, y el más joven, física e intelectualmente dinámico Amédée Jacques, convocado a la Argentina durante la presidencia de Bartolomé Mitre para hacerse cargo de la institución. La simpática descripción que hace Cané del buen doctor Agüero es un verdadero tributo a su memoria:

Había la costumbre, desde que el doctor Agüero se puso achacoso, de que un alumno le velara cada noche. No se acostaba; sobre un inmenso sillón Voltaire (¡no sospechaba el anciano la denominación!) dormitaba por momentos, bajo la fatiga. Teníamos que hacerle la lectura durante un par de horas para que se adormeciera con la voz y tal vez con el fastidio del asunto. ¡Cuán presente tengo aquel cuarto, débilmente iluminado por una lámpara suavizada por una pantalla opaca, aquel silencio sólo interrumpido por el canto del sereno y, al alba por el paso furtivo de algún fugitivo que volvía al redil! Leíamos siempre la vida de un santo en un libro de tapas verdes, en cuya página ciento uno había eternamente un billete de veinte pesos moneda corriente, que todos los estudiantes del colegio sabíamos haber sido colocado allí expresamente por el buen Rector, que cada mañana se aseguraba ingenuamente de su presencia en la página indicada y quedaba encantado de la moralidad de sus hijitos, como nos llamaba.

Más de una noche me he recordado en el sofá al alcance de la mano donde me tendía vestido; me daba una palmadita en la cabeza y me decía con voz impregnada de cariño: "duerme niño, todavía no es hora". La hora eran las cinco de la mañana, en que pasábamos a una pieza contigua, hacíamos fuego en un brasero, siempre con leña de pino y le cebábamos mate hasta las siete. Luego nos decía: "ve a tal armario, abre tal cajón y toma un plato que hay allí. Es para ti". Era la recompensa, el premio de la velada y lo sabíamos de memoria: un damasco y una galletita americana, que nos hacía comer pausada y separadamente, el damasco último. Jamás se nos pasó por la mente protestar contra aquella servidumbre; tenía esa costumbre tal carácter afectuoso, patriarcal, que la considerábamos como un deber de hijos para con el padre viejo y enfermo [pp. 58-59].

Agüero es el padre tolerante cuya autoridad va declinando; como clérigo, representa un sistema educativo caduco. Jacques, por el contrario, es dinámica figura de autoridad, exigente *normalien* francés a quien el presidente de la República ha encargado la modernización del colegio: "El estado de los estudios en el Colegio era deplorable, hasta que tomó su dirección el hombre más sabio que hasta el día haya pisado tierra argentina" (p. 61), escribe Cané con evidente hipérbole. Padre más culto que el doctor Agüero, Jacques predica el positivismo triunfante —"la filosofía de los hombres de ciencia, realmente superiores, en todos los tiempos" (p. 82)— mientras que su antecesor había expuesto una escolástica en decadencia, herencia de España. Pero la tácita comparación entre las dos figuras paternas no se limita al contraste entre dos sistemas filosóficos. Sutilmente enfrenta dos periodos, dos sistemas culturales y dos áreas de influencia cultural. Si Agüero, paternal y torpe, es un resto de la época colonial, Jacques, estimulante y culto, capaz de reemplazar sin previo aviso a cualquier maestro para enseñar cualquier asignatura, es un modelo para Cané y su generación, una nueva versión del *honnête homme* francés a quien los estudiantes procurarán imitar.

No obstante su carácter autobiográfico, *Juvenilia* no puede considerarse historia de un solo individuo. Si bien el yo ocupa el centro del relato, es un centro que incorpora sin dificultad a otros. En muy pocos pasajes se emplea de manera sostenida la primera persona singular: el *yo* da paso en seguida a un *nosotros* halagüeño y abarcador. Buena parte del éxito del libro se debe precisamente al hábil empleo de ese plural: creó la ilusión de que lo narrado en *Juvenilia* le había pasado a todo el mundo, cuando en realidad sólo le había sucedido a Cané y a un puñado de individuos.[14]

Detrás de las amenas travesuras infantiles, detrás también de la borrosa novela familiar de Cané,[15] está siempre la conciencia de una solidaridad de clase. El lector ve surgir de manera gradual, y sin exceso de sutileza, una red de contactos prestigosos. Además de reminiscencia colectiva, *Juvenilia* es un registro de nombres socialmente distinguidos. Se habla de los condiscípulos más por lo que llegaron a ser que por lo que fueron: "mi vecino del primer banco y amigo, Julián Aguirre, hijo de Jujuy y actualmente magistrado distinguido" (p. 73); "mi amigo Valentín Balbín, hoy ingeniero distinguido" (p. 88); "estaba en excelentes relaciones con el grande que servía, médico y diputado hoy, el Dr. Luis Eyzagui-

---

[14] La identificación entre lector y personajes que postulaba *Juvenilia* no tardó en manifestarse. Eduardo Wilde, otro miembro de la Generación del Ochenta, respondió con entusiasmo en una carta: "Estiro la mano, tomo tu libro, *Juvenilia*, y leo diez páginas, nada más. Ya soy otro: soy el que tiene esas impresiones que tú pintas en tu libro". Y líneas más abajo: "Tu libro será leído en los colegios con cariño y con deleite y, fuera de ellos, con aquella dulce melancolía de los recuerdos. Así lo he leído yo, alternando mis impresiones entre la risa, la tristeza, la suave emoción y la franca alegría" (Eduardo Wilde, "Carta sobre *Juvenilia*", en *Páginas escogidas* [Buenos Aires: Editorial Estrada, 1955], pp. 224-232).

[15] Sólo una vez se refiere Cané, con mezcla de patetismo e ironía, a las visitas de su madre. Al regresar, de adulto, al colegio, recuerda que "en este escaño se sentaba mi madre, me tomaba las manos, me acariciaba con sus ojos llenos de lágrimas, me apretaba contra sí, y al fin, cuando la noche caía y era necesario separarnos, me dejaba su alma en un beso… y diez pesos en la mano, que yo corría a convertir en cigarros" (p. 152). En *Juvenilia* las mujeres brillan por su ausencia. Los objetos de deseo —las muchachas de campo con quienes salen a bailar los alumnos— son anónimas y socialmente inferiores. La erótica juvenil de Cané aparece en otros textos, por ejemplo, en el cuento parcialmente autobiográfico "Si jeunesse savait!"

rre, uno de los tipos más criollos y uno de los corazones más bon-
dadosos que he conocido en mi vida" (p. 44). El ejemplo más
conspicuo de esta estrategia de autovalidación mediante la asociación prestigiosa con la autoridad y el poder se encuentra en el
resumen que hace Cané de su travesura más grave. Por haber in-
citado a sus condiscípulos a rebelarse contra el vicerrector, es cas-
tigado con severidad por Jacques y expulsado del colegio. Así:

> [...] un cuarto de hora después me encontraba ignominiosamente ex-
> pulsado con todos mis penates, es decir, con un pequeño baúl, del
> lado exterior de la puerta del Colegio. —Eran las ocho y media de la
> noche: medité. Mi familia y todos mis parientes en el campo, sin un
> peso en el bolsillo—, ¿qué hacer? Me parecía aquélla una aventura
> enorme y encontraba que David Copperfield era un pigmeo a mi
> lado; me creía perdido para siempre en el concepto social. Vagué una
> hora, sin el baúl, se entiende, que había dejado en depósito en la sa-
> cristía de San Ignacio, y por fin fuí a caer sobre un banco de la plaza
> Victoria. Un hombre pasó, me conoció, me interrogó y tomándome
> cariñosamente de la mano, me llevó a su casa, donde dormí en el cuar-
> to de sus hijos, que eran mis amigos. —Era D. Marcos Paz, Presidente
> entonces de la República y uno de los hombres más puros y bonda-
> dosos que han nacido en suelo argentino.
> Varios enemigos de Jaques quisieron explotar mi expulsión violen-
> ta y vieron a mi madre para intentar una acción criminal contra él. Mi
> madre, sin más objetivo que mi porvenir, resistió con energía, vió a
> Jaques, [...] y después de muchas insistencias, consiguió la promesa
> de admitirme externo, si en mis exámenes salía regular. La suerte y
> mi esfuerzo me favorecieron y habiendo obtenido ese año, que era el
> primero, el premio de honor, volví a ingresar en los claustros del in-
> ternado [pp. 71-72].

Cané cuida de mostrar que su readmisión se debió a su esfuerzo individual, no a la presión política; pero con igual cuidado
señala que tal presión —de la cual habría sido víctima Jacques, el
extranjero— estaba completamente a su alcance.

Cané tiene conciencia de esta solidaridad de clase, como tiene
conciencia de que al narrar su relato de infancia narra, al mismo
tiempo, una historia más amplia, la de una institución selecta. El
Colegio Nacional, vuelto, gracias a la reorganización encargada
por Mitre a Jacques, cuidado almácigo de la joven élite, lugar
donde a la hora de las comidas se leían las ejemplares biografías

de la *Galería histórica argentina* de Mitre, brindó a un grupo privilegiado "la preparación que nos ha hecho fácil el acceso a todas las sendas intelectuales" (p. 157). *Juvenilia* es una historia triunfal, no de un *yo* sino de un cohesivo *nosotros* producto del Colegio Nacional. Escrito en un momento de temibles cambios sociales —la xenofobia dirigida contra los inmigrantes, abierta o encubiertamente, es uno de los grandes temas de la época— el libro de Cané puede leerse, más aún, debe leerse, como una convocatoria dirigida a la venturosa minoría triunfante, a los jóvenes elegantes e inteligentes del Buenos Aires "civilizado" quienes, a lo largo de las páginas de *Juvenilia*, aventajan a sus lentos condiscípulos provincianos, se burlan de los ignorantes sirvientes españoles o italianos, y seducen a las mestizas "chinitas" en sus citas clandestinas. Lejos de ser una meditación elegíaca sobre la juventud perdida, *Juvenilia* es un canto al porvenir y al progreso. Al repasar mentalmente el pasado en su prólogo, Cané observa cómo algunos de sus condiscípulos se han perdido de vista y otros no han cumplido lo que parecían prometer. Por fortuna, concluye, son la excepción que confirma la regla:

> No todos se han desvanecido y algunos brillan con honor en el cuadro actual de la patria. Si estas páginas caen bajo sus ojos, que el vínculo del colegio, debilitado por los años, se reanime un momento y encuentren en estos recuerdos una fuente de placer al ver pasar las horas felices de la infancia...
>
> Todos, por un esfuerzo común, levantemos ese Colegio Nacional que nos dió el pan intelectual, desterremos de sus claustros las cuestiones religiosas, y si no tenemos un Jacques que poner a su frente, elevemos al puesto de honor un hombre de espíritu abierto a la poderosa evolución del siglo, con fe en la ciencia y en el progreso humano [pp. 37-38].

La convocatoria apela, claramente, a una solidaridad de clase y de género. Pero además Cané complementa esta invitación explícita con otro tipo de vínculo, más privado, con sus pares, un vínculo implícito en la elegante displicencia de sus textos. Como la mayoría de los textos de la época, *Juvenilia* atenúa su propia importancia, reclamando para sí el tono menor. Irónicamente para quien más tarde introduciría la carrera de letras en la Universidad de Buenos Aires y defendería con ardor la ley de derechos de autor, Cané resta importancia a su papel como escritor en *Juvenilia*. Dice que su libro es una "charla" (p. 139); observa que las palabras de pronto, sin esfuerzo, "iban apareciendo bajo mi pluma" (p. 27); comenta que sus recuerdos están "destinados a pasar sólo bajo los ojos de mis amigos" (p. 29), logra dar a *Juvenilia* la intimidad del chisme. Hasta las alusiones de tipo cultural —tan importantes para Sarmiento, aun cuando las entendiera a medias— se convierten en lenguaje cifrado, en medio de comunicación privada no exenta de irreverencia y confirmada por un acuerdo entre caballeros. Alusiones a menudo incompletas (citas, referencias, sin indicación de origen que ayude al lector lego), se emplean no tanto para apuntalar un argumento como para afirmar una autosatisfecha complicidad. Son objetos de placer, artículos de lujo en los que el texto no se demora pero que el experto reconoce de inmediato. Adquieren el encanto de la charla ingeniosa y frívola: "el caballo del viejo que a todo trance pedía luz, como Goethe moribundo" (p. 130)

De todos los textos de la generación del Ochenta, el relato autobiográfico de Cané es el que ha gozado de mejor fortuna. Por la aparente inocencia y encanto que atribuye al pasado; por estar siempre incluido en los programas de enseñanza secundaria; por la manera en que defiende "valores" caros a una mayoría, es el texto que sin duda ha ganado mayor popularidad. Hoy en día, en las escuelas argentinas, el bisnieto del inmigrante a quien Cané temía y procuraba mantener a distancia con las actitudes clasistas descritas en *Juvenilia*, lee y se identifica con el yo de *Juvenilia*. Me aventuro a creer que la ironía no disgustaría a Cané.

VI. EN BUSCA DE LA UTOPÍA:
EL PASADO COMO PROMESA EN PICÓN SALAS

> Es bello conversar del pasado en una tierra como
> Venezuela, donde el presente guarda tan poca es-
> peranza.
>
> MARIANO PICÓN SALAS, *Odisea de tierra firme*

Si la recreación de la infancia, teñida por la idealización y la nostalgia, adquiere derecho de ciudadanía en la segunda mitad del
siglo XIX, no siempre aparece en Hispanoamérica, por así decirlo,
en estado puro. A pesar de célebres ejemplos, como los *Souvenirs
d'enfance et de jeunesse* de Renan, *Le livre de mon ami* de Anatole
France y el popularísimo *David Copperfield* —a los que debe añadirse, en Hispanoamérica, el *Ismaelillo* de Martí— muchos autobiógrafos hispanoamericanos, aun en el siglo XX, siguen dedican-
do poco espacio a la niñez y prefieren concentrar sus esfuerzos en
la celebración del adulto. En el Perú, por ejemplo, José Santos
Chocano, en una autobiografía que lleva por subtítulo *Las mil y
una aventuras*, estratégicamente pasa por alto su infancia. El capítulo titulado, con cierta grandilocuencia, "El hombre que no fue
niño" principia sin pizca de ironía con las siguientes palabras:
"El hombre que no fue niño. Dijérase una frase elegante de literatura efectista, y es sólo la expresión desnuda de una tremenda
realidad. Mi niñez fue la Guerra del Pacífico".[1] En otros casos,
aun cuando se recrea la niñez, por lo general se la inserta en un
contexto más amplio, como primera entrega de la historia de una
vida entera. Es el caso de Enrique Gómez Carrillo, José Vasconcelos, Enrique González Martínez, Victoria Ocampo, Pablo Neruda y María Rosa Oliver, entre otros muchos: todos ellos dedican
la sección inicial, cuando no el volumen inicial de su autobiografía, a los años de niñez. Sin embargo, la nostalgia no suele ser el impulso primario que desencadena la evocación: dada la intención

---

[1] José Santos Chocano, *Memorias: Las mil y una aventuras* (Santiago: Editorial
Nascimento, 1940), p. 36.

de estos textos —hacer que el relato culmine en la edad adulta, en el presente de su escritura— el autobiógrafo a menudo contempla su infancia con miras al futuro, haciendo a un lado elementos elegíacos que podrían paralizar el relato.[2] Esto sucede sobre todo en escritos fuertemente marcados por un compromiso político adulto, como las memorias de Neruda o la trilogía autobiográfica de María Rosa Oliver, textos donde los sucesos de la infancia y las reacciones que despertaron se recuperan a partir de una ideología política explícita.[3]

Según el espíritu con que se evoque la infancia —como primera etapa de una vida o como entidad en sí— puede variar la manera e incluso la forma de la evocación. Asimismo varía según la imagen de sí que el autobiógrafo quiera presentar al público en el momento de su escritura.[4] Con actitud por completo diferente de la de un Renan o un Anatole France, quienes, en el apogeo de sus carreras, no vacilaron en dedicar libros enteros a la infancia, solazándose con la evocacion de lo que Renan llama "los sonidos

[2] En aquellos casos en que el autobiógrafo sí se detiene en su infancia, hará esfuerzos por justificar el hecho por razones ajenas a la nostalgia. Así Ramón Subercaseaux observa que: "Si en los primeros capítulos, principalmente, me ocupo de preferencia en contar los hechos de mi niñez y primera juventud, entiéndase que lo hago para que se conozcan lo que eran la educación y las costumbres correspondientes a mi esfera en la segunda mitad del siglo pasado" (*Memorias de cincuenta años* [Santiago: Imprenta y Litografía Barcelona, 1908], p. vi).

[3] Richard Coe habla de "las presiones que ejercen, por una parte, la moda intelectual, y, por otra, la ideología", lo cual lleva al escritor adulto a observar "una especie de conformismo retrospectivo que parece demasiado sensato para ser verdadero". El interés del niño Goethe por lo medieval, tal como lo evoca en *Dichtung und Wahrheit*, bien puede haber sido condicionado retrospectivamente, sugiere Coe, por el descubrimiento de lo medieval y lo gótico que llevó a cabo el romanticismo (Coe, p. 36). Del mismo modo, y quizá en retrospectiva, Oliver y Neruda subrayan su muy temprana conciencia de la injusticia social y su deseo de corregirla. La "verdad" o "falsedad" de sus declaraciones son irrelevantes; lo que importa es cómo establecen un patrón ideológico que determina la imagen que estos escritores tienen de sí mismos.

[4] Gusdorf, por lo general tan consciente de la influencia del presente en la recuperación del pasado, se muestra extrañamente ingenuo en lo que respecta a la infancia: "Ahora bien, un niño no es aún una figura histórica; la significación de su pequeña existencia sigue siendo estrictamente privada. El escritor que recuerda sus primeros años explora, por tanto, un reino encantado que sólo le pertenece" ("Conditions and Limits of Autobiography", en *Autobiography. Essays Theoretical and Critical*, James Olney, comp. (Princeton: Princeton University Press, 1980, p. 37). Poco importa aquí que el niño pequeño sea o no una figura histórica. Lo que importa es la postura que adopta el adulto cuando recuerda su niñez.

distantes de una desaparecida Atlántida",[5] los escritores hispanoamericanos más conocidos, sobre todo los que han participado
en la escena política, no han querido permitirse ese lujo. Resulta
útil entonces considerar algunos de los autobiógrafos hispanoamericanos de fines del XIX y principios del XX que sí han tratado
sus primeros años como unidades independientes y autosuficientes, cediendo al placer de la evocación. Es significativo que
esos escritores (Wilde, Delfina Bunge, Norah Lange, en Argentina, Benjamín Subercaseaux, María Flora Yáñez, Luis Oyarzún, en
Chile) no son principalmente personajes públicos (en el sentido
en que lo son Sarmiento y Vasconcelos), ni aspiran, en palabras
de Sarmiento, "a legar a la posteridad una estatua" escribiendo
una autobiografía. Menos presionados por las exigencias de la
representación, se detienen en la desdeñada *petite histoire* de la infancia, la consideran en sí misma y no como el primer capítulo
de una vida, y sobre todo no la convierten en medio de expresión de una ideología que la sobrepasa. Esto no significa, por supuesto, que dichos escritos sean ideológicamente neutros. Como
se ha visto, la narración de la edad de la inocencia, aun en textos
tan reconfortantemente sencillos como el de la condesa de Merlin,
dista de ser inocente. Lo que ocurre es que estos autores no sienten la presión de dirigir su relato de infancia hacia una figura
pública adulta que no les interesa llegar a ser.

Si bien es cierto que la mayoría de los hombres públicos hispanoamericanos evitan los relatos de infancia en sí o se sienten
incómodos con ellos, hay notables excepciones. Pocos, sin duda,
han evocado la infancia con tanta insistencia y pocos se han entregado a esa evocación con gozo tan solipsista como el venezo-
lano Mariano Picón Salas, cuya participación en las actividades
culturales de su país y su reputación como maestro de Hispanoamérica formaban sin duda parte de su imagen pública.[6] El carácter excepcional del ejercicio de Picón Salas —el hombre público
entregado al encantador relato privado— es sin embargo ilu-

[5] Ernest Renan, *Souvenirs d'enfance et de jeuneusse*, Edición de J. Pommier (París: Libr. Armand Colin, 1959), p. 1.

[6] Comparándolo con excesiva generosidad con Alfonso Reyes, Guillermo Sucre
aplica a Picón Salas la frase con la que este último describía al escritor mexicano:
"un clarificador, un intérprete, un ordenador" (Mariano Picón Salas, *Viejos y nuevos mundos*, Guillermo Sucre, comp., [Caracas: Biblioteca Ayacucho, 1983], p. xli).

sorio. Procuraré demostrar que, a pesar de ser a primera vista la historia de un individuo, los recuerdos de niñez de este hombre público tienen mayor alcance. Al igual que *Juvenilia*, e incluso más que *Juvenilia*, los textos de Picón son tanto proclama ideológica como relato de niñez.

Mundo imaginario (1927) marca el primer intento sostenido de Picón Salas por recuperar sus primeros años, intento que se repite y al fin logra plena expresión en *Viaje al amanecer* (1943). Incluso en *Regreso de tres mundos* (1959), el tercero de sus textos autobiográficos dedicado a la edad adulta, hay un primer capítulo, asaz evocador, consagrado a la adolescencia. Además de esos tres textos netamente autobiográficos dedicados a la infancia y la primera juventud, la obra entera de Picón Salas —desde su primer libro, *Buscando el camino* (1920), hasta los ensayos publicados antes de su muerte en 1965— pueden considerarse como permanente alusión, en general directa, en ocasiones velada, a sus primeros años en la ciudad de Mérida. Si, como afirma Picón Salas, su intento al escribir *Viaje al amanecer* fue "librarme de esa obstinada carga de fantasmas y seguir 'ligero de equipaje' —como en el verso de Antonio Machado— mi peregrinación del mundo",[7] el lector bien puede preguntarse si esos recuerdos de un paraíso perdido, no producen, en realidad, el efecto contrario;[8] si no lo lastraron de modo permanente, marcando su visión del mundo con un sentido de lo irrecuperable que afectaría en forma considerable su posición ideológica como ensayista y como maestro.

Para Merlin y para Cané, el mundo de la niñez constituía un orden cerrado, perfeccionado por recuerdos positivos que cuidadosamente borraban todo indicio perturbador. Para la condesa se trataba del orden colonial cerrado de la sociedad cubana; para Cané, de la estructura elitista del Colegio Nacional. Hay también en Picón Salas la necesidad de escoger un ámbito privilegiado

---

[7] Mariano Picón Salas, "Pequeña confesión en sordina", en *Obras selectas* (Madrid-Caracas: Ediciones Edime, 1962), p. ix.

[8] Observa Ester Azzario que los recuerdos registrados en *Viaje* son "evocaciones que quedarán fijadas y a las que no volverá a referirse posteriormente, tal como lo testimonió al prologar sus *Obras selectas*" (*La prosa autobiográfica de Mariano Picón Salas* [Caracas: Ediciones de la Universidad Simón Bolívar, 1980], p. 38). Si bien esto es verdad en el sentido más lato —Picón no vuelve a *contar* su historia en detalle— sí se refiere constantemente a esos primeros recuerdos a lo largo de su obra.

para la historia de infancia, pero su escenario, si bien no menos aislado que los de Merlin y Cané, tiene un horizonte más amplio: es Mérida, ciudad conservadora, ubicada en las cumbres andinas, sin contacto con la Venezuela moderna, donde "en el tiempo de mi infancia aún se vivía en un sosiego como de nuestro colonial siglo XVIII".[9] Por ello, desde el principio, las memorias de Picón tienen un escenario que ya es, en sí, reliquia, y que naturalmente favorece la conservación el pasado.

A primera vista, la elección parece lógica. Picón Salas nació en Mérida, donde nacieron también casi todos sus antepasados, tanto por parte de madre como de padre. Además del vínculo genealógico, Picón recalca con insistencia su lazo casi físico, tan fuerte como el genealógico si no más fuerte, con el paisaje montañoso: "Ser habitante de Mérida significaba mirar siempre hacia arriba. Como por la salud de los miembros de su familia, inquirían las gentes cómo había amanecido la sierra".[10] Picón reivindica, como rasgo definitorio propio, su "costumbre de ser merideño entrañable".[11] Mérida, el primer recuerdo que Picón tiene de Mérida, es la sustancia misma de su yo, y a esa sustancia vuelve una y otra vez. Como en un palimpsesto, ese recuerdo aflora de modo fragmentario en cada una de sus páginas. El hecho mismo de que esta obsesiva referencia al pasado merideño se dé también en textos de Picón que no son principalmente autobiográficos, mueve al lector a releer su relato de infancia a la luz de esos otros textos y en diálogo con ellos.

Los comienzos de Picón Salas como autobiógrafo no son simples. Su primer movimiento es distanciarse de su pasado, enmascarar su relato de infancia presentándolo como ficción. El título de su primer intento autobiográfico es asaz elocuente: *Mundo imaginario*, un reino tan alejado del supuestamente "incontable" yo que escribe que, como un relato ajeno, parece imaginario. Escudándose en la primera persona plural —esa "persona más maciza, más solemne y menos definida"[12] que se vuelve tan molesta

---

[9] *Obras selectas*, p. ix.

[10] Mariano Picón Salas, *Las nieves de antaño (Pequeña añoranza de Mérida)* (Maracaibo: Ediciones de la Universidad del Zulia, 1958), p. 16.

[11] *Viaje al amanecer*, en *Obras selectas*, p. 6. Cito en adelante de *Viaje* por esta edición. La misma afirmación se repite en *Las nieves de antaño*, p. 17.

[12] Émile Benveniste, "Structure des relations de personne dans le verbe", en *Problèmes de lingüistique générale* (París: Gallimard, 1966), p. 235.

en escritos posteriores— para desasir aún más al yo de su pasado personal, Picón describe la sustancia de *Mundo imaginario* como "esa porción de nuestra personalidad ya asimilada y disuelta que uno ve desde fuera, quizá con piedad e ironía, y que es la única que nuestro egoísmo consiente en exhibir a las personas extrañas".[13] Por tanto, Picón pretende narrar lo que, en términos autobiográficos, equivale a una ausencia: es un desecho, una "porción [...] ya asimilada y disuelta" que el sujeto enunciante sólo reconoce en el campo de lo imaginario.

La distancia que introduce Picón con respecto a su pasado y, en términos más generales, con respecto al ejercicio autobiográfico, puede observarse en muchos de sus primeros textos en primera persona. Cabe observar, de paso, que la mayor parte de la obra autobiográfica de Picón fue escrita en el exilio o tiene alguna conexión con él. La metáfora del viaje aparece en sus títulos y a lo largo de su obra, autobiográfica o no. Eco del *topos* clásico —la vida como viaje— la metáfora recalca el muy real desplazamiento (la *errancia*, según el feliz neologismo acuñado por Picón), que marcó su vida de modo tan fundamental.[14] Pero si la literatura de exilio, en especial la autobiográfica, tiende a la nostalgia, Picón, en su primer libro escrito fuera de Venezuela, procura llevar al lector en dirección contraria. En *Mundo imaginario*, escrito durante la primera, y acaso más decisiva estadía de Picón fuera de Venezuela, asegura con desparpajo que "no he querido entregarme a divagaciones nostalgiosas. El romanticismo pasatista ya murió para siempre y el hombre moderno asegura —muchas veces a empellones y con paso firme— su puesto en el mundo".[15] Así, *Mundo* no sólo pretende presentar una persona "disuelta" sino hacerlo desapasionadamente, sin afecto por su pasado.

Cuatro años más tarde, aún exiliado en Chile, Picón publicó *Odisea de tierra firme*, colección de escritos breves, subtitulada *Re-*

---

[13] Mariano Picón Salas, *Mundo imaginario* (Santiago: Editorial Nascimento, 1927), p. 8.
[14] *Buscando el camino, Odisea de Tierra Firme, Un viaje y seis retratos* y *Regreso de tres mundos* son algunos ejemplos de esos títulos. Los dos primeros se escribieron en Chile, donde Picón se exilió entre 1923 y 1936, durante la dictadura de Juan Vicente Gómez. *Viaje al amanecer* se escribió en los Estados Unidos, donde Picón vivió entre 1942 y 1943. Para más datos sobre las "errancias" de Salas, véase el detallado informe biográfico de Azzario.
[15] *Mundo imaginario*, p. 7.

latos de Venezuela, que, combinando ficción e historia, constituye, según Picón, "el documento nostálgico y la elegía de un hombre que desde la ausencia miraba a su país encadenado". Y añade que: "Sin ser obra polémica ni panfleto, [está] proyectado más bien en esa comarca poética en que la patria ausente refracta su turbadora imagen emocional, y en el hombre evoca su paisaje y sus muertos, y llama y conjura el tiempo ido..."[16] Aquí la pasión, indudable, parecería desmentir la indiferencia frente al pasado pregonada anteriormente por Picón. Ahora bien, podría decirse que *Odisea de tierra firme* no es en realidad obra autobiográfica y por lo tanto no puede juzgarse con el criterio que se aplicó a *Mundo imaginario.* Al fin y al cabo es posible expresar nostalgias personales en la ficción y a la vez reprimirlas, por las razones que fueren, en textos autobiográficos. Sin embargo, la naturaleza híbrida de *Odisea* obra en contra de este cuidadoso deslinde. Sí, es un ejercicio de ficción, pero un protagonista —nueva versión del *memorator*— asegura la unidad de las leyendas, relatos y crónicas familiares que integran el volumen, y ese protagonista, por muy ficticio que sea, se parece mucho al propio Picón Salas.[17] Las coincidencias no atañen meramente a los hechos: el nombre del protagonista de *Odisea de tierra firme,* Pablo Riolid, será luego el nombre del sujeto autobiográfico de *Viaje al amanecer.*

Esta vacilación entre contemplar el pasado "desde afuera" y evocarlo con nostalgia "desde dentro" caracteriza la escritura autobiográfica de Picón Salas desde sus comienzos. El proceso podría resumirse como sigue: en un primer momento, *Mundo imaginario* —texto supuestamente autobiográfico— se distancia de su trama recalcando su recurso a la ficción, menospreciando la nostalgia, presentándose como una visión "desde afuera" del pasado del autor. En un segundo momento, *Odisea de tierra firme* —texto supuestamente no autobiográfico— adoptando la actitud contraria, reivindica la nostalgia y la recuperación de un "tiem-

---

[16] Mariano Picón Salas, *Odisea de Tierra Firme. Relatos de Venezuela* (Santiago: Editorial Zig-Zag, 2ª ed., 1940), p. 15.

[17] Véase Gabriela Mora, "Mariano Picón Salas autobiógrafo: Una contribución al estudio del género autobiográfico en Hispanoamérica" (tesis doctoral inédita, Smith College, 1971), pp. 119-120. El estudio de Mora —que tiene el gran mérito de haber sido el primer intento de presentar un panorama general de la autobiografía en Hispanoamérica— se refiere brevemente a este parecido pero no entra en detalles.

po pasado" que tiene mucho en común con el del autor, pero salva las apariencias al atribuir esa nostalgia a un personaje inventado. Por último, *Viaje al amanecer* combina ambas modalidades. Rescata al protagonista ficticio de *Odisea*, Pablo Riolid, y con toda naturalidad hace que narre la vida del propio Picón, convirtiéndolo así en persona autobiográfica. El hecho de que Picón, en el prólogo a la reedición de *Viaje* en sus *Obras selectas*, considere que el texto es *a la vez* ejercicio catártico y producto de "la nostalgia de esa naturaleza perdida [que] es uno de los leit motiv de mi obra literaria"[18] es prueba suficiente de su notable ambivalencia frente al pasado. Una lectura atenta de *Viaje al amanecer* permite apreciar esa ambivalencia, más allá de fluctuaciones de orden puramente personal, en un plano concretamente ideológico y retórico.

Igual que en *Mundo imaginario*, lo primero que hace Picón en *Viaje al amanecer* es frustrar todo intento de atribuirle al pasado una cronología precisa. En *Mundo imaginario* ya se había burlado de los maniáticos de fechas: "Nací en Venezuela, y por si le interesara a los notarios —aunque no espero ninguna herencia— diría que en 1901".[19] En *Viaje al amanecer* esta táctica de *diversión*, en el sentido más lato del término, es considerablemente complicada, como bien queda claro en el prólogo. Picón dedica el libro a Maricastaña —la de los "tiempos de Maricastaña"— a quien nombra "diosa del tiempo". Sin embargo, sería más acertado decir que la divinidad que venera y bajo cuyo patrocinio pone sus recuerdos de niñez, más que diosa del tiempo es diosa de la atemporalidad. Aun cuando en *Viaje al amanecer* no falten hitos cronológicos que permitan una inserción superficial en la historia, el libro lucha persistentemente contra la historia, convierte en mitos los recuerdos y los proyecta en un "pasado fantástico":

Maricastaña era, por ello, la diosa femenina del tiempo: la personificación de las generaciones que pisaron esos gastados ladrillos, que amarraron sus cabalgaduras en los pilares del corredor cuando se iban a la guerra, a los lejanísimos viajes a Caracas o Bogotá, y cuyos pomposos retratos —levita negra, barba de león— parecían mirarme y asustarme en la penumbra de la sala. En cierto viejísimo butaque de suela, guardado como una reliquia en el escritorio, había recostado

[18] *Obras selectas*, p. xiv.
[19] *Mundo imaginario*, p. 7.

su pierna inválida el coronel Riolid, quien después de haber llegado
hasta el Perú en las campañas del Bolívar regresó a vivir y morir en
Mérida, escandalizando nuestra pacata familia con su vocabulario
cuartelero, su gusto por las peleas de gallos, su índole levantisca que
pensaba que todas las cosas se arreglan a tiros y la multitud de hijos
nuaturales tenidos en sus provisionales concubinas, que llegaban su-
misamente a pedirle la bendición. Las historias de Mérida, lo que
ocurrió en la inmensa y diseminada Venezuela, las guerras, los terremo-
tos, las apariciones del diablo, protagonistas de muchas leyendas merideñas, se localizaban en un pasado fantástico que fué precisamente
en el que vivió Maricastaña.[20]

Viaje al amanecer se propone como un enorme archivo atemporal que busca no tanto el reconocimiento del lector (era el caso,
por ejemplo, de la *Juvenilia* de Cané), como deslumbrarlo con el
aura casi milagrosa de lo inalcanzable. Observa Picón: "prefiero
la Poesía a la Historia" (p. 7). Lo que ofrece a sus lectores es por
cierto producto de esa "poesía": recuerdos muy estilizados, deliberadamente estéticos, que llama, con cursilería, "la distante flor
azul de los días infantiles" (p. 5) La evocación que hace Picón de
esos primeros años parece una colección de *bibelots* verbales que
no han envejecido bien.

Como si deseara recalcar ese aspecto de colección privada, Picón recurre a menudo a los espacios cerrados. Por su situación
geográfica y por su altiva arrogancia, la ciudad de Mérida constituye tal espacio. En menor escala, también lo constituyen el ropero de caoba repleto de "objetos desteñidos y fabulosos" que
revisan madre e hijo; el círculo en torno al fogón de la cocina donde las viejas criadas cuentan espeluznantes "cuentos venidos de
España transformados por la fantasía mestiza" (p. 4); el segundo
patio de la casa donde se supone que hay un tesoro enterrado, y,
por último, la casa propiamente dicha, a la que el niño considera
como extensión del ropero, como bric-à-brac de objetos poco va-
liosos pero queridos que se registra con avidez. En esos espacios
cerrados el autobiógrafo coloca ante el lector preciosos fragmentos y detalles de su niñez, enumerándolos con aparente desorden, como imitando el desorden del heterogéneo pero codiciado
surtido de objetos que el niño va encontrando por la casa. Pero a

[20] *Obras selectas*, pp. 3-4.

pesar de esta aparente fragmentación, *Viaje al amanecer* sigue un plan coherente, y presenta, mediante recuerdos dispersos, más relacionados con el entorno del yo que con el yo, un diagrama del individuo que, por indirecto, no es menos eficaz.

Viaje al amanecer está dividido en tres partes que Picón, conforme con la metáfora del viaje del título, acertadamente llama etapas. La primera supera con mucho a las otras dos en longitud e importancia. Es una apología de los orígenes, y su título constituye, de por sí, una ficción fundacional: "El abuelo, el solar y la casa". Rehuyendo todo intento sistemático de puntualizar el desarrollo personal del individuo (si bien conservando una noción general de progreso, de ahí la metáfora del título), el texto se detiene en una serie de figuras rescatadas de la infancia que, de algún modo, marcaron al autobiógrafo. Una solterona devota, un imaginativo albañil y sepulturero, un campesino viejo y sabio, prefiguran la aparición del abuelo del subtítulo, con cuya muerte se cierra la primera etapa de la niñez del narrador. Si bien se detiene en esas figuras, la primera sección de *Viaje*, sorprendentemente, deja de lado los lazos familiares más básicos: el padre y a la madre, apenas mencionados, casi no figuran en esta galería. Sin descontar el posible significado psicológico de esa ausencia, propongo que se la vea de otro modo. Dado el sesgo de estos recuerdos de niñez, tal ausencia parece necesaria, aun cuando sólo sea por razones estéticas. Como anuncia Picón en el prefacio, de modo claramente programático, *Viaje* se propone envolver la sustancia del recuerdo "en el oro y el azul de los mitos" (p. 4). Tal mitologización acaso sea más fácil con figuras que ya cuentan con una dimensión extraordinaria que los vuelve fabulosos, y no con los propios padres, figuras familiares, cotidianas. Las figuras que evoca Picón Salas —todas ellas, incluso el abuelo, personajes pintorescos engrandecidos por la leyenda o el chisme— comparten dos rasgos característicos: todos tienen alguna excentricidad y, sobre todo, todos saben contar cuentos. La evocación de Picón los rescata precisamente en esa actividad narrativa, recordando un pasado que supera el alcance del niño.

La primera figura de esa serie, Josefita, pariente lejana recogida por la familia Picón que comparte el cuarto con el niño de pequeño, es, a primera vista, la prototípica solterona maniática. Noche tras noche, lo último que ve el niño antes de dormirse es

Josefita, a la luz de la vela, envuelta en "una camisa tan blanca y tan larga como para servir de ropaje ideal a un ánima del Purgatorio" (p. 12), rezando ante la imagen del Sagrado Corazón o sacándose pulgas de los pies con una aguja. Pero Josefita es más que un estereotipo. En la descripción que de ella hace Picón, este marchito personaje, cuyo pasado se asemeja al de tantas heroínas románticas (pongamos por caso la doña Berta, de *Clarín)* adquiere dimensiones casi alegóricas como encarnación de todo un periodo. Junto con las pocas, patéticas pertenencias que, metonímicamente, la significan —un daguerrotipo en el que se parece a la emperatriz Eugenia, un mechón de su difunto prometido, una carpeta de macramé y un Sagrado Corazón, símbolo de piedad decimonónica—, representa un orden destruido por las guerras civiles en Venezuela. Beata, arruinada, Josefita es solitario testigo de una Venezuela aún próxima a la época colonial: igual que Mérida, la ciudad donde encuentra refugio, es "conservadora, goda y antifederalista" (p. 13). Para el niño que escucha con avidez sus relatos y cuya imaginación alimenta, Josefita es un poderoso vínculo con el pasado: "Enciende la lamparita de corozo en alabanza de aquel corazón de Jesús que acaso se parece a su amado de 1860 en las barbas románticas; y me trae el tiempo y la leyenda en la penumbra de mis primeros años" (p. 15).

Más allá de su apariencia "poética", la figuras evocadas en *Viaje al amanecer* determinan el rumbo de una precisa aventura arqueológica por parte de Picón. No es casual que uno de los personajes que con más fruición se evocan en el libro sea Apolinar Gaviria, apodado *Sancocho,* el albañil y sepulturero del pueblo. Las excavaciones de *Sancocho* no se limitan a enterrar a los muertos de Mérida. Con frecuencia, cuando lo llaman a componer algo en la casa de la familia Picón, se presenta con algunos de sus muchos hijos ilegítimos a quienes encomienda los arreglos. Así, mientras los hijos componen y construyen, *Sancocho* se dirige al fondo de la casa y, con autorización del abuelo de Picón —"esto era uno de los secretos de la casa" (p. 17)— emprende una restauración de otro tipo, la búsqueda de un legendario *entierro,* tesoro de la época colonial que jamás encontrará. Esta excavación obsesiva y constantemente frustrada, cuyo éxito parece cada vez más remoto —"Es que la tierra se mueve", concluye filosóficamente *Sancocho,* y "el tesoro habrá cambiado de sitio"—, es metáfora ideal de la estrategia restauradora de *Viaje al amane-cer*. Al igual que *Sancocho*, que cava en busca de un tesoro elusivo —de una ficción fundacional—, el yo cava en los relatos ajenos (de Josefita, del *Mocho* Rafael, del abuelo) y juega a encontrar su propio tesoro.

Es importante considerar los lugares que deliberadamente se escogen para la labor arqueológica y el sesgo ideológico que el adulto asigna a su reconstrucción. Por una parte, hay espacios privilegiados, *sancta* recónditos; por otra, áreas primitivas y descuidadas. La memoria patricia de Josefita funciona en la reclusión individual de su alcoba vuelta capilla; la del respetado abuelo, en el espacio más institucionalizado (pero no menos privado) de la biblioteca y estudio, *escritorio* que es a la vez *locutorio*, donde el abuelo habla del pasado (para beneficio del nieto), o del presente (para irritar a las visitas que no están de acuerdo con él). En cambio *Sancocho* y el *Mocho* Rafael, personificaciones de ese "hombre del pueblo" en quien Bakhtin percibe restos de la novela idíli-ca,[21] funcionan afuera, en un espacio "pre-civilizado":

> Si "Sancocho" o el "Mocho Rafael" encarnan en mis primeros días infantiles lo que se puede llamar la fantasía bárbara, mi abuelo ejemplariza la fantasía culta. En todos estaba la evasión, el gusto de imaginar, de descubrir o de contar cosas extraordinarias. Y tanto como mis excursiones por el solar, placíame internarme en el escritorio de mi abuelo [p. 24].

En el libro que marca su iniciación literaria, *Buscando el camino*, Picón ofrece sendos retratos de sus abuelos. Por el lado paterno está Antonio Picón Grillet, hidalgo godo y conservador que vive en el pasado: "Él era en medio de la casona, de los hijos, de los nietos, como una pequeña patria, el culto de los héroes me lo enseñaron sus labios". Por el lado materno, está Federico Salas Roo, liberal y más tolerante, "alma de señor español rellena con la sal de Francia".[22] Sólo este último reaparece en las páginas de *Viaje al amanecer*, hecho que a primera vista acaso sorprenda ya que el nieto parecería considerar a los dos en el mismo plano: "Yo leo un dual sermón de vida en el retrato de los dos abue-

---

[21] M. Bakhtin, *The Dialogic Imagination*, p. 235.
[22] *Buscando el camino*, p. 41.

los".[23] Pero *Viaje* procura no tanto evocar miembros de la familia *per se* (otro motivo que quizá explique la relativa ausencia del padre y de la madre) como recrear, a través del recuerdo, una comunidad de narradores. El abuelo materno —"el que contaba tan bonitos cuentos" (p. 46)— evidentemente cabe mejor dentro de esa comunidad que el viejo conservador, más interesado en los registros históricos que en la fabulación creadora. En *Viaje al amanecer*, cuanto toca, como Midas, el abuelo materno se transforma, si no directamente en oro, sí en ficción:

> Tiempo, paisajes, ciudades y aventuras que ya me habían descubierto algunos de sus misterios en los grabados de las revistas del año 70 y de mucho antes, que se guardaban en el escritorio de la casa, comparecían en tan amenas charlas. Antes de las novelas de Salgari, antes de leer bien de corrido, yo gustaba un como arte oral de la prosa en semejantes relatos [p. 33].

Por último, en *Viaje al amanecer* se recuerdan menos los hechos que la manera en que se relataban esos hechos; más que una evocación de la gente es la evocación de sus voces, o, mejor dicho, de las voces que el autobiógrafo, como un director de escena que moviera un elenco de sombras, quiere asignar a sus personajes. La primera sección del libro, al terminar con la muerte del abuelo, en cierta forma señala el final del verdadero relato de infancia. Ya no queda nadie para narrarlo, salvo el propio autobiógrafo:

> Privado de la compañía de mi abuelo, de la gracia y animación de sus cuentos, siento que se cierra un ciclo de mi invencionera infancia. Estoy ahora entrando como en un tiempo mucho más asustado y oscuro. Creo oírle en la insomne noche, pasearse por los corredores, golpeando el pavimento con la contera de su bastón. La noche densa, la noche, madre de toda fantasía, está ahí en el patio, en la callada y medrosa vigilia de las sombras y las estrellas [p. 47].

El primer impulso organizador de *Viaje al amanecer*, el que se centra en las narraciones y en sus narradores, cesa así en forma abrupta. Como reflejando esa perturbación —la pérdida provisional del relato familiar— la segunda etapa del libro, suerte de

[23] *Buscando el camino*, p. 44.

transición, registra signos catastróficos. Las pérdidas y las penas de la infancia se confunden con un acontecimiento memorable, la anunciada aparición del cometa Halley que tiene convencida a toda Mérida, y en especial al niño, de que se aproxima el fin del mundo. Periodo de inestabilidad, de conflicto espiritual, de erotismo naciente, esta etapa es tratada con benigna ironía ya que Picón, como otros autobiógrafos empeñados en embellecer su niñez, no puede tolerar trastornos. De modo adecuado, la sección termina el mismo día en que por fin aparece el cometa, con un banquete familiar (preparado de antemano por si no se acababa el mundo) que es símbolo de la paz restaurada y, podría añadirse, de la atemporalidad recuperada:

> Y mientras, acosado por las nubes, el cometa Halley se aleja y se nos pierde, marchamos hacia el comedor. Desde la alta silla de la cabecera en que se sienta mi abuela se ordena la familia que finaliza en mis absortos nueve años. El espeso chocolate que batieron los brazos indios de Clorinda, y en que se volatilizan la vainilla, la canela y la nuez moscada, se paladea con la solemnidad de un rito. Sorprendida un instante por el misterioso huésped, ahora seguía en la casa la vida lenta de las generaciones. Puede volverse a hablar —como quienes retornan de un sueño— de la vaca sarda que da diez botellas de leche, y del caballo rosillo de uno de mis tíos, que resultó insuperable pasitrotero. Tornaba yo mismo a las cosas reales: a la tierra, los hombres, disipados los primeros terrores de mi infancia [p. 70].

La última etapa de estas reminiscencias infantiles acaso sea, en cierto sentido, la más reveladora. El itinerario autobiográfico de Picón se había iniciado con ficciones fundacionales arraigadas en la genealogía y la geografía: "El abuelo, el solar y la casa". Ahora se cierra con ficciones de otra índole. Mitos culturales y construcciones ideológicas proporcionan un final para el relato de niñez a la vez que marcan el paso del autobiógrafo a una comunidad que supera los límites de Mérida. El niño ya no busca apoyo en las voces sino en las diversas versiones de un texto cultural bien establecido. Los libros reemplazan los relatos orales de los narradores merideños. El *Telémaco* de Fénelon desaloja las leyendas campesinas, y las manifestaciones artísticas, incluso las de dudosa calidad, estimulan la imaginación con más fuerza que las reliquias de familia. La llegada de una compañía teatral española, no obstante el cómico alboroto a que da lugar (las mujeres aprestan sus mejores galas, los sacerdotes truenan contra los males del teatro, la primera actriz entra a Mérida montada en un caballo blanco), y a pesar de la mediocridad del repertorio, pone al niño en contacto con la cultura: "De su clásico paisaje marino, de los bosques sagrados de Grecia, Ifigenia y Electra habían llegado a los Andes aun en los octosílabos estridentes de don José Echegaray" (p. 81). Así como las reconocidas ficciones escritas reemplazan las voces caseras que recreaban el pasado, así los mitos sociales y los patrones culturales de conducta comienzan a influir en el adolescente. El padre, hasta esos momentos figura borrosa, adquiere nuevas proporciones y moldea la vida de su hijo según las ficciones autosatisfechas de la burguesía liberal de la época. Los hijos de las buenas familias deben aprender idiomas extranjeros, especialmente inglés; deben estudiar en Caracas y tomar parte en el progreso de Venezuela; deben adoptar un código paternalista de conducta, insidioso a pesar de su aparente benevolencia, código que el pasaje siguiente ilustra a la perfección:

> Como todos los adolescentes venezolanos, he comprado un revólver y lo ajusto al cinto, cuando en un brioso potro rosillo salgo al campo a visitar a Teresita. Pero después de cierta misteriosa intervención de mi padre que me veía enflaquecer, descuidar los estudios y perderme sorpresivamente de la casa durante días enteros, supe que Teresita se casaba con un conuquero que se la llevaba a vivir allá por la tierra caliente de Los Guáimaros… —No la vuelvas a ver; no des mal ejemplo a esa gente sencilla— me dijo mi padre [p. 100].

El tono condescendiente del pasaje hace pensar en *María* de Isaacs (las visitas de Efraín a los aparceros de su padre, su flirteo condescendiente con alguna de sus hijas, su señoritismo frente a los campesinos en general). Esta semejanza no tiene por qué sorprender: a fin de cuentas, la novela de Isaacs es, entre otras cosas, una eficaz representación de los códigos culturales en que los latifundistas colombianos basaban su conducta. Cincuenta años después, en Venezuela —o en muchas otras partes de Hispanoamérica—, la situación no había cambiado tanto: el paternalismo rural continuaba siendo tan benévolo como implacable. Más aún, cincuenta años después, Picón Salas había leído, con toda probabilidad, *María*. Hay innegables ecos del romántico y solitario adolescente de Isaacs, llevándose consigo la última imagen del mundo protector de su infancia al marcharse del Cauca, en el joven Picón Salas que abandona Mérida en dirección a la gran ciudad y al mundo exterior:

> Desde donde la ruta vuelve a subir, tengo la última visión de mi ciudad y de su sosegado caserío blanco, de las torres de sus iglesias, de los árboles que despuntan tras el tapial de sus solares. ¡Adiós, Mocho Rafael; adiós, Teresita; adiós, Catire Bravo! Otros muchachos —como lo impone la cambiante civilización— escucharon otros cuentos y tratarán otros personajes; no conocerá el miedo al diablo, a la próxima visita del cometa Halley, a las señales del fin del mundo, pero siempre habrán de gozar —¿por qué no?— con las mariposas, los pájaros y la luz de Mérida. Para entonces yo estaré muerto y me gustaría que me recordasen [pp. 101-102].[24]

No es inusual que los relatos de los primeros años de una vida presenten el final de la niñez no sólo como el final de una etapa de la vida sino como el final del estilo de vida de toda una comunidad. Pero acaso habría que plantear el asunto a la inversa. Visto en retrospectiva, un cambio histórico de cierta magnitud que afecta a la comunidad del autobiógrafo puede ser reconocido por éste, *post facto*, como el factor determinante que puso fin a una etapa de su vida, como una señal "externa" de clausura que ratificó, o acaso provocó, un cambio personal. En este sentido, *Viaje*

---

[24] La conexión con Isaacs, insinuada en este último párrafo, se confirma en la primera página de *Regreso de tres mundos*. El tímido señorito se ha convertido ahora en dandy provinciano que hace alarde de una condescendencia poco atractiva: "Acaso me duele todavía haber dejado de ser aquel adolescente, vestido de provinciano dril, sobre un caballo blanco, por esos campos de los Andes de Venezuela. Amarraba mi caballo [...] me tendía en la yerba; fumaba un cigarrillo poblado de quimeras y me salían algunos versos fáciles —con los simples octosílabos de toda copla popular— que contaban contraditoriamente la alegría de vivir y la zozobra de seguir viviendo... El amor físico podía ofrecerse a la sombra de cualquier matorral o recogerse como los ramos del café en la falda pintada, en la embarrada zaraza, de una muchacha campesina. Se pelea —no más— un poco con ella, se siente anticipadamente el jadeo del placer, y se le doblega como rama de cafeto de rojas y húmedas cerezas, con gusto a saliva, sobre el suelo de hojas caídas. Pernoctamos en una casa labriega a pagar los peones que trabajan toda la semana, a escuchar sus quejas y agravios en una lengua arcaica, a comer de la picante sopa caliente, y aun a probar el revólver (conviene que nos respeten), contra la bandada de palomas torcaces que cruzaron el cielo anubarrado" (Mariano Picón Salas, *Regreso de tres mundos. Un hombre en su generación* [México: Fondo de Cultura Económica, 1959], p. 19).

al amanecer no es excepción. Vale la pena detenerse en los cambios históricos que, para Picón, precipitaron su ingreso al mundo adulto, para así poder interpretar retroactivamente el pleno alcance ideológico de su relato de infancia.

Las últimas páginas de *Viaje al amanecer* hablan de cambios quizá menos portentosos que los atribuidos al cometa Halley aunque no menos ominosos. La economía venezolana sufre modificaciones radicales; si no está próximo el fin del mundo, sí lo está, sin duda, el del mundo de Picón, como también el de la mítica Mérida recreada en sus páginas:

> Unos ingenieros norteamericanos comienzan a explotar el petróleo y gentes de todo el país acuden a los improvisados campamentos que se establecieron en las orillas del lago de Maracaibo. Será la riqueza del siglo xx. El petróleo necesita abogados que lo denuncien; técnicos que lo perforen y muevan sus máquinas; dibujantes y oficinistas que marquen, con buen pulso y mejor letra, la curva de sus millones. Varios muchachos de la apacible Mérida se dirigen también al vértigo de la explotación petrolera. Hasta en las que fueron nuestras apacibles montañas la época parece más veloz, más audaz, menos bien educada [p. 101].

"Menos bien educada", dice Picón Salas, con lo cual se refiere tanto a la decadencia de la educación como a una ausencia más general de valores y de cortesía. El desarrollo de la industria petrolera, sostenido por capital estadunidense, comentado a menudo en obras posteriores de Picón Salas, marca una escisión definitiva, divide a Venezuela en un *antes* y un *después,* constituye un acontecimiento más maligno, a fin de cuentas, que la aparición del cometa Halley para las beatas merideñas.

Estos cambios en la economía, aunados a una sensación general de inseguridad cultural, llevan a Picón a una actitud defensiva que, irónicamente, se parece mucho a la que critica en sus abuelos. En *Regreso de tres mundos,* las memorias de su edad adulta, Picón se refiere con menosprecio a "algunos grupos irreductibles" merideños que "parecían apretarse y cerrarse, cada vez más, en sus fórmulas parsimoniosas y sus hábitos añejos antes de que los acabara de arrollar la violenta ola igualitaria".[25] El temor a la in-

---

[25] *Ibid.,* pp. 12-13.

vasión hace que Picón se refugie en una ideología cultural que por cierto no es nueva en la historia intelectual de Hispanoamérica. Aunque no explícita en *Viaje al amanecer* —libro que el autor considera más "poético" que "histórico"— la naturaleza de esa ideología reaccionaria se hace patente en otros textos de Picón Salas y, retrospectivamente, ilumina de modo significativo la manipulación del pasado infantil. Uno de esos textos, complementario de *Viaje al amanecer*, que ilustra la actitud de Picón frente a la "nueva" Venezuela, es "Caracas" (1957), incluido después en *Páginas de Venezuela*. Ante lo que ve como invasión de valores extranjeros, Picón, en "Caracas" (como en muchos otros textos), recurre a una versión particularmente trillada del arielismo para criticar la intervención norteamericana y oponer resistencia a las tentaciones del materialismo. A la manera de un Rodó moderno,[26] como maestro que en forma didáctica denuncia la corrupción moral del país, procura sacudir a una Venezuela que, como Mérida, se ha olvidado de sus raíces y de sus buenas maneras. También, al igual que Rodó, las críticas que formula Picón y las soluciones que propone son notablemente miopes; más miopes que las de Rodó, cabría añadir, si se piensa que la presencia de los Estados Unidos en Hispanoamérica ya no representaba una amenaza, como en tiempos del maestro uruguayo, sino que era una realidad.

"Caracas" rastrea la evolución de la capital venezolana desde 1920 hasta el momento en que Picón escribe su ensayo, pasando revista a los trascendentales cambios ocurridos en esa ciudad. Cediendo a la tendencia tan hispanoamericana de describir la realidad a través de modelos europeos más o menos deformados, Picón asegura que la Caracas de los años veinte era una ciudad "stendhaliana", que vivía sus últimos días en un estado de gozosa despreocupación: "Los modelos entonces vigentes de la sociedad criolla eran todavía franceses y españoles, lo que quiere decir que la vida tenía menos prisa y más gracia. La gran plutocracia, consolidada y desarrollada después, no erigía entre las gentes tan

---

[26] Véase un excelente análisis de la tradición magistral iniciada por Rodó en Roberto González Echevarría, "The Case of the Speaking Statue: Ariel and the Magisterial Rhetoric of the Latin American Essay", en *The Voice of the Masters. Writing and Authority in Modern Spanish American Literature* (Austin: University of Texas Press, 1985), pp. 8-32.

agresivas y cuantiosas barreras de fortuna".[27] Quizá menos una ciudad para Fabrizio del Dongo que un tardío paraíso modernista, una capital provinciana deslumbrada por baratijas culturales europeas que combina creadoramente con la herencia colonial española, la bulliciosa Caracas que describe Picón Salas cambió de raíz su estilo de vida con las nuevas industrias. Picón, con la elocuencia de un profeta apocalíptico, llora la antigua Caracas, como ya había llorado, en *Viaje al amanecer*, la Mérida de sus años mozos. La dictadura de Juan Vicente Gómez, al favorecer las inversiones norteamericanas, había firmado una sentencia de muerte.

En "Caracas", la evocación tiene una calidad paradisiaca que recuerda las idealizadas reminiscencias de *Viaje al amanecer*. La descripción de lo que vino después —la pérdida, según Picón, de la cultura, la educación y la tradición—, es, previsiblemente, negativa: "Gentes que ni siquiera se habían capacitado para ser ricos, saltando todas las etapas sociales y culturales se veían de pronto con una ingente masa de millones", lo cual acarrea "un infeccioso mal gusto" y una "riqueza sin estilo ni raíces" (pp. 240-241). "El *whisky and soda* sustituyó a los licores mediterráneos", los almuerzos se acompañan de "innocua Pepsicola" (p. 247), y "Las tertulias familiares con valses románticos, sangría preparada en la casa y poemas de Andrés Mata, fueron reemplazadas por los *parties* a lo yanqui, en los *Country Clubs*" (p. 240). Lamentablemente, Picón, como un viejo quejumbroso, sólo se detiene en el detalle trivial para ilustrar cómo han cambiado los tiempos.[28] Pese a sus aspiraciones, Picón no es un historiador de ideas ni es maestro de liberalismo y de justicia social; su reacción contra la formación ideológica que recibió de chico, si bien since-

---

[27] "Caracas" en *Páginas de Venezuela, Obras selectas*, p. 234. Cito en adelante de "Caracas" por esta edición.

[28] No es Picón el único en rescatar lo hispánico para contrarrestar la invasión del imperialismo estadunidense. Por ejemplo, hay una defensa parecida de una hispanidad de pacotilla en el *Ulises criollo* de José Vasconcelos: "en aquel tiempo el baile español era el filtro de una reconciliación dionisíaca con nuestro pasado hispánico. En medio de aquel oleaje de los usos yanquis invasores y después de casi un siglo de apartamiento enconado bebíamos con afán de la linfa del común linaje. Lo que no lograba la diplomacia, lo que no intentaban los pensadores, lo consumaba en un instante el género flamenco... De un salto la calumniada España de castañuelas unificaba naciones de afín progenie como no lograron hacerlo políticos ni letrados". *Ulises criollo*, en *Memorias*, I (México: Fondo de Cultura Económica, 1982), p. 305.

ra, es, finalmente, superficial. Picón es, más que nada, un costumbrista, con buen ojo para el detalle pintoresco y tendencia a no calar muy hondo.[29] En sus mejores momentos —por ejemplo, en la nostálgica evocación que hace en *Viaje al amanecer* de los pintorescos personajes merideños—, este costumbrismo resulta eficaz, una suerte de cruza entre las "tradiciones" de Ricardo Palma y el García Márquez que vendría más tarde. En el peor de los casos —como en la mezquina descripción de la Caracas moderna o la evocación de la idealizada Caracas de antaño— su costumbrismo resulta anticuado y cursi. El maestro es reemplazado, desventajosamente, por el chismoso del pueblo. Como escribe Gusdorf, "la memoria define nuestras raíces, pero también confirma algunas de nuestras limitaciones".[30]

Pero Picón es, ante todo, maestro. Aunque la sustancia de sus escritos sea anacrónica o superficial, se expresa dentro del molde retórico de la lección, y debe verse —aun sus textos autobiográficos— como tal. La educación, o mejor dicho, la re-educación de la ya no bien educada Venezuela, parece constituir su meta, tan pretenciosa como ingenua. Un dedicado esfuerzo por recobrar "valores" que contrarresten influencias perturbadoras, combinado con una incondicional propensión al utopismo fácil, moldea cuanto escribe Picón. El siguiente párrafo, tomado de "Caracas", verdadero resumen de sus enseñanzas, es un elocuente ejemplo de su impulso didáctico:

Hace diez años pensábamos que aquí, ineluctablemente, se prolongarían todos los estilos y formas económicas del estado de Texas. Si el impacto norteamericano no iba a consumir nuestra pequeña civilización mestiza. Si no terminaríamos por ser demasiado sanos y demasiado optimistas. Si el viejo ideal del señorío y sosiego a la manera hispana, "el sentimiento trágico de la vida", no sería reemplazado por el

[29] Véanse excelentes comentarios sobre autobiografía y costumbrismo en Francisco Sánchez-Blanco, "La concepción del 'yo' en las autobiografías españolas del siglo XIX: De las 'vidas' a las 'memorias' y 'recuerdos'", *Boletín de la asociación de profesores de español*, 15, 29 (1983), pp. 29-36. Observa Sánchez-Blanco cómo, en las autobiografías de tipo costumbrista, las impresiones del mundo reemplazan la anécdota personal y el protagonista pasa a desempeñar el papel de observador y testigo. Cuando el yo intenta introducirse en esos relatos (como es el caso de Picón), lo hace describiéndose como un "tipo" más dentro del cuadro social.

[30] Georges Gusdorf, *Mémoire et personne*, I (París: Presses Universitaires de France, 1951), p. 250.

dinamismo del ranchero o del millonario texano. O el individualismo criollo —para tener una norma colectiva— adoptaría la de los "clubs" de hombres de negocios de los Estados Unidos. Si domesticarían con agua helada, deportes, comidas sin especias, tiras cómicas y "confort" absoluto nuestro orgullo y casi nuestro menosprecio hispanocaribe; esa mezcla de senequismo español y de rudeza a lo Guaicapuro que fuera tan frecuente en algunos viejos venezolanos. Quizá la inmigración europea —principalmente de Italia y de España— esté modificando aquel esquema y acentuando más bien —como en la Argentina— una nueva latinidad [p. 249].

Aquí los conceptos claves son hispanismo y latinidad. Remiten, por supuesto, a Rodó y a la construcción de ese "mundo latino" propugnado con tanta elocuencia en *Ariel* como ficción sustentadora, como antídoto continental contra la amenaza que para Latinoamérica representan los Estados Unidos. Pero en el momento en que los emplea Picón, esos términos también remiten —y es difícil, si bien no imposible, creer que Picón, en 1957, ignorara la connotación— a ciertos movimientos nacionalistas hispanoamericanos peligrosamente próximos al fascismo que, a partir de los años treinta, utilizaron la "latinidad" y la defensa de lo hispano como llamados a la lucha. Irónicamente, la Argentina, país al que de manera específica se refiere Picón, era en esa época el más perfecto ejemplo de esa interpretación reaccionaria de un mito cultural.[31] Propuesta por Rodó en una época de incertidumbre, de verdadera amenaza política y mucha retórica de *Big Stick*, la "latinidad", si bien artificio, constituía un llamamiento nuevo y dinámico a la unidad y a la acción. Retomada por Picón Salas más de medio siglo después, cuando el concepto ya había cumplido su objetivo y se había vaciado de sentido, la "latinidad" suena a actitud defensiva, a cerrazón, y no coincide con la postura aparentemente liberal del autor.

¿Cuál es, dentro de ese marco, el lugar de *Viaje al amanecer*? Propongo que, sostenido por el impulso didáctico de Picón, el mis-

---

[31] La autobiografía de Enrique Larreta, *Tiempos iluminados* (Buenos Aires-México: Espasa Calpe Argentina, 1939), proporciona otro ejemplo clasista de esta restauración ideológica. El autor de *La gloria de don Ramiro*, evocando a las sirvientas españolas de su infancia, declara que "mi gratitud se dirige a sombras ignoradas, pero también a toda la España popular, a la España eterna" (p. 18). En ningún momento reflexiona Larreta, en ese año 1939, en la situación de la "España popular" de la posguerra.

mo relato de infancia se vuelve parte de la "lección", es un capítulo instructivo más en la busca de la latinidad. El libro invita, por cierto, a una doble lectura: recuerda el pasado infantil y, al mismo tiempo, proporciona armas ideológicas para enfrentarse al futuro. Así Mérida, ciudad conservadora, altivamente concentrada en sí misma, no es sólo relicario del paraíso perdido de la niñez; es también refugio de una tradición goda, santuario para la latinidad.[32] Desde este punto de vista, algunos aspectos del libro ya considerados —el niño que suele ceder el centro del escenario a personajes que de algún modo representan una tradición, o el realce dado a los narradores como conservadores del pasado—, adquieren nuevo sentido. Lo mismo ocurre con la sensación de atemporalidad en la Mérida de Picón (el reino de Maricastaña), e incluso con la deliberada alternancia de presente y pasado dentro del relato mismo. Este empleo deliberado del anacronismo se adecua perfectamente a la función conservadora que el autor asigna a su ciudad mítica:

El sitio era hermoso y fácil y prosperaban las familias. No se venía a buscar El Dorado, sino la paz. Era tierra para quedarse y no para continuar errando. Familias que se casaron entre sí, que edificaron sus caserones de teja lo más cerca posible de la plaza, donde hubo curas y santos, militares, damas firmando escrituras, transmitiéndose herencias, otorgando testamentos o peleando linderos desde hace tres siglos. Ellas dicen, con alguna jactanciosa y reprochable pedantería, que son las gentes más españolas entre las que pueblan la enorme y diseminada Venezuela. El tiempo para el que nace en Mérida es como un tiempo denso y estratificado (tan diverso de ese tiempo nervioso y olvidadizo que se vive en lugares más modernos); el pasado se confundía con el presente y personajes que vivieron hace tres siglos, o no vivieron sino en la medrosa fantasía de algunos merideños, eran los testigos obstinados, los fantasmas de nuestra existencia cotidiana [p. 7].

[32] Hay iluminadores comentarios sobre las ciudades antiguas como relicarios de memoria comunitaria y como agentes de consolidación ideológica en Maurice Halbwachs, *La mémoire collective* (París: Presses Universitaires de France, reimp. 1968), pp. 125-137. Halbwachs habla de ciudades europeas en donde siempre permanece un núcleo de fijeza, sean cuales fueren los cambios. El carácter maleable de las más nuevas ciudades latinoamericanas relativiza este concepto. Acaso como compensación, se da en algunos escritores, como Picón Salas, el afán de fabricar un centro estable.

A la luz de la "lección" de Picón Salas, el título de su relato de infancia adquiere nuevo significado. Se hubiera dicho que la metáfora —el viaje al amanecer— se refería a un viaje al pasado, a los orígenes del autobiógrafo. Sin duda es el caso, pero sólo en parte. Teniendo en cuenta el aura profética con que Picón reviste su postura didáctica y las propiedades salvacionistas que atribuye a la latinidad, el amanecer del título se refiere tanto al pasado como a un futuro siempre inalcanzable. Picón tiene conciencia de la doble intención de su texto; de hecho, la resume al comienzo de *Regreso de tres mundos*: "La vida personal o la historia no es sino la nostalgia del mundo que dejamos y la utopía ardorosa, siempre corregida y rectificada, de ese otro mundo donde quisiéramos llegar".[33] Ni como maestro ni como historiador social parecería comprender Picón las consecuencias de esta doble visión, que implica la evasión permanente, un negarse a enfrentar el ahora desde una subjetividad presente. Tampoco parecería percibir lo que para el lector es claro: el mundo de antaño, individual y poético, que termina con la muerte de la "vieja" Venezuela, y la utopía del futuro, que comienza con la "nueva" Venezuela (para mejor reemplazarla), son ámbitos que se hallan tan peligrosamente cerca, tan íntimamente vinculados por una misma falta de movimiento y por una misma creencia en "valores" supuestamente atemporales, que tienden a confundirse, son una misma cosa. De la idílica Mérida de ayer nace la consoladora latinidad de mañana; el paraíso perdido es el paraíso recuperado. El proyecto autobiográfico de *Viaje al amanecer*, a pesar de la dinámica promesa del título, es menos un viaje de autodescubrimiento que una invitación a una compartida quietud.

[33] *Regreso de tres mundos*, p. 22.

VII. JUEGO DE RECORTES: "CUADERNOS DE INFANCIA" DE NORAH LANGE

> Me rememoro al sol de la infancia, infusa de muerte, de vida hermosa.
>
> ALEJANDRA PIZARNIK: *Textos de sombra y últimos poemas*

PICÓN SALAS no es el único en convertir las nostálgicas evocaciones de la infancia en eficaces estructuras ideológicas ni tampoco es la niñez del exclusivo dominio de ideólogos conservadores como el autor de *Viaje al amanecer*. Renée Méndez Capote evoca sus primeros años de manera diferente y, animada por el espíritu de la Revolución cubana, en *Memorias de una cubanita que nació con el siglo* rescata de su infancia figuras sistemáticamente olvidadas por la historiografía oficial.[1] Del mismo modo, con la intención de constituir un archivo populista similar, el chileno Manuel Rojas, en *Imágenes de infancia* (1955), ofrece una narración picaresca de su infancia que es, a la vez, celebración de la clase obrera. Pero a estas alturas, quiero detenerme en otro tipo de evocación de la niñez, no sólo para insistir, por contraste, en la manipulación ideológica a que puede someterse esa niñez, sino para explorar una variante diferente, más experimental y menos frecuente en Hispanoamérica del relato de infancia. Hablo de recuerdos como los de Eduardo Wilde en *Aguas abajo*, de Norah Lange en *Cuadernos de infancia* o de Felisberto Hernández en *Tierras de la memoria*, obras cuya meta principal no es tanto la consciente recomposición de la niñez con propósitos históricos como la fragmentación de esos años que se suponen idílicos. Si bien estas obras también pueden considerarse históricamente como textos que

---

[1] Acerca de estas figuras olvidadas —inmigrantes negros y chinos que pelearon en favor de la independencia de Cuba— Méndez Capote escribe: "Creo que la historia de Cuba no se ha escrito todavía, porque no se ha revuelto bien aún el poso que sirvió a la República [...] Hace falta un historiador imparcial, sin prejuicios y muy paciente, además de bien enterado, que no tema herir para que pueda hacer justicia" (*Memorias de una cubanita que nació con el siglo* [Barcelona: Argos Vergara, 1984], p. 10).

documentan formas de autorrepresentación en épocas y contextos determinados, su principal interés radica en el hecho de que reflejan, además de una concepción del mundo, una particular concepción de la literatura. No es casual que las reminiscencias de este tipo sean, por lo general, obra de escritores de ficción. Por otra parte, estos textos son los que más se acercan a la reivindicación de la infancia por razones epistemológicas, como lo hicieron los románticos, aunque sin duda animados por un espíritu muy diferente. En ellos, la evocación de la primera infancia, de los primeros descubrimientos y experiencias que afianzan en el niño un progresivo sentimiento de identidad, sirven de mecanismos de autorreflexión: a través de esos mecanismos, el sujeto, consciente de su urdimbre textual, obra su propia, efímera composición. Estos relatos de infancia deben considerarse no sólo dentro de un amplio contexto cultural, sino dentro del marco constituido por la ficción del propio autor. Sirven a menudo como pre-textos, como narrativas precursoras: el relato de niñez funciona aquí como matriz generadora de ficción a la vez que de vida.

A este tipo de relato pertenece *Cuadernos de infancia* de Norah Lange. Publicado en 1937, marca un momento decisivo en la carrera de su autora, quien se inició junto a Borges en los primeros momentos del ultraísmo de los años veinte. Lange se distinguió entonces como poeta de vanguardia pero sus primeras incursiones en la novela, algo posteriores, fueron menos logradas. En palabras de la propia Lange, años más tarde, sus dos primeras novelas, si bien afectadas y mediocres, sirvieron de aprendizaje: "me daba cuenta de que empezaba a hacer con el idioma lo que quería".[2] Transcurriría mucho tiempo entre estos intentos fallidos de fines de los veinte y principios de los treinta y las otras dos, excelentes novelas de Lange, *Personas en la sala* y *Los dos retratos*, de los años cincuenta. En ese periodo intermedio, Lange prosiguió su actividad literaria cultivando otros géneros. Firme creyente en el precepto vanguardista de reintegrar el arte a la praxis de la vida, participante en la "guerra contra la solemnidad" junto con Oliverio Girondo, su marido, y los miembros del grupo Martín Fierro, se dedicó al arte vivo en forma de *discursos,* monumentos de

[2] Beatriz de Nóbile, *Palabras con Norah Lange* (Buenos Aires: Carlos Pérez Editor, 1968), p. 18.

disparates macarrónicos que pronunciaba en banquetes paródicamente formales, ante amigos igualmente reñidos con las convenciones.[3] Si el salón parisiense había sido el escenario social
predilecto de Mercedes Merlin, el banquete dadaísta cumple la
misma función para Norah Lange.

En ese mismo periodo de transición entre la obra de ficción inicial y las novelas de los años cincuenta, como otro aprendizaje,
contemporáneo de los discursos pero formalmente diferente de
ellos, Lange escribe *Cuadernos de infancia*. Aun cuando coinciden
en el tiempo, los dos proyectos, tan evidentemente divergentes,
resultan a primera vista difíciles de conciliar. Los discursos de
Lange son en buena parte producto de las circunstancias; su eficacia depende del presente, esto es, del presente de la enunciación.
Concebidos con espíritu libertario, son ejercicios exhibicionistas
cuyo significado se encuentra no tanto en su contenido a menudo cacófono, como en la representación escandalosa que de ellos
hacía la propia oradora. En cambio, el relato de infancia de Lange,
por la naturaleza misma del género, parecería apuntar a una
actitud más reflexiva (aunque no menos narcisista), a una mirada
hacia dentro enfocada en el pasado y a una necesidad de atener-
se a la continuidad narrativa que estarían en el extremo opuesto
de la composición arbitraria y acumulativa de los discursos. Sin
embargo, el examen atento de *Cuadernos* frustra toda expectativa
genérica por parte del lector, revelando el punto de vista nada
convencional desde el cual Lange trata la infancia.

Como muchos otros relatos de niñez, *Cuadernos de infancia* se
concentra en los primeros años de la vida del autobiógrafo y
se detiene poco antes de la adolescencia. Si sólo dispusiera de este
texto, el lector tendría dificultad en determinar la época exacta en
que transcurre la historia. *Cuadernos* no contiene fechas y como
para agravar aún más esta carencia de hitos temporales, tampoco menciona sucesos ocurridos fuera del estrecho círculo familiar que permitirían insertar el texto en un contexto histórico. La
única excepción, una pasajera alusión a la primera Guerra Mundial, resulta tan incongruente que, lejos de proporcionar un marco de referencia, tiene un efecto desorientador:

---

[3] Los discursos de Lange se publicaron en volumen: *Estimados congéneres* (Buenos Aires: Losada, 1968).

Durante los pocos meses que permanecimos en Mendoza después de la muerte de mi padre, los episodios de la guerra del 14 poseyeron, para nosotros, la inconsistencia de una realidad lejana, y al instalarnos en Buenos Aires, vivimos tan apartadas de cuanto acontecía en el mundo que hasta llegamos a olvidarnos de su existencia.[4]

La ambigüedad de la expresión "su existencia" que, al referirse tanto a la guerra como al mundo los combina en una misma irrealidad, aumenta el efecto de desconexión que opera en todo el texto. *Cuadernos de infancia* está suspendido en una intemporalidad inquietante (a veces irritante), como en un amplísimo paréntesis en donde los deícticos temporales sólo cobran sentido dentro de una cronología personal que le está vedada al lector. No es ésta la recreación atemporal vuelta prestigiosa por el anacronismo deleitoso, o la fantasía pastoral que delata la insuficiencia de los tiempos modernos, como era el caso de Picón Salas. En aquel relato de infancia, las referencias a los arcaicos encantos de "los tiempos de Maricastaña" contaban hábilmente con la atracción de lo pasado de moda. La estrategia de Lange, al menos en lo referente al tiempo, es más directa. En sus páginas hay escasa notalgia por la infancia como ordenado refugio al que ya no tiene acceso el adulto. Si bien autosuficiente, el mundo de la niñez que presenta Lange no es un todo armónico sino una colección de fragmentos dispersos, una reserva de posibilidades dinámicas.[5]

Además de la cronología, *Cuadernos de infancia* desdeña otros aspectos básicos de las ficciones fundacionales. La genealogía y los patronímicos, por ejemplo, sufren cambios, deformaciones, se desvían de su función habitual. Como para confirmar la desconexión del texto de toda referencialidad, Lange modifica sistemáticamente el nombre de los personajes a lo largo del libro. Mantiene la anonimidad del yo autobiográfico; juega con los nombres de sus cuatro hermanas y del hermano, sometiéndolos a un caprichoso sistema de equivalencias que, si bien no im-

<hr />

[4] Norah Lange, *Cuadernos de infancia*, 3ª ed. (Buenos Aires: Losada, 1942), p. 141. En adelante, todas las citas harán referencia a esta edición.

[5] Lange tiene plena conciencia de que *Cuadernos de infancia* se aleja de otras formas más convencionales de representar la niñez. Cuando le hacen preguntas sobre su enfoque, responde: "Hay escritores que cuentan su infancia buscando aspectos mágicos, descubriendo ciertas fantasías transitadas sólo como niños. Yo me introduje de otra manera" (Nóbile, p. 9).

posible de descifrar,[6] coarta la identificación directa. La genealogía sufre la misma suerte. El padre y la madre se presentan como figuras aisladas, sin parientes, sin antepasados, sin amigos, sólo unidos entre sí y unidos a sus hijos. No hay sentido de linaje y la preocupación por los orígenes se vuelve pasatiempo geográfico: "De su mesa de trabajo sólo recuerdo el enorme globo terráqueo que, a veces, mi padre hacía girar ante nosotras para que descubriésemos de inmediato a Noruega e Irlanda" (p. 15). Más que referencia al pasado familiar, esta investigación geográfica parece un ejercicio de exotismo, como el contemplar la colección de artefactos indígenas, otro pasatiempo al que la niña se entrega en el escritorio paterno.

Finalmente, Lange asesta un golpe mortal al más esencial de los componentes del relato de infancia: el lugar. *Cuadernos de infancia* desdeña el refugio del *hortus conclusus,* no comienza como la condesa de Merlin hizo con Cuba, Cané con el Colegio Nacional o Picón Salas con Mérida, creando la ilusión de un espacio protegido y protector. Libro literalmente excéntrico, empieza con el desplazamiento y no con la domesticación, y es justo el recuerdo de ese desarraigo lo que pone en marcha el relato:

> Entrecortado y dichoso, apenas detenido en una noche, el primer viaje que hicimos desde Buenos Aires a Mendoza surge en mi memoria como si recuperase un paisaje a través de una ventanilla empañada [p. 9].

"Entrecortado y dichoso" son términos que podrían aplicarse a todas las páginas que siguen a este despertar de la memoria, con una enumeración de la niñez a base de desordenada sucesión y hiato cuyo método (ya que no su sustancia) se parece al de Borges en *Evaristo Carriego.* En el interior de este *locus* notablemente mal definido, libre de las restricciones de la historia, e incluso alejado, algunas veces, de la mera verosimilitud, en este espacio menos físico que enunciativo, Lange inscribe su yo.

La ventana empañada que activa estas insólitas reminiscencias es emblemática de la actividad de la autobiógrafa: como observadora apasionada, más que como protagonista, el yo de *Cuader-*

---

[6] Así, por ejemplo, *Irma* se convierte en *Irene, Chichina* se convierte en *Georgina* y la bíblica *Ruth* se convierte en la no menos bíblica *Susana.*

nos de infancia rescata aquellos momentos privilegiados de la niñez que le permiten espiar. Los recuerdos reunidos en el texto de Lange obedecen sin duda a ese impulso que otro *voyeur* (y ocasional autobiógrafo), Felisberto Hernández, denominó tan acertadamente "la lujuria de ver".[7] Acontecimientos, lugares, cosas, miembros de la familia y el mismo yo están sometidos a esta actividad de la niña:

> Desde muy pequeña me gustaba mirar con mucho detenimiento a la gente. A los seis años, ésta ya era una costumbre bien arraigada en mí. Después me reía; me reía tanto, que la madre hubo de prevenir a los que visitaban la casa que yo era muy "cheeky". Aunque, en inglés, esto quiere decir insolente, yo se que no era insolencia ni agresividad, porque ese hábito me siguió hasta que tuve más años y pude analizarlo [p. 24].

El espiar de la niña es, por encima de todo, creador, y conduce a un complicado ritual. No sólo mira fijamente a los otros sino que, cuando una cara le llama la atención, se imagina que ella misma está dentro de esa cara y hace grandes esfuerzos, con extrañas contorsiones, para remedar, como payaso, aquellas facciones. Hasta que un día lleva la mímica a tal extremo que, asustada por las deformidades que de modo transitorio había adoptado, desiste del juego. La persona a quien caricaturizaba muere a los dos meses, y durante mucho tiempo la niña la imagina dentro del ataúd, en la postura que ella misma había remedado, fija para siempre.

Si el juego termina, subsiste el hábito de espiar, fundamental en la composición de *Cuadernos de infancia*. Lange afina la capacidad creadora del voyeurismo y lo pone al servicio de la autobiografía. El yo de la niña es como una cámara móvil que lo capta todo, siempre dispuesta a espiar rarezas, subyugada y repelida por lo estrafalario. En un segundo nivel de voyeurismo, la adulta que escribe el libro espía esas reminiscencias como si mirara instantáneas que, examinadas más de cerca, adquieren la importancia de revelaciones indirectas. Así como la niña, al compartir el espionaje con sus hermanas, crea, por así decirlo, una comuni-

[7] La misma Lange, en su entrevista con Beatriz de Nóbile, evoca admirada sus conversaciones con Felisberto Hernández en París en 1948, en una época cuando apenas se conocía a Felisberto en el Uruguay, para no hablar de la Argentina (Nóbile, p. 22).

dad de *voyeurs*, el texto despierta en los lectores una persistente inclinación a espiar. Al mismo tiempo los priva de toda satisfacción y frustra sus intentos de hallar una explicación fácil para lo que están viendo. Lo que busca descubrir el obsesivo espiar en *Cuadernos* nunca se explicita; la inquietud provocada por ese silencio constituye el verdadero *événement* de un texto que podría haber sido tan sólo una trivial crónica de niñez en una provincia argentina.

Lo poco que subsiste en *Cuadernos de infancia* de la convención familiar, una vez sometida a esta oblicua inquisición, dista de ser tranquilizador. Al referir su niñez, Norah Lange (de nuevo como Felisberto Hernández) sabe cómo insinuar lo desasosegante inquietando, una y otra vez, el *regard familier*. Lo cotidiano es fuente constante de ansiedad; basta con mirarlo en el momento apropiado (o sorprenderlo, como diría Felisberto). En cierta ocasión, por ejemplo, la narradora y sus hermanas ven a los padres alejarse a caballo hacia el bosque, en el curso de su paseo diario, y descubren que la madre tiene dos lados. Un lado, el de la silla de montar, es "luminoso" e "íntegro", el otro es sombrío y extraño:

> Se alejaban con un trote lento. El lado resplandeciente de la madre desaparecía, y sólo nos quedaba el menos familiar, el más austero. Al acercarse a los primeros álamos que limitaban la quinta, recién sentíamos que algo nos faltaba. La barba rojiza de mi padre era lo único que divisábamos.
>
> Ahora sé que el otro lado de la madre, el luminoso, iba muy cerca del suyo [p. 14].

Si bien no sería injustificado leer este recuerdo como escena de abandono por parte de los padres, tal lectura se opondría a la tendencia general del libro a coartar la sobreinterpretación. *Cuadernos de infancia* se niega a elaborar el potencial de desasosiego en la mirada infantil, sólo permite que ese desasosiego resuene libremente en el texto. En un capítulo dedicado a una sesión de fotografía, memorable por el entrecruzamiento de miradas y de líneas de visión, mientras tres de las hermanas posan ante la cámara, la niña examina a hurtadillas una caja donde se está muriendo un conejo, mascota del fotógrafo, con los ojos muy abiertos. Por instinto, la niña clava entonces la mirada en una de sus hermanas y durante las horas que siguen se siente acuciada por la idea de que, al abarcar en una sola mirada a su hermana y al conejo moribundo, acaso haya hecho daño a la primera. Lange describe otras miradas, igualmente desfamiliarizadoras, que una y otra vez apuntan a lo inquietante que no se nombra. La niña clava los ojos por la noche en "una raya de luz, poco confortable, poco llamativa" (p. 15), en el umbral de la puerta del escritorio del padre; sorprende a su hermana Marta pellizcándose las manos hasta hacerlas sangrar; descubre a su hermana mayor jugando a dar de mamar a la hermanita menor; sorprende a otra hermana, desnuda, bañándose en la luz de la luna; observa cómo una mujer a quien no nombra, que llega de visita con regalos para ella y sus hermanas, "antes de marcharse, había deshilachado, hilo por hilo, despacito, toda la cinta que sujetaba los regalos como si se hallase sola, esperando" (p. 67).

El yo *voyeur* de *Cuadernos de infancia* se complace en la fragmentación y el hiato, nunca plantea una visión comprensiva de la realidad o de sí mismo. A menudo se ha dicho que las autobiografías de mujeres tienden de por sí a lo fragmentario.[8] Si bien este juicio (que no es aplicable a todas las autobiógrafas) puede parecer atinado en el caso de Lange, propongo que la composición disyuntiva de *Cuadernos de infancia* está sobre todo marcada por las convenciones literarias —ultraísmo y surrealismo— dentro de las cuales Lange eligió escribir. En *Cuadernos de infancia* la fragmentación se vincula, activamente y desde el principio, con el lenguaje y la creación literaria. En uno de los pocos capítulos donde aparece la niña sola, sin sus hermanas, se describe su contacto con las palabras como más entretenido que "un juego de paciencia":

> Por las tardes, mientras las hermanas practicaban escalas en el piano o aprendían a zurcir medias en esos grandes huevos de madera que ya casi nadie utiliza, sentada en el suelo, yo me distraía con mi pasatiempo favorito. Con una tijera recortaba palabras de los periódicos locales y extranjeros, y las iba apilando en montoncitos. La mayor parte de las veces desconocía su significado, pero esto no me preocupaba en lo más mínimo. Sólo me atraía su aspecto tipográfico, la parte tupida o rala de las letras. Las palabras en mayúsculas, como TWILIGHT,

---

[8] Véase Estelle C. Jelinek, "Introduction", en *Women's Autobiographies. Essays in Criticism* (Bloomington: Indiana University Press, 1980), p. 17.

DISCOVERY, DAGUERROTIPO, LABERINTO, THERAPEUTIC, me producían, por sí mismas, un entusiasmo y una satisfacción que, ahora, tendría que calificar de estética. Su calidad íntima, expresiva y misteriosa, las perspectivas que podría hallar detrás de algunas, no despertaban en mí el menor interés. Las recortaba, únicamente, para buscar en ellas esa resonancia, un poco difícil, de las palabras menos usuales, de las palabras que siempre me atrajeron más y que viven como separadas de las otras [p. 36].

La estética del *collage* y la experimentación con formas de la contigüidad rigen los pasatiempos lingüísticos de este yo, como también rigen la composición propiamente dicha de *Cuadernos de infancia*. Lange describe una manía infantil: dividir en sílabas cuanto oye decir, con la idea supersticiosa de llegar al número 10, sin atender al significado de las palabras. Recuerda su alegría y su asombro cuando una maestra nueva hace que ella y sus hermanas, para aprender proverbios —"el que mucho abarca, poco aprieta" o "la unión hace la fuerza"— literalmente los escenifiquen, en representaciones dignas de Ionesco.

La niña conecta y desconecta de acuerdo con oscuras leyes. Cuando bebe algo, nunca toma un solo sorbo: tiene que tomar dos, o cuatro o seis. Cuando arregla su ropero, "nunca pude dejar una enagua sola, alejada de las otras, porque me parecía que se quedaba triste" (p. 175). Pero a la vez, por misteriosas razones, las enaguas no pueden tener contacto alguno con los calzones. "Emperadores de las cosas quietas", llama Borges a Eduardo Wilde y a Ramón Gómez de la Serna,[9] y la expresión puede hacerse extensiva a la niña de Lange, quien con mirada tan benévola como implacable, atiende al bienestar de sus posesiones:

Cuando ejecutaba alguna cosa con orden, no era por prolijidad, sino debido al impulso obsesivo de procurarle un bienestar a cualquier objeto y, si fuese posible, que se hallase en contacto con otro similar. Los lápices de colores, las palabras recortadas, los juguetes, no conocieron ninguna soledad, pues siempre se encontraban situados uno al lado del otro, como si hablasen en secreto [p. 174].

[9] Jorge Luis Borges, "Estudio epílogo", en Eduardo Wilde, *Páginas muertas* (Buenos Aires: Editorial Minerva, s. f.), p. 242.

La necesidad de reacomodar la realidad en constelaciones personales, de convertir en ritos actividades insignificantes, de dar vida propia al lenguaje, son frecuentes en los niños. Pero la insistencia con que la adulta rememora esas rupturas con respecto a la convención, rupturas que inauguran un orden diferente, parece apuntar a una recuperación en otro nivel, a una incorporación consciente de esos pasatiempos infantiles en la postura literaria adoptada por la adulta como escritora vanguardista. Lange por fin encontró en sus recuerdos de infancia el impulso para una poética que llevaría a la práctica con éxito en sus obras posteriores.[10] Toma de sus recuerdos actitudes distintivas de la niña que fue —necesidad de espiar, atracción por lo visualmente perturbador, acumulación de imágenes inconexas, experimentación con el lenguaje, ritualización de lo cotidiano— y las aprovecha para expresarse como la escritora que es. *Cuadernos de infancia* es lugar de experimentación narrativa, evocación del pasado infantil que permite a la autora avanzar hacia el futuro de la escritura. Es un "texto inicial", en la acepción que Edward Said da al término, es el relato de un nuevo comienzo y, a la vez, su práctica.

La crítica acogió favorablemente *Cuadernos de infancia* cuando apareció en 1937. El libro recibió de inmediato el reconocimiento oficial: al poco tiempo de su publicación se le adjudicó el prestigioso Premio Municipal y, no mucho después, el tercer Premio Nacional. Eran honores considerables, sobre todo si se tienen en cuenta las reseñas más bien desfavorables que acogieron los primeros intentos en prosa de Lange. *Voz de la vida* y *45 días y 30 marineros* habían recibido críticas sobre todo adversas, no tanto por su calidad literaria (por cierto dudosa) como por su presunta ruptura con el decoro social.[11] La favorable acogida de *Cuadernos*

[10] Después de *Cuadernos*, Lange escribió *Antes que mueran* (Buenos Aires: Losada, 1944), ejercicio de memoria y fragmentación de imágenes más abstracto pero no desprovisto de marcas autobiográficas. Luego entró decididamente en el terreno de la ficción con *Personas en la sala* (Buenos Aires: Losada, 1950) y *Los dos retratos* (Buenos Aires: Losada, 1956). Cuando se le pide que describa *Personas en la sala*, Lange responde: "Es puro espionaje: ya he dicho que las personas, las cosas y los objetos es lo único que me interesa en la vida. Pero hay algo que se relaciona con esas preferencias y que constituye mi diversión favorita: espiar. Es para mí un placer enorme. Estaría gozando si pudiera espiar en la intimidad a muchas personas. Me interesa porque psicológicamente se lanzan cuando están solas" (Nóbile, p. 23).

[11] Véase un resumen de estas críticas negativas, algunas de ellas extremada-

de infancia bien puede haberse debido a la política cultural más que a los méritos reales del libro: fue intento, poco sutil por cierto, de amansar a la excéntrica y un tanto escandalosa Lange y colocarla en un sitio más respetable. Al fin, para los críticos, *Cuadernos de infancia* ubicaba a Lange en terreno más adecuado a la sensibilidad femenina; al fin narraba una historia "segura", la de la infancia, alejándose de los temas espinosos (casi siempre de tipo sexual) que anteriormente habían provocado hostilidad. Sólo así puede explicarse que Oscar Bietti, después de una lectura que sospecho harto apresurada, haya celebrado en *Cuadernos de infancia* su "candor femenino"; cliché de por sí dudoso como criterio literario y que sólo un *tour de force* ideológico haría aplicable a *Cuadernos*.

Las interpretaciones condescendientes y los honores públicos contribuyeron a que los críticos no vieran que *Cuadernos de infancia*, con sus múltiples fisuras, estaba lejos de ser un relato nostálgico y autocomplaciente; que el espionaje de la niña no estaba precisamente exento de segunda intención; que en el texto abundaban descubrimientos sexuales que recordaban (aunque desde luego en otro nivel) los descubrimientos que esos mismos críticos habían condenado en obras anteriores de Lange; por fin, que el elemento "femenino", cuando se manifestaba en *Cuadernos*, siempre ponía en tela de juicio ese cliché. Los premios con que se honró el libro, además de constituir un esfuerzo por conceder respetabilidad a Lange, en cierto sentido lo aislaron del resto de su obra. Los mismos críticos que tachaban este relato autobiográfico de *poético* jamás pensaron en el ultraísmo de Lange como uno de sus posibles antecedentes; nunca lo leyeron teniendo en cuenta los estrechos lazos de la autora con el surrealismo; no se les ocurrió comentar sobre el sesgo deliberadamente literario que daba a la recuperación de su infancia, ni hablar de las estrategias de ruptura narrativa, ni aludir a las desasosegantes proyecciones que ensayó por primera vez en *Cuadernos* antes de pasar a utilizarlas de modo magistral en sus novelas. El aparentemente apacible reino infantil en que se basaba *Cuadernos* disimulaba el hecho de que el texto convertía el recuerdo de vida en investigación literaria, la casa de la niñez en laboratorio a menudo inquietante.

mente mordaces, en Adriana Rosman Askot, "Aspectos de la literatura femenina argentina: la ficción de Norah Lange" (tesis doctoral inédita, Princeton, 1987).

Y sin embargo, quienes quisieran aplicar a *Cuadernos de infancia* la misma mirada inquisidora que el texto pone en práctica, comprenderían que Lange, a su manera, había colocado el escándalo en vez de la conformidad, la actividad combativa en vez de la pasividad, en el corazón mismo de su autorretrato *excéntrico;* comprenderían que si la perspectiva vanguardista le había permitido acercarse con enfoque distinto al para entonces convencional relato de infancia, el género sexual le había permitido, a su vez, forjar, dentro de la textura fragmentaria de su relato, la figura de su propia diferencia como mujer.[12] En uno de los capítulos finales, *Cuadernos* presenta una memorable imagen de la niña, desafiante frente a su público, apasionada en su derroche verbal, gritando desde las azoteas su mensaje provocador:

Otras veces me ponía un chambergo de hombre y, envuelta en un poncho, trepaba al techo de la cocina desde el cual me era posible contemplar el interior de las casas circundantes, y después de arrojar algunos ladrillos sobre las chapas para atraer la atención de los vecinos, iniciaba mi discurso. Inmediatamente de vociferar dos o tres palabras en distintos idiomas, llamaba a todos los vecinos por sus nombres, con una voz estentórea, y cuando algunas cabezas recelosas comenzaban a asomar sobre las tapias, mi voz y mi gesticulación adquirían tal énfasis que mis gritos terminaban por rebotar contra las puertas, contra los vidrios de las ventanas, contra los techos de zinc.

A veces inquisitiva, otras, irónica, a los improperios seguían párrafos en inglés, en francés, frases dislocadas, el nombre de algún vecino, los escasos términos italianos y noruegos que conocía, insultos colectivos, una carcajada estridente, un verso amanerado. Si algún vecino incurría en la tentación de desaprobarme o de aplaudir, arreciaban los insultos, mi insuficiencia políglota, mi gesticulación arbitraria, los golpes contra las chapas de zinc.

Cuando sospechaba que mis gritos no tardarían en negarse a salir de mi boca, ejecutaba ejercicios de equilibrio sobre la tapia para comenzar, después de un momento, la segunda parte de mi programa. Una risa apenas perceptible se iba transformando, paulatinamente y sin alterar mi seriedad, en una carcajada seca como un estampido, a la que sucedían otras cuya precipitación me obliga, hoy mismo, a sonreír.

[12] "Justificar una vida no ortodoxa a través de la escritura equivale a *reinscribir* la violación original, a re-violar territorio masculino" (Nancy K. Miller, citada por Carolyn G. Heilbrun, *Writing a Woman's Life* [Nueva York y Londres: W. W. Norton, 1988], p. 11).

Envuelta en el poncho, la cara enrojecida, el chambergo echado sobre los ojos, proseguía imperturbable esa tarea que, por lo general, duraba más de una hora, hasta que, ya sin voz, descendía muy seria y me encerraba en mi cuarto [p. 204].

Esta representación ritual —la niña que se ofrece como espectáculo, entonando con pasión sus frases cacofónicas, lanzando al público su disonancia y su *diferencia*— sin duda prefigura los disparatados discursos y las paródicas arengas de la adulta. Las repercusiones de la escena, sin embargo, son de más largo alcance. Oponiéndose a un tipo de narración que de ordinario prefiere la economía y la administración prudente —la administración del tesoro que es la historia familiar, del acervo de recuerdos que se comparte calculadamente con pares o cómplices—, el gesto de Lange, al inscribirse en una escena carnavalesca, al salir del *hortus conclusus* de la niñez en lugar de encerrarse en él mediante la memoria, posee una elegancia derrochadora, una especie de despreocupado dandismo enormemente seductor. Si otros relatos de infancia, como los de Cané o Picón Salas, llevan siempre presente en sus páginas la imagen del destacado autobiógrafo hombre, archivista y guardián de un precioso pasado, el relato de Lange saca a la luz, exhibiéndola desde las azoteas, una figuración diferente, original: la de la autobiógrafa como payaso que corta y desmenuza su infancia como corta y desmenuza palabras, y lanza los pedazos, alegre, apasionadamente, a los cuatro vientos.

TERCERA PARTE

MEMORIA, LINAJE Y REPRESENTACIÓN

Analicé estas impresiones, añadí toques nuevos a lo que había experimentado mucho tiempo antes y, sobre todo, corregí, corregí incesantemente. Ésa era mi única diversión.

Dostoievski, *Diario de un escritor*

Todo lo que vivo es una "invención" de la que nunca he podido escapar. No sé tampoco quién me ha inventado, pues no siendo capaz de inventar, alguien está inventando en mi lugar.

Victoria Ocampo, *Testimonios*

La imagen del pasado no puede imponerse al pasado, porque el pasado no existe.

Georges Gusdorf, *Mémoire et personne*

VIII. LA AUTOBIOGRAFÍA COMO HISTORIA: UNA ESTATUA PARA LA POSTERIDAD

> Por monumento, en el sentido más antiguo y primigenio, se entiende una obra realizada por la mano humana y creada con el fin específico de mantener hazañas o destinos individuales (o un conjunto de éstos) siempre vivos y presentes en la conciencia de las generaciones venideras.
>
> ALOïS RIEGL, *El culto moderno a los monumentos*

HISPANOAMÉRICA tiende a la reminiscencia. El Funes de Borges, almacenando implacablemente sus percepciones como desechos, condenado a una lucidez sin sentido, es sólo un emblema, vuelto pesadilla, de una actividad frecuente en la ficción hispanoamericana. Mientras agoniza, el Artemio Cruz de Carlos Fuentes recuerda. Para no morirse, Ixtepec, el pueblo de *Recuerdos del porvenir* de Elena Garro, recuerda. Recuerda Dolores Preciado, en *Pedro Páramo* de Rulfo, y son sus recuerdos espurios los que llevan a su hijo a la muerte. Para García Márquez, el recuerdo es una forma de creación; para Onetti, recordar, y sobre todo apropiarse de los recuerdos ajenos, es una de las formas más satisfactorias de la posesión. Recordar no es característica exclusiva de la más reciente literatura hispanoamericana, ni tampoco es privativa del siglo XX. Desde *Facundo*, desde *María* —podría decirse que desde los *Comentarios reales* del Inca Garcilaso— la literatura hispanoamericana recuerda.

Toda ficción es, claro está, recuerdo. La novelística hispanoamericana acepta esa condición general y elige destacarla poniendo de relieve, a menudo dentro del relato mismo, la figura del recordante. Alguien, algún individuo determinado —un narrador, uno de los personajes— recuerda, rumia el pasado, lo embellece y, a veces, lo escribe. El Díaz Grey, de Onetti, jugando sin cesar con recuerdos y con recuerdos de recuerdos en *Para una tumba sin nombre*, no difiere del Dostoievski que, en su diario, reconstruye con diligencia el pasado a base de fragmentos y retazos para mantenerse vivo en Siberia. La memoria se vuelve fuente de vida.

En cierta medida, gracias a esos personajes que suelen acompañar sus recuerdos con una meditación fecunda, ya explícita, ya tácita, sobre el carácter elusivo de la propia memoria, buena parte de la ficción hispanoamericana adquiere su textura ricamente reflexiva. Sin embargo, por raro que parezca, esta riqueza, tan frecuente en la ficción, suele faltar en la autobiografía, el ejercicio donde más se la esperaría. Si bien se centra en un *memorator* que evoca un pasado del que es, más o menos, protagonista, la autobiografía hispanoamericana es parca en especulaciones sobre el acto mismo de recordar. La memoria apenas se considera: rara vez se menciona su funcionamiento y jamás se la cuestiona. Ya dada por descontado, ya relegada a una posición utilitaria, está notoriamente ausente, como tema de un ejercicio cuya práctica misma depende de ella. Esta falta de reflexión es particularmente notable en las autobiografías del siglo XX y merece comentario.

Toda consideración del papel asignado a la memoria en la escritura autobiográfica hispanoamericana exige el análisis de la posición del autobiógrafo cuando emprende su relato de vida. El presente de la escritura sin duda condiciona el rescate del pasado; no cuenta tanto lo recordado como cuándo se recuerda y a partir de dónde. Con esto no me refiero a la disposición personal del autobiógrafo, por importante que sea, sino, de manera más general, a las convenciones vigentes en el momento de la escritura. Así como cada periodo vuelve a reflexionar sobre géneros y prácticas, también reflexiona sobre los medios que aseguran el buen funcionamiento de esos géneros y esas prácticas. Dicho de otra forma, y con respecto a la autobiografía, cada periodo tiene su propia concepción de la escritura autobiográfica y, más precisamente, su propia concepción de la memoria, de las maneras de recordar que harán que la escritura del yo coincida con lo que la época espera del género.[1]

---

[1] Las observaciones de William Matthews acerca de los autobiógrafos británicos son pertinentes en este contexto: "Pocos autobiógrafos consignan en sus libros ese conocimiento privado e íntimo de sí mismos que sólo ellos pueden tener. Por lo general, rehúyen sus propias peculiaridades internas y se adaptan a modelos de conducta o de carácter sugeridos por ideas e ideales de la época, y por las modas autobiográficas en las cuales se reconocen. Las leyes de la literatura y la reticencia humana a presentarse individualmente desnudo, se combinan

A modo de ilustración, recurro a la escritura autobiográfica hispanoamericana de principios del siglo XIX. Como ya se vio, la autobiografía, desde sus comienzos, es presa de ambigüedad genérica. Si su posición insegura como producto es obvia para el lector moderno, no lo es por fuerza para el propio autor. El autobiógrafo varón del siglo XIX escribe un texto vacilante entre la historia y la ficción, pero en el momento de clasificarlo prefiere evitar la ambigüedad. En beneficio de sus lectores y de su propia autoestima, lo coloca dentro de los límites, más respetables, del primer género: la autobiografía decimonónica se legitima como historia, y como historia, se justifica por su valor documental.

Esta concepción de la autobiografía, como se ha visto, desdeña la *petite histoire*, reprime la nostalgia (sobre todo cuando hay algún peligro de que se le interprete como añoranza del viejo régimen), y despacha de manera sumaria todo lo relativo a la niñez. Más aún, esta concepción influye en la memoria misma, orientando el recuerdo de manera precisa y condicionando hábitos mnemotécnicos. No se recuerda en público, para la historia, del mismo modo que se recuerda en privado. Aun en aquellos casos, raros a principios del siglo XIX, donde el autor, inmune al deseo de vindicarse ante la historia, entrevé una realidad más compleja subyacente en la tarea autobiográfica, la urgente necesidad de colocar su texto dentro de los límites de la historia, disciplina más segura, coarta toda reflexión sobre las complejidades de la memoria. En este sentido, es reveladora la introducción de Guridi y Alcocer a sus *Apuntes:*

Ha días que me trae inquieto el pensamiento de hacer unos apuntes de mi vida. Yo mismo no he podido averiguar la causa que me mueve, por más que la inquiero y me la pregunto: tan impenetrables así somos los hombres. A veces me parece me lleva el fin de no olvidar jamás mis principios y defectos, para moderarme en los sucesos prósperos y sobrellevar los adversos. Otras me temo no me mueva aquel espíritu de ociosidad, que nos arranca de nuestras obligaciones para dirigirnos a las bagatelas, en que encontramos más gusto que en las cosas de importancia. Quizá será una especie de vanidad de complacer-

para defraudar las expectativas de los lectores que esperan encontrar en las autobiografías revelaciones sobre el verdadero yo de sus semejantes" (*British Autobiographies: An Annotated Bibliography* [Berkeley: University of California Press, 1955], p. viii).

me con algunos rasgos honrosos, que no faltan en el más despreciable, cuando ha corrido algo del gran mundo. Lo que me atrevo a afirmar es, que lo primero es lo que más dista de la verdad, porque me conozco bien. No he sabido cultivar aquellas ramillas de virtud, que sembró en todos la naturaleza; he dejado crecer demasiado la cizaña, la que ha sofocado aquel precioso grano. Sea, pues, la que fuere, la causa que me inquieta, el hecho es cierto, y me he rendido ya a sus impulsos vigorosos: puede ser la descubra mi misma narración que es la siguiente.[2]

Tal es la introducción a los *Apuntes*, refrescantemente indecisa si se le compara con escritores autobiográficos de esa época más seguros de sí mismos. En lugar de certidumbres, Guridi anuncia, de manera provocadora, interrogantes, consideraciones sobre la textura misma de la memoria, y declara no tener "respuesta" anterior a la escritura misma del texto. El hecho de escribir, el acto autobiográfico en sí, acaso aclare su perplejidad. Sin embargo, el texto nunca explora a fondo esta intranquilidad. Encarado como picaresca, con toques elegíacos que tienden a disminuir a medida que adelanta el texto, *Apuntes* acaba por convertirse en denuncia de la Iglesia en México; se vuelve monótono, abandona su actitud especulativa y renuncia a sus intentos de introspección. Además de este cambio en el relato propiamente dicho, Guridi añade un prefacio que seriamente cuestiona lo asentado en la introducción:

Extrañarán algunos que yo haya asentado mis sucesos. Podía responder, no es cosa tan rara, cuando formó César sus anales, Cicerón la historia de su Consulado, y otros muchos, citados por éste en su carta a Luceyo, escribieron su vida. Podía añadir la excusa con que él, en la propia carta se vindica, que esto no es elogio sino narración sencilla de los hechos; pero no insisto sino en que estos apuntes, aunque hablan de mí, no son más que un trozo de la historia de la Providencia. Ella resalta en la vida de cualquiera, pero no todos lo reflexionan, ni en todos aparece igualmente. Quizá al descubrirla en mis pasajes, se moverán algunos a registrarla en los suyos y a someterse a sus disposiciones.[3]

---

[2] José María Guridi y Alcocer, *Apuntes de la vida de D. José Miguel Guridi y Alcocer* (México: Moderna Librería Religiosa de José L. Vallejo, 1906), p. 9.
[3] *Ibid.*, p. 7.

Así, con una actitud que recuerda la estrategia defensiva de Sor Juana en su *Respuesta a Sor Filotea*, Guridi valida su autobiografía como historia; si no como historia *tout court* (aun marcado por la Ilustración, Guridi, cuando redacta el texto en 1802, no deja de ser clérigo del siglo XVIII), entonces como "historia de la Providencia". Nótese que, en todo caso, los argumentos expuestos en el prefacio para dar validez a la labor autobiográfica son semejantes a los aducidos por otros autobiógrafos decimonónicos cuando asignan la autobiografía al dominio de la historia del hombre. La verdad objetiva, la utilidad y el valor didáctico justifican la narración de una historia personal, y garantizan su mérito documental. Estas autosuficientes declaraciones del prefacio contradicen, entonces, las consideraciones de la introducción, donde Guridi especula sobre sus motivos y su inquietud. Es como si al dar a *Apuntes* dos declaraciones iniciales Guridi ofreciera al lector un híbrido bicéfalo, un texto que es *a la vez* incuestionable documento histórico e insegura declaración personal. Mejor aún, es como si, no confiando en la recepción que aguardaba a su autobiografía, Guridi hubiera intentado asegurarle un porvenir digno añadiendo una declaración, hasta cierto punto contraria a sus intenciones, que atraería a los cultores de una disciplina establecida: la historia. De hecho, resulta interesante observar que la única edición hoy existente de *Apuntes*, publicada un siglo después de que se escribió el libro, se atuvo a esa intención del autor. Los *Apuntes* aparecen en una serie histórica, "Documentos históricos de Méjico" (1906), con un didáctico epígrafe de Quintana: "Es oprobio a cualquiera que pretende tener alguna ilustración ignorar la Historia de su país". De este modo, los esfuerzos de Guridi por asegurarse una lectura histórica dieron resultado; en perjuicio, hay que decir, de una lectura más especulativa de su texto.

Hacia el final de *Recuerdos de provincia*, refiriéndose a las biografías que ha escrito, declara Sarmiento que "la biografía es el libro más original que puede dar la América del Sur en nuestra época, y el mejor material que haya de suministrarse a la historia". Añade a continuación que "el *Facundo* o *Civilización y barbarie*, y estos *Recuerdos de provincia* pertenecen al mismo género".[4] Si bien

---

[4] Domingo Faustino Sarmiento, *Obras completas*, III, pp. 224-225. En adelante,

discutibles, ambas opiniones son reveladoras. Sarmiento toma el término literalmente: la autobiografía no es necesariamente un ejemplo de autoexpresión sino una *biografía*, un relato de vida no del otro sino del yo. Como ejemplo de un género muy estimado en la época en todo el mundo y no sólo en la Argentina de Sarmiento (basta recordar el consejo de Disraeli: "No leáis libros de historia; leed sólo biografías, donde se encuentra la vida, sin teorías"),[5] la autobiografía parece el mejor medio de transmisión de la historia y, en el caso concreto de Hispanoamérica, de la nueva historia de las flamantes naciones.

Ahora bien, esta adjudicación genérica (la autobiografía es biografía es historia), junto con sus características objetivas (no sólo la autobiografía es historia, sino nueva historia nacional), impone un sesgo particular al texto autobiográfico. Tanto la autobiografía como la biografía se refieren a vidas pasadas, lo cual entraña, en mayor o menor grado, una revaloración de esas vidas. Sin embargo, mientras la autobiografía cuenta con la memoria, tanto como para establecer la sustancia del relato como para animar su composición, la biografía se apoya en documentos. Al escribir la biografía de un caudillo de provincia, Juan Facundo Quiroga, Sarmiento sólo esporádicamente *recuerda* a su héroe. Recuerda en cambio los recuerdos que otros han compartido con él, la información sobre Facundo ya incorporada por aquel sector de la opinión pública en el que el propio Sarmiento se apoya, y recuerda, además, lo que ha leído en documentos. Más que recordar, el biógrafo *registra* un pasado en el que acaso sólo participó de manera incidental. El mismo Sarmiento, prodigioso biógrafo y asiduo necrólogo, escribió vidas de gente que conoció en el pasado y de gente con la que no tuvo el menor contacto. La meta final del registro, en el que la memoria personal representaba, o no, un papel, no era el placer de la evocación sino la preservación del conocimiento y, podría añadirse, la construcción de un modelo.

Sólo en dos de las biografías que escribió Sarmiento, y por diferentes motivos, funciona imperfectamente este enfoque distanciado que, parafraseando a Villemain, llamaría imparcial pero no

todas las citas harán referencia a esta edición; las referencias a *Mi defensa*, también incluida en este volumen de las *Obras completas*, llevan la indicación *D*.

[5] Citado por A. O. J. Cockshut, *The Art of Biography in the Nineteenth Century* (Nueva York y Londres: Harcourt Brace Jovanovich, 1974), p. 9.

impasible.[6] Me refiero a las dos biografías en que, entretejiendo apretadamente la vida del biografiado y su propia vida, Sarmiento canibaliza dos imágenes afines —Quiroga, el personaje "bárbaro", doble suyo, en *Facundo* y el hijo a quien convertiría en copia de sí mismo en *Vida de Dominguito*. Si bien biográficas en apariencia, en estas obras hay algo muy próximo al desasosiego autobiográfico. Me detendré en *Facundo* porque, además de estar estrechamente vinculado a *Recuerdos de provincia*, según Sarmiento, como otro ejemplo del género "biográfico", me permitirá considerar la naturaleza particularmente híbrida no sólo de *Recuerdos de provincia* sino de muchas autobiografías hispanoamericanas del siglo XIX y no pocas del XX.

En el prólogo de la edición de 1845 de *Facundo*, procurando defenderse de sus primeros críticos, Sarmiento justifica su método:

> Algunas inexactitudes han debido necesariamente escaparse en un trabajo hecho de prisa, lejos del teatro de los acontecimientos, y sobre un asunto de que no se había escrito nada hasta el presente. Al coordinar entre sí sucesos que han tenido lugar en distintas y remotas provincias, y en épocas diversas consultando a un testigo ocular sobre un punto, registrando manuscritos formados a la ligera, o apelando a las propias reminiscencias, no es extraño que de vez en cuando el lector argentino eche de menos algo que él conoce, o disienta en cuanto a algún nombre propio, una fecha, cambiados o puestos fuera de lugar.
>
> Pero debo aclarar que en los acontecimientos notables a que me refiero, y que sirven de base a las explicaciones que doy, hay una exactitud intachable, *de que responderán documentos públicos que sobre ellos existen*.
>
> Quizá haya un momento en que, desembarazado de las preocupaciones que han precipitado la redacción de esta obrita vuelva a refundirla en un plan nuevo, desnudándola de toda digresión accidental y apoyándola en *numerosos documentos oficiales*, a que sólo hago ahora una ligera referencia [p. 6; cursivas mías].

En esta primera publicación de *Facundo* en volumen, Sarmiento bien podría haber corregido los errores que los críticos encon-

---

[6] La cita completa, tomada del *Cours de littérature* de Villemain y que sirve de epígrafe, en francés, a la primera edición de *Facundo*, es, traducida al español: "Pido al historiador el amor de la humanidad o de la libertad, su justicia imparcial no debe ser impasible. Por el contrario, es necesario que desee, que sufra, que se regocije de lo que encuentra" (*Obras completas*, VII, p. 7). Cito en adelante de *Facundo* por esta edición.

traron al leer la obra por entregas en *El Progreso*. No lo hizo, como tampoco escribió esa segunda versión mejorada que anuncia en la introducción. Sarmiento nunca corregía; si retomaba lo escrito no era para revisarlo sino para escribir otro libro. Por consiguiente *Facundo* es, desde el comienzo, texto definitivo, fiel a las normas románticas de la inspiración y la improvisación, consciente de sus fallas y hasta orgulloso de ellas.[7] Sin embargo, Sarmiento lo quiere todo: por una parte se vanagloria del inspirado descuido del libro mientras que, por la otra, insiste en asignarle valor documental. El afán de validar el texto como historia es por cierto obsesivo en este prólogo insistente, donde Sarmiento asegura al lector que narra hechos verdaderos, no sólo porque otros, sus informantes, fueron testigos de ellos, sino porque esos hechos han sido asentados, consignados por escrito, integrados en documentos "públicos", registrados —nótese el *crescendo* autoritario— en documentos "oficiales". Si como sus modelos, Quinet y Michelet, Sarmiento sabe que hay otras claves, además de la palabra escrita, para lograr acceso al pasado —buena parte del segundo capítulo de *Facundo* está dedicada, por ejemplo, al archivo histórico oral compilado por vates locales— cuando se trata de establecer la legitimidad de su proyecto se apoya de manera notoria en la palabra escrita, como aquellos necios *dupes de l'écriture scellée* censurados por Quinet.[8]

Obra supuestamente bien documentada, a pesar de su redacción apresurada, *Facundo* se transforma de inmediato, para Sarmiento, en *documento* por derecho propio. Cinco años después, en *Recuerdos de provincia* declara que el libro "ha dado a los publicistas de Europa la explicación de la lucha de la República Argentina" y añade que "muchas otras publicaciones europeas están basadas en los datos y manera de ver de *Civilización y*

---

[7] En una famosa carta a su amigo y lector Valentín Alsina, publicada en la segunda edición de *Facundo* en 1851, es evidente la cautela con que Sarmiento habla de revisiones y su conciencia de las ventajas de dejar el libro en su forma original e "informe": "He usado con parsimonia de sus preciosas notas guardando las más sustanciosas para tiempos mejores y más meditado trabajo, temeroso de que por retocar obra tan informe, desapareciese su fisonomía primitiva y la lozana y voluntaria audacia de la mal disciplinada concepción" (Domingo Faustino Sarmiento, *Facundo* [Buenos Aires: Ediciones Culturales Argentinas, 1961], p. 21).

[8] Citado por Lionel Gossman en su utilísimo "History as Decipherment: Romantic Historiography and the Discovery of the Other", *New Literary History*, 18, 1 (1986), p. 26.

barbarie" (p. 225). A pesar de sus defectos, la biografía de Juan Facundo Quiroga, tal como la ve Sarmiento, cabe a la perfección en una cadena de referencias textuales: la autoridad del libro se deriva de documentos anteriores; la obra, a su vez, se convierte en documento, capaz de dar autoridad a textos subsiguientes.

"Fábula revestida de certificados", llama Alberdi a *Facundo*, subrayando que la naturaleza supuestamente "histórica" del texto de Sarmiento apenas si logra ocultar que se trata de un ejercicio de vanidad personal, de un oblicuo autorretrato.[9] Lo mismo podría decirse de *Recuerdos de provincia*, cuyo valor histórico es infinitamente menos defendible. Sarmiento sostiene que *Recuerdos* pertenece al mismo género que *Facundo* y que es su propia "biografía". Sólo que esta vez no hay documento fidedigno, y mucho menos "numerosos documentos oficiales", para dar validez al yo y atestiguar la veracidad del relato. No hay registro previo para el yo, salvo el texto no escrito de la propia memoria, y el único acto de escritura que lo sostiene es el que él mismo efectúa en el proyecto autobiográfico. Como biógrafo del siglo XIX, Sarmiento está lejos de percibir esto que, para el lector moderno, es un hecho evidente. En cambio, con un deliberado esfuerzo por ser coherente que es tan ingenuo como revelador, arma un tinglado para su relato de vida que le permita tratarlo *como si fuera una biografía*. Para adecuarse a esta exigencia, y acaso también para evitar acusaciones de egocentrismo, Sarmiento inventa una cadena de documentos para su yo.[10]

---

[9] Alberdi censura con dureza a Sarmiento y a Bartolomé Mitre por sus incursiones estrictamente personales y mal documentadas en el terreno de la historiografía: "Hay dos modos de escribir la historia: o según la tradición y la leyenda popular, que es de ordinario la historia forjada por la vanidad, una especie de *mitología política* con base histórica; o según los documentos, que es la verdadera historia, pero que pocos se atreven a escribir, de miedo de lastimar la vanidad del país con la verdad..." (Juan Bautista Alberdi, *Grandes y pequeños hombres del Plata* [Buenos Aires: Fernández Blanco, 1962], pp. 15-16).

[10] Sin embargo, se acusó a Sarmiento de egocentrismo: "Ni usted ni yo, como personas, somos asunto bastante para distraer la atención pública", advirtió Alberdi (Citado en Ricardo Sáenz Hayes, *La polémica de Alberdi con Sarmiento y otras páginas* [Buenos Aires: Gleizer, 1926], p. 39). Como puede verse en la tercera de sus *Cartas quillotanas*, la reacción de Alberdi contra *Recuerdos de provincia* fue particularmente negativa. En 1849, un Sarmiento a la defensiva escribe a Vicente Fidel López, quien, en apariencia, procuraba disuadirlo de escribir *Recuerdos*: "¿Ha notado usted una cosa singular, y es que he conquistado en Chile el derecho de ha-

Para satisfacer su afán de objetividad y dar validez histórica a su autobiografía, Sarmiento recurre a un ardid. Hay, sí, un documento en el que se puede basar la historia del yo: son las calumnias que sobre Sarmiento escriben sus enemigos. *Recuerdos de provincia* exagera los ataques por escrito que motivan la respuesta autobiográfica, exageración que no puede atribuirse únicamente al egocentrismo de Sarmiento, ni a la estrategia autodefensiva que anima tantas autobiografías. Al dar valor documental a las críticas que publica contra él la prensa argentina, Sarmiento es fiel al esquema que inauguró en *Facundo:* recurre a un documento previo para certificar su proyecto. Sin embargo, hay una diferencia de la que hasta Sarmiento se da cuenta. Los documentos a los que se refería *Facundo* eran supuestamente veraces, dignos de ser seguidos y elaborados. Por el contrario, los "documentos" en que se apoya el proyecto autobiográfico son, según el propio autor, falaces y, por tanto, necesitan rectificación. El autobiógrafo no trabajará con ellos sino en contra de ellos, procurando reparar una injusticia en un esfuerzo "que ha dictado la verdad y que la necesidad justifica" (p. 42). El resultante texto autobiográfico será entonces el "buen" documento, cuya inclusión en el expediente pone de manifiesto la falacia de los otros documentos en él contenidos.

Una vez aclarada la naturaleza de *Recuerdos de provincia* —un documento dentro de una serie de documentos, un texto escrito para dar información al lector y enmendar la historia— se justifica su género ante el lector: puede llamársele biografía. No sólo indica Sarmiento esta asignación genérica al final de *Recuerdos,* como he señalado; lo hace desde el principio en el prefacio. Allí, además de insistir en la índole documental de su texto, Sarmiento recalca otra de sus características: es una obra ejemplar conforme a las normas de la biografía decimonónicas, un modelo dotado de valor moral y nacional:

blar de mí mismo, de ocuparme de mis negocios, con el mismo desenfado de Rosas, en la *Gaceta?* Ya saben que éste es mi defecto, me lo toleran" (Alberto Palcos, *Sarmiento. La vida. La obra. Las ideas. El genio.* [Buenos Aires: Emecé, 1962], p, 103). Otros, además de López, en especial Mitre y Félix Frías, procuraron desanimar a Sarmiento (Palcos, p. 102). Mitre "le decía entonces que ese libro era un error de que tendría que arrepentirse…". (Augusto Belín Sarmiento, *Sarmiento anecdótico (Ensayo biográfico)* [Saint Cloud: Imp. P. Belín, 1929], p. 45.

Gusto, a más de esto, de la biografía. Es la tela más adecuada para estampar las buenas ideas; ejerce el que la escribe una especie de judicatura, castigando el vicio triunfante, alentando la virtud oscurecida. Hay en ella algo de las bellas artes, que de un trozo de mármol bruto puede legar a la posteridad una estatua. La historia no marcharía sin tomar de ella sus personajes, la nuestra hubiera de ser riquísima en caracteres, si los que pueden, recogieran con tiempo las noticias que la tradición conserva de los contemporáneos[11] [p. 41].

Estas nociones condicionan progresivamente el relato autobiográfico de Sarmiento. Se trata de un documento público, un texto dotado de significación histórica y moral, un ejemplo para la posteridad y un testimonio nacional. Sin duda, todas esas características están presentes, en diverso grado, en toda *Bildungsbiographie*, en especial en las que se escribieron en Hispanoamérica en periodos de reorganización nacional. En Colombia, José María Samper, con su *Galería nacional de hombres ilustres, o sea colección de bocetos biográficos*, proporciona un buen ejemplo del género.[12] En la Argentina, Bartolomé Mitre, plenamente consciente del peso ideológico de ese tipo de biografía en la consolidación de los valores nacionales, concibe su proyecto historiográfico con esa idea en mente. Mitre considera que sus propias "historias" de San Martín y Belgrano, junto con las biografías que él y otros es-

---

[11] Acerca de la concepción que tenía Sarmiento de la historia, escribe Ezequiel Martínez Estrada: "Todas sus biografías, argentinas o americanas, condensan en contenido mental formas fundamentales de su concepción de la historia o, como él formuló en un lema gráfico, de la antítesis dialéctica de Civilización y Barbarie. La biografía así considerada asume —cualquiera sea su extensión— el valor de un símbolo, o para decirlo con más estrictez, de una metáfora, como medio de hacernos más comprensible lo abstracto o las relaciones abstractas entre las cosas" (Ezequiel Martínez Estrada, *Sarmiento* [Buenos Aires: 1946; reimp. Sudamericana, 1966], pp. 117-118)

[12] Escribe Samper en su prólogo: "El número de los hombres eminentes que ha contado y cuenta mi patria, en todos los partidos, es muy considerable; y si yo hubiera de atreverme a escribir las biografías de todos, empezando por el inmortal Nariño, tendría que componer una biblioteca, acometiendo una labor de todo punto superior a mis fuerzas y recursos. Mi ánimo no ha sido componer biografías, sino simplemente bocetos biográficos, para formar con ellos una Galería, si muy modesta por el trabajo del artista, grande y luminosa por el tamaño moral y el brillo de los originales" (*Galería nacional de hombres ilustres o notables, o sea colección de bocetos biográficos* [Bogotá: Imprenta de Zalamea, 1879], p. vi). Como Sarmiento, el biógrafo Samper también escribió una autobiografía, *Historia de una alma* [sic]. *Memorias íntimas y de historia contemporánea* (Bogotá: Imprenta de Zalamea Hermanos, 1881).

criben para la *Galería de celebridades argentinas*, integran un panteón textual y constituyen una matriz ideológica.[13] El propio Sarmiento esgrime la biografía como arma destinada a defender del mal la memoria de argentinos de gran valía o condenar al olvido a los indignos. Cuenta Eduardo Wilde cómo Sarmiento, enojado con Pedro Goyena, "dijo una vez con cierta excitación: 'Yo me he de vengar de él: no he de escribir su biografía' ".[14]

Si bien Sarmiento, remedando el proceso biográfico, "inventa" documentos para poner en marcha el proceso autobiográfico, pronto modifica su estrategia. El primer capítulo de *Recuerdos* es una evocación elocuente de San Juan, su ciudad natal, casi arruinada por el inepto régimen colonial. En San Juan, insiste Sarmiento, no quedan signos escritos del pasado. Sólo quedan tres palmeros que "habían llamado desde temprano mi atención. Crecen ciertos árboles con lentitud secular y, a falta de historia escrita, no pocas veces sirven de recuerdo y monumento de acontecimientos memorables" (p. 42). Además de esos palmeros, rescata Sarmiento dos reliquias más que atestiguan ese pasado mudo: por un lado, la puerta de una casona que perteneció a un jesuita y que, si bien conserva aún el emblema de la Compañía de Jesús, sobre todo presenta "los cuencos [...] donde estuvieron incrustadas letras de plomo"; por otro lado, una carpeta de archivo cuya carátula anuncia la historia de la región pero que está casi vacía. "He aquí el leve desmedrado caudal histórico que pude por muchos años reunir sobre los primeros tiempos de San Juan", concluye con melancolía Sarmiento a propósito de las tres mudas reliquias del pasado. El mensaje es elocuente: San Juan está vacante, es un páramo donde no hay letras, donde la historia ha enmudecido.[15]

[13] Sobre este tema estoy en deuda con Nicolás Shumway, "Bartolomé Mitre and the Gallery of Argentine Celebrities", en *The Invention of Argentina* (Berkeley: University of California Press, 1991). Shumway analiza con agudeza la labor de historiografía "oficialista" en la que intervinieron muchos autores (entre ellos, Juan María Gutiérrez, Tomás Guido, el propio Sarmiento), evidentemente inspirados por Mitre. Además de preparar el camino para el futuro, la *Galería* procuraba "legitimar así las aspiraciones [de Mitre] como caudillo nacional y el predominio de Buenos Aires sobre el resto del país" (p. 194).

[14] Eduardo Wilde, "Recuerdos, recuerdos", en *Obras completas* (Buenos Aires: Lajouane, 1938), p. 134.

[15] Acerca del papel del historiador romántico como intérprete de un pasado mudo véase Gossman, pp. 23-27. Sobre la opinión de Sarmiento acerca de la historiografía francesa véase "Los estudios históricos en Francia", en *Obras completas*, II (Buenos Aires: Imprenta y Litografía Mariano Moreno, 1896), p. 199.

Es entonces cuando la memoria, la memoria personal —la misma memoria que se consideraba inferior al estudio de los archivos, inferior al cotejo de documentos— salva la situación y se vuelve fuente válida para la (auto)biografía. Es necesario acudir a los recuerdos personales precisamente porque la carpeta está vacía y los palmeros mudos. El ejercicio de la memoria no es tanto privilegio de un sujeto solipsista como deber cívico: se recuerda para que no se pierda un pasado común.

Este paralelo entre un *bios* individual y un *ethos* provincial que se pretende nacional no carece de aspectos épicos: Sarmiento tiene una imagen heroica de sí que gusta compartir con sus lectores. Pero el vínculo que recalca es de naturaleza aún más íntima. No es sólo que Sarmiento se ve como argentino ejemplar; *es* la Argentina, forma con su patria un solo cuerpo indisoluble: "Yo he nacido en 1811, el noveno mes después del 25 de mayo" (p. 160), escribe, estableciendo así, sin ambages, un eslabón genético, haciendo coincidir el momento de su gestación con el de la independencia de su patria. Si San Juan —páramo perdido a la barbarie analfabeta, página en blanco a la espera de signos— es sinécdoque del país, también lo es Sarmiento, sujeto rememorante de su autobiografía: él mismo será el documento, la escritura en la página en blanco.

Esta responsabilidad histórica que se asigna al recuerdo personal restringe evidentemente la forma en que se le permite funcionar en el texto. Pienso aquí no sólo en Sarmiento sino en los muchos otros autobiógrafos que también han sentido (o han asumido) el deber de recordar. La escasa atención dedicada a la infancia, por ejemplo, ya comentada en capítulos anteriores, bien podría ser una consecuencia de tal actitud.[16] La ausencia de especulaciones sobre la memoria —su funcionamiento, su alcance, su confiabilidad— es otra. La memoria aparece como instrumento, útil como el documento o el registro, pero no como objeto de conjeturas. Especular sobre la memoria equivaldría a poner en tela

[16] A. O. J. Cockshut comenta sobre el poco espacio dedicado a la infancia en las biografías inglesas decimonónicas, notable en una época en que "Wordsworth era el ídolo de los intelectuales y Dickens el de las multitudes". Concluye que "la ausencia de la niñez en las biografías es una consecuencia fortuita del método de composición que estaba de moda", con lo cual se refiere a la excesiva confianza en la documentación. Los documentos, como es obvio, no suelen registrar acontecimientos de la infancia (*Truth to Life*, pp. 17-18).

de juicio la recreación fidedigna del pasado, despertando dudas. Se podría tachar al autobiógrafo menos de historiador, atento al dictado de la verdad, que de fabulador, para usar el término clínico que más tarde adoptaría Janet, "uno que añade la fabulación a su relato *para darle un orden*" (cursivas mías).[17] Acaso previendo esas sospechas que amenazarían la integridad de su proyecto, Sarmiento se empeña en recalcar la veracidad de su narrativa: "no es una novela, no es un cuento" (*D*, p. 5). Al marcar la diferencia entre realidad y ficción, entre el recuerdo exacto (lo que Pichon llama, tan acertadamente, "el grado cero de la evocación"[18]) y la ilusión placentera, Sarmiento revela tener conciencia de la selección tendenciosa que puede obrar en la recuperación del pasado la "poesía del corazón".[19] Pero esta conciencia es tenue, como si Sarmiento temiera elaborar cualquier asociación entre memoria e imaginación. Hay dos momentos en el texto que (más que el escepticismo de cualquier lector) cuestionan efectivamente sus pretensiones a la verdad, pero Sarmiento parece ajeno a su naturaleza subversiva. El primero se encuentra al final de *Mi defensa*, el texto que proclama que no es ni novela ni cuento. Escribe Sarmiento: "Ya he mostrado al hombre, tal como es, o *como él mismo se imagina que es*" (*D*, p. 23; cursivas mías). El segundo es más elocuente y, aunque Sarmiento no lo elabore, merece ser visto como emblema. Sarmiento recuerda a Ña Cleme, aquella india vieja del San Juan de su infancia, "pobre de la casa" de su madre, de quien se decía que era bruja. Su interés, acota Sarmiento, es que no sólo acepta esa atribución sino que ella misma la refuerza, con chismes: "trabajaba en sus conversaciones". Y añade:

---

[17] Pierre Janet, *L'Évolution de la mémoire et de la notion du temps* (París: Éditions Chahine, 1928), p. 461.

[18] E. Pichon, "Essai d'étude convergente des problèmes du temps", citado por Georges Gusdorf en *Mémoire et personne*, I (París: Presses Universitaires de France, 1951), p. 51.

[19] En *Recuerdos de provincia* Sarmiento ofrece un buen ejemplo de cómo la evocación lírica corrige de manera consciente la descripción "objetiva": "La casa de mi madre, la obra de su industria, cuyos adobes y tapias pudieran computarse en varas de lienzo tejidas por sus manos para pagar su construcción, ha recibido en el transcurso de estos últimos años algunas adiciones que la confunden hoy con las demás casas de cierta medianía. Su forma original, empero, es aquella a que se apega la poesía del corazón, la imagen indeleble que se presenta porfiadamente a mi espíritu [...]" (p. 147).

Tenemos decididamente una necesidad de llamar la atención sobre nosotros mismos, que hace a los que no pueden más de viejos, rudos y pobres, hacerse brujos; a los osados sin capacidad, volverse tiranos crueles; y a mí, acaso, perdónemelo Dios, el estar escribiendo estas páginas [p. 151].

La intuición de que autorretratarse, aun en nombre de la verdad, lleva a la fabulación, de que la necesidad de llamar la atención sobre sí mismo constituye un ejercicio de tiranía o de seducción es, en Sarmiento, tan sólo eso: una intuición. Llevarla más lejos estaba fuera de su alcance: su propósito era legar una estatua nacional, un *todo* recompuesto y coherente. Es mérito adicional suyo que, acaso sin sospecharlo, haya dejado esas ambiguas fisuras que contribuyen a la riqueza de sus textos.

Como Ña Cleme, Sarmiento "trabaja en sus conversaciones" para conservar una halagadora imagen de sí, sobre la que ya cuenta la imagen que sostiene su esfuerzo autobiográfico. Si bien la meta del autobiógrafo parecería ser el descubrimiento o, mejor dicho, la construcción del yo, el proceso en realidad sigue el camino inverso. La autorrepresentación es el producto final, pero es también la figura inicial que rige el desarrollo de la autobiografía.[20] Se recrea el pasado para satisfacer las exigencias del presente: las exigencias de mi propia imagen, de la imagen que supongo otros esperan de mí, del grupo al cual pertenezco.[21] Si

[20] "Cuando el autobiógrafo logra ese punto de vista desde donde se abarca retrospectivamente toda una vida, impone al pasado el orden del presente. El principio de un acontecimiento ahora puede verse junto con su resultado. Con esta superposición del acontecimiento completo, el principio del acontecimiento adquiere un significado que antes no tenía. El significado del pasado es inteligible y significativo en función de la comprensión presente: esto sucede con toda comprensión histórica" (Karl J. Weintraub, "Autobiography and Historical Consciousness", *Critical Inquiry*, I, 4 [1975], p. 826). Georges Gusdorf, en su "Conditions and Limits of Autobiography" (1956; reimp. en *Autobiography. Essays Theoretical and Critical*, James Olney, comp. [Princeton University Press, 1980], pp. 28-48), ya había explorado esta asignación retrospectiva de significado, por parte del autobiógrafo, a sucesos pasados.

[21] Hay observaciones útiles sobre la influencia del grupo en los intentos individuales de recuperación del pasado en Charles Blondel, *Introduction à la psychologie collective* (París: Armand Colin, 1928), de donde tomo la siguiente cita: "Es evidente que nuestros recuerdos varían, se hacen más precisos, cambian o desaparecen según los grupos a que sucesivamente vamos perteneciendo. Mientras vivimos en el seno de un grupo, nuestras pasiones, nuestros intereses exigen que no olvidemos hechos pertenecientes a la vida de ese grupo, a la vida de sus

alguna idea preconcebida rige de manera invariable el desarrollo de la autobiografía —la preconcepción que Gide llama "un ser facticio preferido"—[22] dictando la reorganización del pasado, entonces puede decirse que el ser facticio de Sarmiento es precisamente el país que su texto contribuye a fundar.

Sin embargo, el ser facticio nacional de Sarmiento tiene más de una cara. De nuevo es necesario considerar *Mi defensa* en conjunción con *Recuerdos de provincia*. En ambos textos Sarmiento se presenta como víctima de la calumnia, pero la imagen de sí que gobierna su defensa es diferente en cada caso. En *Mi defensa* —libro escrito a principios de su carrera, cuando aún no es famoso—, la figuración a la que responde el texto, no sorprendentemente, es la del héroe autodidacta que triunfa por su propio esfuerzo. Si la escritura autobiográfica puede considerarse como una oscilación entre el dandismo y la seducción —el deseo de consignar, por una parte, lo *insólito* y, por la otra, la necesidad de incorporar al público en la persona autobiográfica— entonces *Mi defensa* a todas luces subraya la primera modalidad (mientras que *Recuerdos* se concentra en la segunda). En *Mi defensa* se subraya de continuo el aislamiento; la palabra *solo* recurre obsesivamente en el texto. Fiel a su imagen de autodidacta, Sarmiento omite toda referencia a sus antepasados, hace una brevísima presentación de su familia inmediata y luego dedica toda su atención a sí mismo, solo, como autosuficiente jefe de su casa:

Desde la temprana edad de quince años he sido jefe de mi familia. Padre, madre, hermanas, sirvientes, todo me ha estado subordinado, y esta dislocación de las relaciones naturales ha ejercido una influencia fatal en mi carácter. Jamás he reconocido otra autoridad que la mía, pero esta subversión se funda en razones justificables. Desde esa edad el cuidado de la subsistencia de todos mis deudos ha pesado

miembros, a la nuestra [...] En cuanto abandonamos ese grupo comenzamos a descartar recuerdos diversos que nuestra mente ha almacenado para utilidad de ese grupo. La rapidez con que realizamos esto está en relación inversa con el tiempo que fuimos miembros del grupo (p. 135).

[22] André Gide, *Journal 1889-1939* (París: Gallimard, "Pléiade", 1955), p. 29. Añade Gide: "Podría decirse lo siguiente, que me parece una suerte de sinceridad inversa en el artista: No debe narrar su vida como la vivió sino vivirla como va a narrarla. En otras palabras: de manera que el retrato de sí que constituye su vida sea idéntico al retrato ideal que desea. Dicho aún más sencillamente: que sea tal como quiere ser" (p. 29).

sobre mis hombros, pesa hasta hoy y nunca carga alguna ha sido más gustosamente llevada [D, pp. 20-21].

Este recuerdo —el del muchacho de quince años que se convierte en su propio maestro y, por añadidura, en precoz y vigilante *paterfamilias*— sin duda corresponde a la imagen preconizada por Sarmiento del ciudadano que triunfa por sus propios medios. De hecho, esta imagen moldea cada vez más su escritura autobiográfica, como una de las figuraciones que mejor representan su vínculo con la Argentina: Sarmiento, padre de la patria. Por consiguiente, causa sorpresa que uno de los lazos familiares que Sarmiento omite en su ejemplar inventario de halagadores papeles y funciones es, precisamente, el de la paternidad, su propia paternidad biológica. Cuando Sarmiento escribe *Mi defensa* ya tiene un hija de once años, hecho que nunca reconocerá de modo directo en sus escritos autobiográficos porque, es de sospecharse, podría empañar la controlada imagen que desea presentar. Ana Faustina, hija ilegítima, concebida durante uno de los viajes de Sarmiento a Chile y cuya existencia durante mucho tiempo se mantuvo oculta, sólo se incorpora positivamente a la vida del padre como adulta, después de casarse con Jules Belin, el impresor francés que, dicho sea de paso, tuvo a su cargo la impresión de las *Obras completas* de su suegro. Por el momento, *Mi defensa* omite su mención. Una alusión algo oblicua y poco halagüeña —"No he sido un santo [...] hay uno que otro momento de olvido que de buena gana quisiera rayar ahora de la lista de mis acciones" (D, p. 20)— acaso se refiera a ella. Si es el caso, la obliteración deseada, por lo menos en el nivel del texto, se logra.

Siete años después, Sarmiento reescribe su autobiografía. En el nuevo texto, *Recuerdos de provincia*, ha cambiado el ser facticio que guía su memoria. Abandonando el papel de precoz jefe de familia y de héroe solitario responsable sólo ante sí mismo, ya no se percibe solo sino acompañado, en familia, hijo de muchos, heredero de un distinguido linaje patriótico y producto de una comunidad: *"he querido apegarme a mi provincia"* (p. 41), escribe, haciendo resaltar sus lazos con sus antecesores. Así, estos nuevos recuerdos, dedicados con astucia "a mis compatriotas solamente",[23] en

---

[23] Entre esos compatriotas, Sarmiento convoca con habilidad a dos grupos de lectores, hasta cierto punto mutuamente excluyentes. O quizá sea más exacto de-

vez de hacer caso omiso de los lazos familiares, los recalcan. Lejos de limitarse al estrecho núcleo familiar, Sarmiento elige fabularse una familia más amplia, proyectando figuras paternas en los prestigiosos sanjuaninos que lo han precedido. En *Mi defensa* necesitaba estar solo; ahora, necesita estar acompañado. La preocupación por la genealogía que subyace esta nueva imagen revela una vez más las pretensiones del autobiógrafo a la historiografía. Pero también responde a una deliberada postura ideológica y a un nuevo plan político.[24] *Mi defensa*, obra belicosa de un Sarmiento aún muy joven, necesitaba imponer la imagen de un recién venido a la escena política: de ahí la arrogante figuración del intelectual disidente que lee libros franceses a los que pocos tienen acceso, del autodeclarado joven padre que, sin ayuda, pone orden en

cir que cuenta con dos interpretaciones sucesivas y muy diferentes de su texto. Un grupo de lectores está formado por los compatriotas a quienes dedica el libro: por ser contemporáneos suyos, comprenderán sus alusiones y se colocarán de su lado. El otro grupo lo constituyen los compatriotas que lo leerán en el futuro. No comprenderán a fondo las alusiones, pero los conmoverá el ejemplo, la "estatua para la posteridad". He propuesto que esos dos grupos de lectores ya están previstos en los dos epígrafes divergentes de *Recuerdos* (Sylvia Molloy, "Inscripciones del yo en *Recuerdos de provincia*", *Sur*, 350-351 [1982], pp. 131-140). Hay una buena discusión sobre los diferentes tipos de lectores que puede convocar un texto, a propósito de los *Essais* de Montaigne, en Claude Blum, "La peinture du moi et l'écriture inachevée", *Poétique*, 53 (1983), pp. 60-71.

[24] Siempre dispuesto a ver intenciones ocultas en las declaraciones de propósitos de Sarmiento, Alberdi ve *Recuerdos de provincia* no como el cumplimiento de un deber público sino como proyecto de autoexaltación: "Historiándose a sí mismo no ha podido aprender más de lo que usted sabe. Ese trabajo no es un servicio hecho a la República Argentina, y dudo que lo sea para usted mismo. Es el primer ejemplo que se ofrece en nuestro país, tan abundante en hombres notables, de un republicano que publica doscientas páginas y un árbol genealógico para referir su vida, la de todos los individuos de su parentela y hasta de sus criados. San Martín no quería que se tomase su retrato. Rivadavia, Monteagudo, Passo, Alvear y cien héroes argentinos, están sin biografía, y la misma República, que es toda gloria y heroicidad, está sin historia [...] Pero su biografía de usted no es un simple trabajo de vanidad, sino el medio muy usado y muy conocido en política de formar la candidatura de su nombre para ocupar una altura, cuyo anhelo legítimo, por otra parte, le hace agitador incansable" (*Cartas quillotanas*, precedidas de una carta aclaratoria de D. F. Sarmiento [Buenos Aires: Ed. La Cultura Argentina, 1916], pp. 133-134).Véase un excelente análisis del cambio de actitud entre *Mi defensa* y *Recuerdos de provincia* en Tulio Halperín Donghi, "Sarmiento: su lugar en la sociedad argentina posrevolucionaria", *Sur*, 341 (1977), pp. 121-135. Hay también pertinentes comentarios sobre *Recuerdos* como presentación de una candidatura política, en Carlos Altamirano y Beatriz Sarlo, "Una vida ejemplar: la estrategia de *Recuerdos de provincia*", *Literatura/Sociedad* (Buenos Aires, Hachette, 1983), pp. 163-208.

el caos. Transcurren siete años entre *Mi defensa* y *Recuerdos*, años en que la reputación de Sarmiento se ha afirmado, gracias a sus diligentes esfuerzos de autopropaganda y, por supuesto, gracias a la publicación de *Facundo* y de los *Viajes*. Escribe *Recuerdos* un Sarmiento más seguro de sí que se permite ampliar su registro,[25] consciente de que cuando habla de otros habla también (y sobre todo) de sí mismo, consciente también de la necesidad de un cambio de figuración: si bien la imagen del autodidacta solitario con acceso privilegiado a la Ilustración europea bien podía haber contribuido a proyectarlo en la escena nacional, ahora le resultaría más útil una imagen menos "original", la de miembro de una familia y, por extensión, de una comunidad cultural, para alcanzar su meta, la de ser candidato presidencial.

Este nuevo intento de autofiguración está determinado una vez más por lo que Martínez Estrada llama con tino la "sensibilidad doméstica" de Sarmiento,[26] esto es, la refundición de la novela familiar según parámetros ideológicos y precisamente políticos. La estrategia es hábil. Procediendo de manera metonímica, Sarmiento va desde sus antepasados remotos hasta los más próximos para llegar por fin a figuras paternas contemporáneas, a sus padres (y en particular a su madre) y a sí mismo, descendiente de todos ellos. Al obrar así, satisface con creces el imperativo biográfico que se ha fijado: cada capítulo, cada sección dedicada a alguno de esos distinguidos antepasados es en sí una minibiografía, labra una estatua que pasa a integrar la galería personal de Sarmiento y, a la vez, a formar parte de un panteón provincial, incluso nacional.

Sin embargo, esas figuras están vinculadas por algo más que la mera contigüidad genealógica, como bien lo ve el lector al llegar a la sorprendente declaración colocada, literalmente, en el centro del texto: "A mi progenie, me sucedo yo" (p. 159). Deslinde dentro del texto, la frase parecería anunciar, por fin, la propia (auto)biografía de Sarmiento, última de la serie. Sin embargo la

[25] En una carta al historiador Vicente Fidel López, declara Sarmiento, un tanto pagado de sí mismo: "Preparo un librote titulado *Recuerdos de provincia*, o cosa parecida, en que hago con el mismo candor que Lamartine, mi panegírico. Y le protesto, amigo, que el ridículo ha de venir a estrellarse contra tantas cosas buenas y dignas de ser narradas, que tendrán de grado o por fuerza que perdonarme la osadía" (Palcos, p. 103).

[26] Martínez Estrada, p. 18.

frase es insólita; su sintaxis, aberrante. Sarmiento no dice, como sería de esperar, "A mi progenie *la* sucedo yo " (o "yo sucedo a mi progenie") sino que, por un acto de prestidigitación gramatical, dramáticamente abre una brecha en la línea genealógica y superimpone su yo en la cadena de antepasados: sucede a sus progenitores, pero a la vez es su propio sucesor, su propia creación. Como un Jano bifronte (figura que le es cara), el "A mi progenie, me sucedo yo" de Sarmiento apunta a la vez a lo que precede y a lo que viene después. Si las páginas restantes de *Recuerdos* de hecho registran la creciente figuración pública de Sarmiento —el yo visible imponiéndose al yo privado—, la serie de minibiografías que quedaron atrás, gracias a esa frase, adquieren nuevo significado. En una relectura recuperadora, se vuelve evidente que lo que vincula a estos antepasados entre sí (como los precursores de Kafka en el ensayo de Borges) es, más que los lazos de familia, un vigoroso proceso de apego, activamente enunciado por el yo.

Sarmiento interviene en las minibiografías, compromete la ilusoria independencia de cada una al hacer sentir su propia presencia en la vida de sus antepasados, recordando, evaluando, aplaudiendo, juzgando y, sobre todo, adoptando, en un deliberado proceso de afiliación, las características personales y las más íntimas cualidades de las figuras que evoca. "Jóvenes hay que no conocieron a sus padres, y ríen, accionan y gesticulan como ellos" (p. 138), escribe. Adaptando la frase, podría decirse que, en su autobiografía, Sarmiento ríe, acciona y gesticula no sólo *como* esos "padres" del pasado que le sirven de modelo sino literalmente *a través de* ellos. De manera paradójica, el yo de Sarmiento parece mucho más presente en esas intervenciones que en la segunda parte de *Recuerdos*, más directa y unívoca.

A pesar de sus frecuentes proclamas democráticas, Sarmiento necesita insertarse en un linaje *privilegiado*. Sus ilustres parientes o casi parientes pertenecen a lo que llama "una nobleza democrática que a nadie puede hacer sombra imperecedera: la del patriotismo y del talento". El ilustrado republicanismo que Sarmiento había exaltado antes, encarnado en su propia persona, ahora se hace extensivo a sus precursores. Pero estos precursores también pertenecen a lo que Sarmiento llama "gente decente", una aristocracia social a la que no pertenece del todo. (La actitud de Sarmiento ante la aristocracia es notoriamente ambigua. Por un lado, ve complacido el ocaso de las castas privilegiadas como los Osunas y los Orleans y mira con buenos ojos el triunfo de la democracia que permite elevarse al hijo de sus propias obras. Por otro lado, cuando traza el origen de su familia materna hasta un jeque sarraceno del siglo XII, con toda intención compara a los Albarracines con los Montmorency, no por azar una de las más ilustres familias de Francia.) En *Recuerdos de provincia*, Sarmiento amplía su yo para que abarque a los otros, pero astutamente dirige esa ampliación hacia arriba. El patriotismo y el talento se conciben en conjunción con un muy real poder social.

Es importante señalar que la mayoría de estos distinguidos precursores de Sarmiento pertenecen a la línea materna de su familia. Por cierto, la serie de retratos culmina en una apasionada evocación de su madre. Este énfasis en el lado materno, desde un punto de vista ideológico, no es desatendible, sobre todo si se tiene en cuenta que la madre, en *Recuerdos de provincia*, asegura el vínculo con la colonia española: un vínculo no tanto con el *sistema* colonial, constantemente criticado por Sarmiento como origen de casi todos los males que pesan sobre la Argentina, sino con una fabricación idealizada y ahistórica, una fantasía sobre los orígenes embellecida por la "poesía del corazón" y dotada del encanto de lo pasado de moda. Así, los precursores de Sarmiento por el lado materno, modelos de virtud republicana, también lo unen a lo mejor de la tradición colonial. Presentados con habilidad, esos lazos familiares hacen que Sarmiento, futuro candidato presidencial, sea todo para todos, políticamente hablando.

Una vez más, en este segundo rescate del pasado, cuidadosamente manipulado, hay hechos que, más que otros, merecen mención. Sarmiento somete su novela familiar a una nueva formulación. Un lector que contara con *Recuerdos* como única fuente de información sobre Sarmiento —recuérdese que Sarmiento estima sobremanera la función informativa, *biográfica*, del libro— pensaría que él se distinguió como único hijo varón en una familia de la que sobrevivieron cuatro hijas mujeres. Los registros de familia indican que Paula Albarracín tuvo quince hijos, varios de ellos, varones y mujeres, muertos al poco tiempo de nacer. Sin embargo, también sobrevivió a la mortandad infantil otro hijo varón, Honorio, tres años mayor que Domingo Faustino y compañero de infancia, que vivió hasta los once años. Los conmovedores recuerdos de la hermana mayor de Sarmiento, Bienvenida, se refieren a ese hermano y a la relación entre los dos chicos:

> Niño de cinco entró a la escuela, para que le sirviese de guardián a un hermano mayor, pues lo entretenían los amigos y lo hacían faltar a la escuela; y anduvieron muy bien pues este chiquillo estimuló al más grande y los dos adelantaban mucho.[27]

Aun cuando extiende los límites de la memoria para incorporar a parientes, Sarmiento no renuncia a su aspiración a ser único, ni deja del todo de lado la figura del héroe autodidacta que motivaba *Mi defensa*. Si la estrategia de *Recuerdos* es recalcar la prestigiosa herencia de la que se hace acreedor Sarmiento, es necesario dejar claro que él es el *único* heredero. Por lo tanto, la presencia de un hermano —rival en potencia, aun cuando niño— ha de ser sacrificada. Así, cuando Sarmiento en *Recuerdos* se refiere a su primera instrucción, *precisamente en el mismo periodo que evoca Bienvenida*, no menciona a Honorio. Se presenta, una vez más, como el niño precoz y aislado y modifica las razones por las cuales se lo envió tan temprano a la escuela para que concuerden positivamente con su imagen:

> Balbuciente aún, empezaron a familiarizar mis ojos y mi lengua con el abecedario, tal era la prisa con que los colonos, que se sentían ciudadanos, acudían a educar a sus hijos, según se ve en los decretos de la junta gubernativa y los otros gobiernos de la época. Lleno de este santo espíritu el gobierno de San Juan, en 1816 [nótese: *Sarmiento tiene cinco años, la edad que indica Bienvenida*], hizo venir de Buenos Aires unos sujetos, dignos por su instrucción y moralidad de ser maestros en Prusia, y yo pasé inmediatamente a la apertura de la escuela de la patria, a confundirme en la masa de cuatrocientos niños de todas edades y condiciones, que acudían presurosos a recibir la única instrucción sólida que se ha dado entre nosotros en escuelas primarias. [...] En aquella escuela [...] permanecí nueve años sin haber faltado un solo día bajo pretexto ninguno, que mi madre estaba ahí, para cuidar con inapelable severidad de que cumpliese con mi deber de asistencia. A los cinco años de edad leía corrientemente en voz alta, con las entonaciones que sólo la completa inteligencia del asunto puede dar,

---

[27] *Rasgos de la vida de Domingo F. Sarmiento por su hermana Bienvenida*, introducción de Antonio P. Castro (Buenos Aires: Museo Histórico Sarmiento, 1946), p. 30.

y tan poco común debía ser en aquella época esta temprana habilidad que me llevaba de casa en casa para oírme leer, cosechando grande copia de bollos, abrazos y encomios que me llenaban de vanidad [pp. 160-161].

Obliterado de *Recuerdos*, Honorio parece haber desaparecido asimismo de la historia.[28] So pretexto de que la escritura de *Recuerdos* es resultado de lo "que ha dictado la verdad", el texto (como bien lo esperaba su autor) inaugura la versión "oficial" de la vida de Sarmiento. Con pocas excepciones, tanto biógrafos como críticos han perpetuado la ficción del precoz hijo único rodeado de cuatro borrosas hermanas. Incluso aquellos críticos que sí mencionan a Honorio no se detienen a preguntarse por qué ha sido suprimido del relato de vida de Sarmiento.[29]

Sé que me aventuro en terreno peligroso al señalar estas supuestas "lagunas" (ausencia de una hija, de un hermano) en los textos autobiográficos de Sarmiento, lagunas que sólo aparecen si se coteja el texto con el registro de los hechos de que consta la existencia de un individuo. Al señalar estas fisuras, mi propósito no es establecer correspondencias (o falta de ellas) entre lo que fue y lo que se escribe, dejándome llevar por una concepción simplista de la supuesta referencialidad del género, referencialidad que, como propone Paul de Man,[30] es espejismo del texto mismo.

[28] Wayne Shumaker, en su libro *English Autobiography. Its Emergence, Materials and Form* (Berkeley y Los Ángeles: University of California Press, 1954), menciona la frecuente exclusión de hermanos, hijos, cónyuges y (con menor frecuencia) padres de las autobiografías inglesas (pp. 42-43), particularmente en la *Autobiografía* de John Stuart Mill (pp. 145-146). Los muy generales comentarios de Shumaker no elaboran estas exclusiones.

[29] Palcos habla en general de Sarmiento como único hijo varón, aunque sí menciona brevemente al hermano: "De otro hijo, Honorio fallecido a los 11 años, Domingo Faustino aseguraba que era más inteligente que él" (p. 20). Gálvez incorrectamente lo llama Horacio. (*Vida de Sarmiento. El hombre de autoridad* [Buenos Aires: Emecé, 1945], p. 18).

Recurro aquí a la anécdota personal. En 1982, cuando realizaba investigaciones en el Museo Histórico Sarmiento de la ciudad de Buenos Aires y pedí a su secretaria datos sobre el elusivo Honorio, me respondió de manera categórica que todos los hermanos varones de Sarmiento habían muerto al nacer o muy poco después. Convencida de lo contrario, pedí consultar la famosa "libreta" donde la madre de Sarmiento llevaba el registro de los nacimientos y muertes de su familia. En la humilde libretita, con letra tosca, tuve la satisfacción de encontrar (para asombro de la secretaria) las fechas que confirmaban la corta vida de Honorio.

[30] Paul de Man, "Autobiography as De-Facement", *Modern Language Notes*, 94 (1979), pp. 919-930.

Antes bien, encuentro esas lagunas significativas no porque se dan en *Mi defensa* y en *Recuerdos* sino porque se dan precisamente *allí* y no en otros textos de Sarmiento. En otros textos, sobre todo en cartas, Sarmiento a veces menciona a su hija y (rara vez, hay que decir) a su hermano.[31] No se los condena sin más al olvido: son figuras que de vez en vez se mencionan en alguna parte de los escritos de Sarmiento. Pero hay, definitivamente, *diversión*, traslado desde los textos donde su presencia podría resultar molesta a pasajes más inocuos en la obra de Sarmiento donde su presencia pasa casi inadvertida. Si, como apunta Gusdorf, la memoria autobiográfica "siempre es, hasta cierto punto, una venganza contra la historia",[32] también es, en ciertos casos, una buena excusa para hacer orden en la casa familiar.

En otros casos, los recuerdos conectados con figuras al parecer poco importantes dentro del relato autobiográfico pueden aprovecharse de manera inesperada. Es éste el caso con las mujeres, también figuras fantasmales en la vida de Sarmiento, a quienes —exceptuando a su madre y, más o menos, a sus hermanas— también somete a desplazamientos. Uso adrede el término "figura" porque lo que Sarmiento parece borrar de un texto para trasladarlo a otro no es tanto un individuo como una configuración simbólica. No descarto, por cierto, la importancia psicológica de estas represiones: la hija mujer, el hermano varón, y ahora, significativamente, las mujeres en general. Sin embargo, si se las ve como parte de un sistema figurativo, acaso se entienda mejor cómo funciona la memoria selectiva de Sarmiento para lograr sus representaciones oportunas, incluso oportunistas. Así como Sarmiento, a fuerza de citas y de préstamos, incorpora textos para moldear su persona autobiográfica, incorpora tropos (más que individuos) para aumentar la imagen que tiene de sí cuando escribe. Esa imagen ya es, en sí, una amalgama de representaciones

[31] En una carta enviada desde Chile en 1848 a José Ignacio Flores, querido amigo de la infancia, Sarmiento alude a su hermano. No lo menciona de nombre, pero, por comparación, hace ver con claridad la importancia que Honorio había tenido en su vida: "Tú eres para mí, otra clase de amigo de los demás, eres el compañero inseparable de infancia, el vecino, el hermano que tuve, y ahora que tantas impresiones se acumulan en mi memoria, vuelvo con frecuencia a los recuerdos de la niñez, tan dulces siempre, tan sencillos, y tú te mezclas naturalmente en todos ellos" (Julia Ottolenghi, *Sarmiento a través de un epistolario* [Buenos Aires: Jesús Méndez, 1939], p. 41).

[32] Georges Gusdorf, "Conditions and Limits of Autobiography", p. 36.

simbólicas: el hijo, el amigo, el militar, el hombre de partido, etc.
Para acrecentarla, las figuras de paternidad —los mentores prestigiosos— le son útiles: magnifican su persona. También le es útil
la figura materna: no sólo porque ocupa un lugar prominente en
su anécdota personal sino porque, como figura cultural, le permite remontar una tradición autobiográfica que lo liga a San Agustín
pasando por Lamartine.[33] En cambio, las figuras de contigüidad
que de algún modo lo duplicarían, aun como copias inferiores
—la hija que no ha previsto, el hermano cuya presencia resiente,
la amante o la mujer— en lugar de añadir a la monumentalidad
aislada le quitan mérito y Sarmiento, como bien se sabe, toleraba
mal la idea de derroche, de disminución.

En el caso de las mujeres, Sarmiento se muestra notoriamente
cauteloso, por no decir mezquino, en cuanto al lugar que les asigna en su vida (escrita). Sus hermanas, a quienes nunca nombra
en forma individual sino en grupo —"mis hermanas"— son figuras borrosas. Cuando les permite la participación activa, como
en el capítulo titulado "El hogar paterno", sirven más que nada
para realzar el *beau rôle* de Sarmiento en la lucha familiar entre lo
viejo y lo nuevo. A otras mujeres sólo se las menciona circunstan-
cialmente en *Mi defensa* y en *Recuerdos de provincia;* a las que de
algún modo estuvieron ligadas eróticamente con Sarmiento no
se las menciona para nada. En esto difiere considerablemente de
uno de sus modelos declarados, Benjamin Franklin, quien no tiene inconveniente en hablar con libertad y sin prejuicio del carácter
ejemplar de su autobiografía, de "esa difícilmente controlable
pasión de la juventud que a menudo me empujó a intrigas amorosas con mujeres de baja estofa".[34] Sarmiento pasa por encima de
cualquier incidente que pudiera sugerir conducta incorrecta en
materia sexual. Ni siquiera alude a los lazos legítimos: Sarmiento
ya estaba casado cuando escribió *Recuerdos de provincia,* pero jamás menciona a Benita Martínez Pastoriza, con quien se casó en
1848. El hecho de que hubiera indicios de irregularidades pre-
matrimoniales acaso explique este silencio, aunque no del todo.[35]

---

[33] Véase un sugerente análisis de la interpretación que hace Sarmiento de Madame de Lamartine en Tulio Halperín Donghi, "Lamartine en Sarmiento: *Les Confidences* y *Recuerdos de provincia*", *Filología* (Buenos Aires), 20, 2 (1985), pp. 177-190.

[34] Benjamin Franklin, *The Autobiography of Benjamin Franklin* (Nueva York:
Macmillan, Literary Heritage, 1967), p. 73.

[35] Sarmiento había tratado durante años a Benita Martínez Pastoriza, oriunda

Y sin embargo, las mujeres no están ausentes por completo de los textos autobiográficos de Sarmiento. Mucho más tarde, en el diario que lleva al regresar de su viaje a los Estados Unidos en 1868, informalmente escrito en forma de cartas a la mujer que ama, Aurelia Vélez Sarsfield, y publicado más tarde como parte de sus *Memorias*, Sarmiento incluye un pasaje bastante largo titulado "Las santas mujeres". Bajo este título harto halagüeño (la referencia a la Virgen y mujeres que sirvieron a Cristo es obvia), Sarmiento celebra a las mujeres de su vida y antes de enumerarlas una por una escribe:

> En París compré una copia de la Venus de Milo en cuya base puse esta inscripción:
>
> A LA GRATA MEMORIA DE TODAS LAS MUJERES QUE ME AMARON
> Y AYUDARON EN LA LUCHA POR LA EXISTENCIA
>
> La Venus de Médicis es todo amor; la de Milo es la mujer pronta a ser madre o amante, pues sólo enseña su seno, su fisonomía es grave, como si sintiera la idea del deber.
>
> Hay las MUJERES DE LA BIBLIA, hay las de Shakespeare, o de Goethe. ¿Por qué no he de tener para mí las MUJERES DE SARMIENTO? no porque yo las haya creado al grado de mi fantasía, sino porque todas ellas me cobijaron bajo el ala de madres, o me ayudaron a vivir en los largos años de prueba.
>
> Mi destino, hanlo desde la cuna, entretejido mujeres, casi sólo mujeres, y puedo nombrarlas una a una, en la serie que, como una cadena de amor, van pasándose el objeto de su predilección.[36]

Así como en *Recuerdos de provincia* había establecido una cadena didáctica de mentores intelectuales exclusivamente varones, Sarmiento, en forma más sucinta pero con igual admiración, rescata ahora eslabones de una cadena de amor, no menos didáctica, constituida sólo por mujeres. Principia con su madre, como era de suponerse, dada su muy particular interpretación del emblema

de San Juan, casada con un hombre de negocios chileno mucho mayor que ella. Se casaron en 1848, pocos meses después de morir el marido, y "el único hijo de doña Benita, Dominguito Fidel —nacido en la capital chilena el 25 de abril de 1845— , pasa a llevar el apellido de Sarmiento, su verdadero padre" (Palcos, p. 92).

[36] Domingo Faustino Sarmiento, *Memorias*, en *Obras completas*, XLIX (Buenos Aires: Imprenta y Litografía Mariano Moreno, 1900), p. 293. De hecho, se publicó un libro sobre las mujeres de Sarmiento mucho después. Véase César Guerrero, *Mujeres de Sarmiento* (Buenos Aires: 1960).

venusino que rige su evocación —un amor no erótico sino maternal combinado con el sentido del deber—. Como en el caso de Alberdi, quien sentía que en sus cartas podía entusiasmarse hablando libremente de *La Nouvelle Héloïse* y hasta confesar la atracción física que le inspiraba el Rousseau pintado por Fantin-Latour, mientras que en su autobiografía sólo "recuerda" al autor de *El contrato social*, los recuerdos de Sarmiento se adecuan, aquí, a la imagen de sí que quiere brindar a una destinataria específica. Si en este pasaje de las *Memorias* rescata y coloca bajo el sereno patrocinio de la Venus de Milo una "cadena de amor" femenina que no cabía en las páginas más públicas y monumentalizadoras de *Mi defensa* o de *Recuerdos de provincia*, es porque el texto va dirigido a una lectora que es mujer y que, además, es la mujer amada por Sarmiento. En este caso el propósito del autobiógrafo no es dar ejemplo sino, de manera más sutil, atraer y cortejar.[37] Es un pequeño acto de seducción que presenta una persona autobiográfica diferente: el autor rodeado de sus múltiples Venus, ansiando ser amado: "Debe haber en mis miradas algo de profundamente dolorido que excita la materna solicitud femenil" (p. 294). Pero si la autobiografía es, sin duda, una venganza contra la historia, la historia, en algunas ocasiones, también se desquita. Sarmiento se permitió este retrato principalmente para dárselo a Aurelia Vélez Sarsfield, no a la posteridad, a la que ya había legado las páginas más solemnes de *Mi defensa* y de *Recuerdos de provincia*. La posteridad, a pesar de Sarmiento, lee los tres textos sin hacer esos distingos y los disfruta por igual.

---

[37] Otra biografía que debería leerse del mismo modo, como gesto seductor dentro de la retórica del *discours amoureux*, es la autobiografía de Gertrudis Gómez de Avellaneda, escrita en la forma de carta al hombre que ama. Véase *Autobiografía y cartas*, 2ª ed. (Madrid: Imprenta Helénica, 1914).

IX. SANTUARIOS Y LABERINTOS: LOS SITIOS DE LA MEMORIA

> Hacer que su tiempo, el tiempo de las personas que
> los rodean, y el tiempo de la situación exterior,
> coincidan en una especie de abandono del tiempo,
> donde las semillas del alcanfor o de las amapolas, el
> silencioso crecer nocturno de los vegetales, prepa-
> ran una identidad oval y cristalina, donde un gru-
> po al aislarse logra una comunicación semejante a
> un espejo universal.
>
> José Lezama Lima, *Paradiso*

Que la memoria de Sarmiento, como individuo, haya adoptado la forma de reflexión genealógica —una convocación de precursores con quienes se identifica— no es casual. Desde el Inca Garcilaso, que de niño escuchaba absorto a su madre y a sus tíos evocar un compartido pasado incaico a punto de extinguirse, hasta Borges, que en la dedicatoria de sus *Obras completas* agradece a su madre "tu memoria y en ella la memoria de los mayores", el pasado, en Hispanoamérica, se ve como asunto de familia. El propio Borges, al enfrentarse en *Evaristo Carriego* con el dilema del biógrafo (y acaso del autobiógrafo) —"Que un individuo quiera despertar en otro individuo recuerdos que no pertenecieron más que a un tercero, es una paradoja evidente"—[1] recurre a una ingeniosa explicación sobre el funcionamiento de la memoria en Hispanoamérica:

Solamente los países nuevos tienen pasado; es decir, recuerdo autobiográfico de él; es decir, tienen historia viva. Si el tiempo es sucesión, debemos reconocer que donde densidad mayor hay de hechos, más tiempo corre y que el más caudaloso es el de este inconsecuente lado del mundo. La conquista y colonización de estos reinos [...] fueron de

[1] Jorge Luis Borges, *Evaristo Carriego* (Buenos Aires: Emecé, 1955), p. 33. Con ánimo parecido, cita Gusdorf una frase de Geneviève Fauconnier: "Los recuerdos ajenos son un libro sin imágenes" (*Mémoire et personne*, I, 104).

tan efímera operación que un abuelo mío, en 1872, pudo comandar la última batalla de importancia contra los indios, realizando, después de la mitad del siglo diecinueve, obra conquistadora del dieciséis. Sin embargo, ¿a qué traer destinos ya muertos? Yo no he sentido el liviano tiempo en Granada, a la sombra de torres cientos de veces más antiguas que las higueras, y sí en Pampa y Triunvirato: insípido lugar de tejas anglizantes ahora, de hornos humosos de ladrillos hace tres años, de potreros caóticos hace cinco. El tiempo —emoción europea de hombres numerosos de días, y como su vindicación y corona— es de más imprudente circulación en estas repúblicas. Los jóvenes, a su pesar lo sienten. Aquí somos del mismo tiempo que el tiempo, somos hermanos de él.[2]

La explicación de Borges, por encantadora y sugerente que parezca, no deja de ser falaz. Nuestra memoria autobiográfica del pasado, cualquiera sea nuestra nacionalidad, se limita al recuerdo de nuestra propia existencia. En el ejemplo mencionado, Borges no recuerda la batalla que libró su abuelo; tampoco recuerda, huelga decirlo, el siglo XVI. La batalla del siglo XIX no constituye una reminiscencia vivida sino un hecho aprendido, algo que ha oído contar a una persona mayor, probablemente su madre (para quien quizá fuera un recuerdo autobiográfico). Borges no tiene *recuerdo* alguno de su abuelo librando esa batalla, tiene *conocimiento* (íntimo, si se quiere) del hecho. En cuanto a ubicar en el siglo XVI los remotos inicios de la batalla, es mera conjetura, como buena parte de lo que escribe Borges. En realidad, todo lo que Borges recuerda es *haber oído contar* que su abuelo había participado en esa batalla: tiene recuerdo autobiográfico del acto de transmisión en sí.

Sin embargo, aplicada al autobiógrafo, la falacia de Borges no es del todo errada. Hay una fuerte tendencia a escribir *como si* la memoria del autor abarcara un pasado de horizontes mucho más amplios que el de su propia existencia biológica. No sólo se destacan a menudo los actos de transmisión de recuerdos —las historias de familia narradas por los locuaces personajes de Picón Salas en *Viaje al amanecer*, las memorias que hilvana la madre de Vasconcelos en *Ulises criollo*— sino que los recuerdos mismos se expropian, pasan a formar parte de una suerte de cavilación gene-

[2] Borges, *Evaristo Carriego*, p. 20.

ral sobre el pasado que el autobiógrafo, al marcar el texto con su subjetividad, hace suya. Un caso extremo, en el que se llevan a sus últimas consecuencias tanto el acto de transmitir recuerdos ajenos como la apropiación de esos recuerdos por su destinatario, lo ofrece por cierto el más indirecto y más disimulado de los ejercicios autobiográficos, la transcripción de las vidas de otros. Dos buenos ejemplos de este tipo de relato de vida, inmensamente popular en estos últimos años como género "nuevo", son *Biografía de un cimarrón* de Miguel Barnet, y *Hasta no verte Jesús mío* de Elena Poniatowska.

Esta conexión entre la memoria propia y la memoria de los otros sin duda contribuye al tono nostálgico de muchas autobiografías hispanoamericanas, aun cuando la nostalgia no sea la meta principal de estos textos. El vincular recuerdos es, en buena parte, una estrategia interesada, una manera de poner a la persona autobiográfica en relieve: como testigo privilegiado, el autor está en contacto con un pasado ya perdido para el lector y puede devolver a ese pasado el aura de la experiencia vivida. Al principio de su autobiografía, Victoria Ocampo, antes de hablar de ella misma, antes de hablar de su familia, siente la necesidad de evocar ese pasado que conoce a través de lo que ha oído contar:

> Iba yo a oír hablar de los ochenta años que precedieron a mi nacimiento, y en que los argentinos adoptaron ese nombre, como de asuntos de familia. La cosa había ocurrido en casa, o en la casa de al lado, o en la casa de enfrente: San Martín, Pueyrredón, Belgrano, Rosas, Urquiza, Sarmiento, Mitre, Roca, López... Todos eran parientes o amigos. El país entero estaba poblado de ecos de fechas históricas con aire de cumpleaños (*happy birthday*) caseros, de nostalgias sentidas por quienes me rodeaban y mimaban.[3]

La *petite histoire* que los autobiógrafos decimonónicos concienzudamente, en nombre de la Historia, omitían de sus escritos, reaparece aquí, precisamente, como Historia. En esos chismes familiares lo ilustre se vuelve cotidiano, se habla de los padres de la patria en el mismo plano en que se habla del aguatero con sus barriles tirados por caballos.[4]

---

[3] Ocampo, *Autobiografía*, I, pp. 10-11. En adelante, todas las citas harán referencia a esta edición.

[4] Hay importantes consideraciones sobre la relación entre familia e historia en

Al apropiarse de la memoria de los otros, la memoria del propio autobiógrafo se expande y se vuelve más poderosa. Es sintomático que Victoria Ocampo eligiera una metáfora ligada a la tierra —ella, para quien ser terrateniente era fuente natural de riqueza— para expresar esa expansión: "Ahora, los recuerdos que me inundan, los de ellos junto con los míos, abrazan (y el término es exacto) grandes extensiones; se corren hacia el norte, hacia el sur de la Argentina, abarcan Córdoba, San Luis, La Rioja, la inmensa provincia de Buenos Aires" (p. 12). Los recuerdos se vuelven territorio, la memoria se expande y abarca toda la superficie del país, llega a ser ese país, suerte de nueva patria en la que la autobiógrafa manda, como terrateniente convertida en propietaria del pasado.

La aseveración de Victoria Ocampo de que "la Historia Argentina [...] era la de nuestras familias, justo es recordarlo"[5] —afirmación que por cierto dista de ser justa— es reveladora en su misma ceguera. Pone de manifiesto un prejuicio señorial, no tanto en lo que se refiere a la historia como a la escritura de la historia predominante a fines del siglo XIX (y no insólita en el XX), concepción que no puede sino influir en la manera en que el autobiógrafo se percibe a sí mismo.[6] Es significativo que María Rosa Oliver, perteneciente a la misma clase social, pero cuya carrera seguiría una línea ideológica opuesta a la de Ocampo, habiendo experimentado también la historia como chisme familiar y oído que a San Martín se lo llamaba "el tío Pepe" (y "gallego" por su

la percepción del tiempo en Tamara K. Hareven, "Family Time and Historical Time", *Daedalus*, 106 (1977), pp. 57-70.

[5] Victoria Ocampo, *Testimonios*, 5ª serie (Buenos Aires: Sur, 1957), p. 28.

[6] La genealogía (en la cual se basa este concepto de la historia) sirve como poderoso agente de discriminación especialmente en épocas en que estas autonombradas "primeras familias" se sienten amenazadas. Tamara Hareven señala la popularidad y creciente elitismo de movimientos como las "Daughters of the American Revolution", a fines del siglo pasado en los Estados Unidos, como reacción contra la masiva inmigración de extranjeros. Hareven también comenta la preocupación más reciente por la genealogía que se observa en ciertos grupos minoritarios: "La identificación del individuo con una genealogía [...] deja de ser intento de legitimar una posición exclusiva para volverse preocupación por una identidad emergente" (Tamara K. Hareven, "The Search for Generational Memory: Tribal Rites in Industrial Society", *Daedalus*, 107, 4 [1978], pp. 137-149). Esta actitud, frecuente en las crónicas orales donde se manifiesta en la preocupación por orígenes, tradiciones reprimidas e identidad comunal, resulta particularmente interesante de estudiar en el contexto de la literatura testimonial hispanoamericana.

manera de hablar), recuerda haber cuestionado desde niña lo que oía contar y además, notablemente, lo que leía. Las versiones contradictorias de sus parientes la llevan a dudar que Rosas fuera completamente malo y Urquiza, su opositor, completamente bueno. A este respecto recuerda cómo reaccionó ante uno de los relatos de su abuela:

> No me convenció. Desconfiaba de su imparcialidad. Si era verdad lo que contaba la *Amalia* de Mármol [...], el que venció a Rosas tenía que ser bueno, o por lo menos mejor que él.
> No me gustaba nada que de un lado no fuesen todos dechados de perfección y del otro "prototipos de maldad y vicio" como decían en los libros edificantes. Pero me disgustaba más aún que, no siendo así, lo impreso —para mí la verdad patente— no lo dijese.[7]

La ampliación y el enriquecimiento de la memoria van acompañados en casi todas las autobiografías por el temor, no menos general, a experimentar pérdida. El autobiógrafo hispanoamericano se caracteriza por su fuerte vocación testimonial: no se considera meramente testigo de ese pasado amplificado, es el *único* testigo de una época concluida que sólo vive en su relato. Dados los constantes cambios y los levantamientos a menudo violentos que caracterizan a Hispanoamérica, no sorprende que el autobiógrafo adopte esta postura particular: visto desde el presente de la escritura, el pasado —hasta el pasado propio— es un anacronismo, condenado a morir si no se lo rescata dando testimonio de él. En estos textos es recurrente la frase "alcancé a ver", como cuando se ve algo de modo fugaz, en vísperas de un cambio, *justo* cuando se pierde de vista. "La verdadera imagen del pasado es fugaz", escribe Walter Benjamin. "El pasado sólo puede asirse como imagen que centellea en el último instante en que puede ser reconocida, y luego desaparece para siempre [...] Toda imagen del pasado no reconocida por el presente como algo que le incumbe corre el riesgo de desaparecer irremediablemente".[8]

Hay un pasaje en *Recuerdos de provincia,* uno de los muchos en

---

[7] María Rosa Oliver, *Mundo, mi casa* (Buenos Aires: Sudamericana, 2ª ed., 1970), p. 57. La autobiografía de Oliver por fin rechaza la fusión de historia nacional y crónica familiar. Si bien se conserva en el título la metáfora de la casa, se la aplica al mundo y no a la familia, al país, o a una élite.

[8] Walter Benjamin, "Theses on Philosophy of History", en *Illuminations* (Nueva York: Schocken Books, 1978), p. 255.

que Sarmiento cita recuerdos de su madre —"cuéntame mi madre"—, que eficazmente resume esta actitud. Sarmiento recuerda haber oído contar a su madre cómo una de sus parientas, mujer riquísima en cuya casa se respetaban los más mínimos rituales de la época colonial, ordenaba que sus sirvientes ejecutasen una vez al año el asoleo de las monedas enmohecidas en uno de los patios de la casa. Una vieja esclava ayudaba a la madre de Sarmiento, aún muy niña, a subir por una escalera de mano hasta una ventana que daba hacia el patio. En brazos de la esclava, alcanzaba a ver sin ser vista el asoleo de los enmohecidos pesos fuertes propiedad de doña Antonia Irarrázabal, gruesa capa de metal que cubría el patio entero y que dos esclavos removían como si fuera "sonoro grano" (p. 67). "Alcanzar a ver": el autobiógrafo hispanoamericano es como esa niñita que se asoma para ver un viejo tesoro del cual es testigo privilegiado y secreto, y luego cuenta lo que ha visto cuando ya nadie lo puede ver.

En las autobiografías hispanoamericanas abundan ejemplos de estas "últimas miradas" a menudo dotadas del aura de las visiones terminales, miradas que han visto directa o indirectamente lo que ya no existe. En cierto sentido cuestionan —con felices resultados— el valor documental o la restringida práctica histórica que en principio se reclama para la escritura autobiográfica. En su autobiografía, *Tiempos iluminados*, Enrique Larreta, autor de *La gloria de don Ramiro*, describe una de esas últimas miradas:

He descripto en un breve libro lo que fue el Buenos Aires de mi infancia. Todos los que vienen como yo del último tercio del siglo pasado han podido presenciar, en nuestra ciudad, cambios prodigiosos, y algunos, ¿por qué no decirlo?, poco felices. Resume, para mí, la violencia de esos cambios el contraste de dos impresiones personales que no parecían caber en el espacio de una sola existencia. Más de una vez, al llegar tarde al Círculo de Armas, entre el deslumbramiento de las vidrieras, he vuelto a ver, como si aún me hallara en el balcón de la esquina, en el balcón de la casa que habitábamos entonces, el desfile de los soldados de Arias, después de la batalla de Los Corrales. Tengo que declarar que mis ojos infantiles alcanzaron todavía, en ese sitio, la escena salvaje de nuestras caballerías históricas, de esas mismas hordas que aparecen a cada paso en las páginas de Lamadrid y de Paz. Seguramente, aunque derrotados, aquellos hombres de rostro feroz y cubiertos de andrajos se consolaban con la dicha de poder penetrar en una ciudad que veían por vez primera. Uno de ellos, aflautando la voz, lanzó un largo grito burlesco. Me dijeron después mis hermanos que aquello quería decir: "Nos han vencido", pero con otras palabras. Era el gaucho antiguo y era la Pampa con su polvo, sus abrojos. Todo eso en la esquina de Maipú y Corrientes.[9]

De niño, Larreta alcanza a ver algo que ya no puede verse en el momento en que escribe. Evocándolo, desde el umbral del aristocrático Círculo de Armas, en una ciudad modernizada hasta lo irreconocible, lo aísla como fragmento nostálgico al que puede asirse, como para detener un yo anterior. Esta última mirada es elemento constitutivo de su yo; es, por así decirlo, su prehistoria personal, consoladora en momentos difíciles. Pero también es algo más. El haber visto desfilar derrotada la caballería de Arias no es sólo un recuerdo personal, es un nexo con el pasado nacional. Como subraya Larreta, ha visto *historia* y no meramente hordas de rudos soldados; ha visto al gaucho antiguo, ha visto la pampa, ha visto lo que otros sólo pueden leer en los libros. Dentro de este contexto, es interesante notar que los dos autores que menciona, Lamadrid y Paz, generales de las guerras civiles del siglo XIX, también escribieron autobiografías.[10]

Visto como título de gloria, este lazo con lo caduco sólo adquiere validez al ser contado. Si elegí la "última mirada" de Larreta para ejemplificar ese lazo, es por la particular naturaleza de ese texto. *Tiempos iluminados* es una autobiografía que, antes de su publicación, se leyó en público. Larreta pronuncia el texto como (larguísima) conferencia, el 3 de mayo de 1939, en el Jockey Club de Buenos Aires, a pedido de amigos suyos también socios del club. Si toda literatura apela a una comunidad de lectores que simpaticen con el texto, si, más particularmente, la autobiografía apela a una comunidad de lectores que simpaticen con el sujeto del texto, entonces el salón de conferencias del Jockey Club, el 3 de mayo de 1939, era el escenario perfecto para este acto de autoexhibición. Las circunstancias eran ideales: Larreta hablan-

[9] Enrique Larreta, *Tiempos iluminados* (Buenos Aires-México: Espasa Calpe Argentina, 1939), pp. 14-16.

[10] Gregorio Aráoz de Lamadrid, *Memorias* (Buenos Aires: Establecimiento de Impresiones de Guillermo Kraft, 1895); José María Paz, *Memorias póstumas del Brigadier General D. José María Paz, con variedad de otros documentos inéditos de alta importancia* (Buenos Aires: Imprenta de la revista, 1855).

do ante iguales, solicitando su comprensión como sólo puede hacerse de viva voz, sabiendo en todo momento que el público estaba por completo de su parte. Más aún, las circunstancias eran ideales para asegurar la comprensión de los oyentes en las escenas que Larreta había presenciado y salvaguardado como un tesoro, y aun su participación vicaria. Mientras habla Larreta, su pasado se convierte en pasado de grupo, y su última mirada, en visión comunitaria: el gaucho combativo, espíritu de la pampa, símbolo de la frontera, encontraba forzosamente eco entre oyentes de clase alta temerosos de cambio y nuevas invasiones, ya no de indios sino de inmigrantes.[11] Así, la "última mirada" del autobiógrafo, al apelar a la ideología defensiva del grupo, es reconocida como emblema colectivo.

La escena es a todas luces anacrónica, y no lo es menos su involuntaria calidad paródica: el autobiógrafo que crea una mezquina complicidad de poder y linaje en el santuario del Jockey Club, proponiendo tranquilizadores símbolos nacionalistas del siglo XIX mientras desatiende las señales de crisis del XX. Con todo, precisamente por esta naturaleza extrema, la escena refleja a la perfección la solidaridad de grupo que el autobiógrafo hispanoamericano suele buscar cuando rescata esas visionarias miradas últimas del pasado.

El anhelo de preservar acontecimientos pretéritos del paso del tiempo, a contracorriente, por así decirlo, para convertirlos, al narrarlos, en sucesos compartidos —rituales, necromancias de grupo— es fomentado por un hábil uso de la memoria.[12] Por lo general, en estas autobiografías intervienen, no necesariamente en forma simultánea, dos tipos de memoria que se complementan. Por un lado, la memoria individual, autoabastecedora y

[11] El temor al cambio era común en la burguesía argentina desde que la generación del Ochenta manifestó su descontento. También era común la xenofobia, evidente en autobiografías y abiertamente presente en la ficción de Miguel Cané, Eugenio Cambaceres, Julián Martel. Hay ejemplos más explícitos de xenofobia en Larreta en *Las dos fundaciones de Buenos Aires* (Buenos Aires: Espasa Calpe, 1944). Véase también el documentado estudio de Gladys Onega, *La inmigración en la literatura argentina (1880-1910)* (Rosario: Facultad de Filosofía y Letras, Cuadernos del Instituto de Letras, 1965).

[12] Sobre conmemoración y estrategias mnemotécnicas véanse las útiles observaciones de Eugene Vance en "Roland and the Poetics of Memory", en *Textual Strategies. Perspectives in Post-Structuralist Criticism*, Josué V. Harari comp. (Ithaca-Nueva York: Cornell University Press, 1979), pp. 374-403.

a menudo solipsista, que atesora detalles selectos de la vida personal, a manera de reliquias, para usar el término de Benjamin.[13] Por el otro, la memoria colectiva que desea preservar el pasado de una comunidad de la cual, como testigo autodesignado, el autobiógrafo es miembro privilegiado. La verdadera rememoración (*Eingedenken*, según Benjamin) es una siempre renovada fusión de las dos memorias, la comunitaria y la individual, que lleva a una "reliquia secularizada".[14] Son éstas las reliquias que el autobiógrafo presenta a la comunidad de lectores para que las reconozca, sin por ello descuidar, por supuesto, su valor personal y, en cierta forma, único.[15] De nuevo recurro a Victoria Ocampo, quien, en su *Autobiografía*, elabora su primer recuerdo de dos maneras diferentes según la estrategia elegida para cada pasaje.[16] En una sección del libro titulada "El archipiélago", donde recoge recuerdos dispersos de su infancia con tono *faux-naif*, anota su primer recuerdo por lo que significa en sí:

[13] Walter Benjamin, "Zentralpark. Fragments sur Baudelaire", en *Charles Baudelaire: Un poète lyrique à l'apogée du capitalisme* (París: Petite Bibliothèque Payot, 1982), pp. 239-240.

[14] *Ibid.* p. 239. Considérese también lo siguiente: "Cuando hay experiencia, en el sentido estricto del término, ciertos contenidos del pasado individual se combinan con materiales del pasado colectivo. Las ceremonias rituales, sus festivales [...] [siguen] produciendo, una y otra vez, la amalgama de esos dos elementos de la memoria" (Benjamin, "On some motifs in Baudelaire", en *Illuminations*, p. 159).

[15] En su penetrante *La Mémoire collective*, Maurice Halbwachs llama también la atención sobre dos tipos de memoria:
"Podría decirse que hay memoria individual y, en cierta manera, memoria colectiva. En otras palabras, el individuo recurre a dos tipos de memoria. Sin embargo, según adopte uno u otro de esos tipos, adoptará actitudes muy diferentes e incluso contrastantes. Por un lado, sus recuerdos se colocarán dentro del marco de su personalidad o de su vida personal. De los recuerdos que comparte con otros sólo retendrá los aspectos que le permitan distinguirse de esos otros. Por otro lado, a veces funcionará simplemente como miembro de un grupo, evocando y conservando vivos recuerdos impersonales en la medida en que tengan interés para el grupo" (p. 35).

[16] El mismo recuerdo, cuando aparece en diferentes textos del mismo autor (digamos, en una autobiografía, en una novela y en un ensayo), funcionará según las reglas genéricas de cada uno de esos textos y responderá a propósitos necesariamente diversos. Elizabeth Bruss ofrece un excelente comentario de esta diversidad en la introducción a su *Autobiograhical Acts: The Changing Situation of a Literary Genre* (Baltimore y Londres: Johns Hopkins University Press, 1976), pp. 1-18. Hay otros ejemplos de esta diversidad en Ocampo. Basta comparar, por ejemplo, sus recuerdos de los sirvientes negros en su autobiografía (I, 93-95) y las descripciones estetizadas de esos mismos sirvientes en "Cartones de Figari", *Testimonios*, 6ª serie (Buenos Aires: Sur, 1963), pp. 11-17.

Trepé sobre algo para llegar hasta el aljibe. Por el agujero miraba el agua. Grité. El aljibe gritó también. Volví a gritar. Me divertía. Nadie en el patio. Era dueña del patio. De pronto, levanté la cabeza y vi a Tata Ocampo de pie en el umbral de su cuarto. Llevaba su bastón en alto, de manera amenazante, me pareció. Decía algo... "¡Niñita, niñita!"... No le gustaba que me hubiera subido al aljibe. Quería que bajase en seguida [I, p. 75].

En el mismo tono se describe a continuación un malentendido: el abuelo se acerca a la niña haciendo señales con el bastón para que se baje; la niña, atemorizada, pensando que le va a pegar, no sólo se baja sino que escapa llorando. Para Ocampo, este recuerdo es fundamental en la recuperación individual de su pasado: "El recuerdo de Tata Ocampo, el día del aljibe, irá en primer término. Yo tenía cinco años cuando murió. No sé si los recuerdos que ordeno a continuación de éste son anteriores o posteriores" (I, p. 67). Sin embargo, en una sección anterior de la *Autobiografía* titulada "Antecedentes", dedicada a recuerdos familiares, el mismo episodio se describe en términos muy diferentes. Contado como acontecimiento y no como recuerdo, aparece en una evocación del linaje, asegurando un nexo con el pasado:

Manuel José de Ocampo fue designado, en 1810, regidor del Cabildo de Buenos Aires, y en esa calidad le tocó desempeñar un papel (dicen que destacado) en las jornadas de Mayo. Ese mismo año, el 15 de setiembre, en Buenos Aires, bautizó a su hijo con el nombre de Manuel José de Ocampo y González. Éste iba a ser Tata Ocampo, el amigo de Sarmiento, el bisabuelo que yo alcancé a conocer nonagenario, y que tanto se asustó un día, creyendo que su bisnieta (yo) se iba a caer en el aljibe de la casa de Florida y Viamonte, donde él vivía y a ella la llevaban diariamente [1, p. 20].

Aquí el recuerdo individual se ve afectado por la memoria colectiva, adquiere significación histórica. La figura de Tata Ocampo —patriarca familiar al que Ocampo alguna vez llama, en confianza, "el bisabuelo del aljibe"— adquiere nuevos atributos y se le menciona con su nombre completo: Manuel José de Ocampo y González. Asimismo se lo coloca en un escenario más amplio: la casa familiar se comunica con la novísima república. Nacido el mismo año en que finaliza el régimen colonial, este Ocampo es hijo de un héroe y buen amigo de Sarmiento, ya famoso como político y escritor. En este contexto, adquiere nuevo significado el relato de la niña a punto de caerse en el pozo. Ya no es sólo una travesura que ha dejado una huella indeleble en la memoria individual de Ocampo, es un nexo con el pasado de la nación. Éste (dice Ocampo a sus lectores) fue mi contacto físico con un pasado, con "nuestro" pasado, porque al escribir es también de ustedes.[17]

Me apresuro a añadir que esta memoria comunitaria suele ser tan ilusoria como ese pasado autobiográfico de que hace alarde Borges, ya que rara vez corresponde a un pasado compartido. Si en el caso de Larreta sí correspondía —un público ideológicamente cohesivo que se reconoce de manera directa en las evocaciones del autor— la propia naturaleza de la situación ponía de manifiesto su carácter excepcional. El autobiógrafo cuenta, por supuesto, con el poder seductor de esos vínculos ilusorios, cuyas metáforas fundacionales provienen de la vida misma. Así como Sarmiento busca el reconocimiento de sus lectores organizando sus recuerdos según lo que Martínez Estrada denomina la "sensibilidad doméstica", o lo que Patricia Tobin llama, con no menor acierto, el "imperativo genealógico",[18] privilegiando representaciones filiales o paternales (hijo de San Juan y de la república independiente, padre de su familia y de la patria) para establecer lazos con su público, otros autobiógrafos prefieren apelar a figuras coetáneas simpáticas, hipotéticos hermanos y parientes que los lean y entiendan. Si bien el mundo y la comunidad evocados por el autobiógrafo no son necesariamente los del lector, el texto es lo bastante persuasivo para atraer al lector, presa fácil, proporcionándole la muy deseada sensación de que pertenece a un grupo.[19]

---

[17] Véase otra interpretación de las variaciones de este primer recuerdo de Ocampo en Luis Gusmán, "Tres escenas de Victoria Ocampo", *Sitio*, 2 (Buenos Aires, 1983), pp. 64-66. Hay un buen análisis de la memoria en Ocampo en Agnes Lugo-Ortiz, "Memoria infantil y perspectiva histórica en *El archipiélago* de Victoria Ocampo", *Revista Iberoamericana*, 140 (1987), pp. 651-661.

[18] Patricia Drechsel Tobin, *Time and the Novel. The Genealogical Imperative* (Princeton University Press, 1978).

[19] Propone un buen ejemplo de esta integración Ricardo Güiraldes en su *Don Segundo Sombra*, texto sólo periféricamente autobiográfico pero que, sin duda, se apoya en un reconocimiento comunal del pasado. Como atinadamente observa Noé Jitrik, la evocación que hace Güiraldes del gaucho fue adoptada por muchos

La doble visión del pasado, la frecuente (en algunos casos, constante) articulación del recuerdo en beneficio de una comunidad, real o ficticia, por lo general lleva a una sensación particular del espacio. Hay lugares protegidos para recordar y desde donde recordar; sitios privilegiados en los que se elige inscribir esos gestos de restauración comunitaria. Estos lugares —los sitios de la memoria— se hallan, forzosamente, fuera del alcance del autobiógrafo. Alejados en el tiempo o en el espacio, son esencialmente *inactuales*; nunca coinciden con el presente de la escritura, es decir, con el *locus* donde se origina el acto autobiográfico. Algún tipo de distancia marca todo acto autobiográfico, en cualquier país y en cualquier época. Su forma más sencilla es, por supuesto, geográfica: es raro (aunque acaso no imposible) encontrar un escritor tan plenamente casero que compone su autobiografía en el mismo lugar donde comenzó su vida. (De ser así, con gran probabilidad no habría autobiografía: Amiel, perfecto ejemplo del autobiógrafo casi inmóvil, escribió diarios pero no la historia de su vida.) Sin embargo, la distancia del autobiógrafo es, ante todo, temporal y psicológica: los sitios que reclama la autobiografía para los ritos de la memoria están fuera de su alcance porque se los ha dejado para siempre atrás o porque el tiempo los ha desgastado hasta dejarlos irreconocibles. El primer volumen de la autobiografía de Enrique Gómez Carrillo comienza acertadamente con un lamento por su ciudad natal, Santiago de los Caballeros, en Guatemala, destruida hace poco por un terremoto pero indeleblemente grabada en su memoria: "Yo, por lo menos, así la sueño siempre, y así pensaba volverla a ver algún día antes de morir".[20]

El desplazamiento geográfico, a menudo drástico, marca muchas vidas en Hispanoamérica; no debe sorprender por lo tanto que refuerce el mencionado sentido de distancia. El autobiógra-

como filtro hacia un pasado que nunca conocieron, pero al cual ansiaban incorporarse. Es significativo que la primera traducción de *Don Segundo Sombra* haya sido al yiddish. Cf. Noé Jitrik, "Don Segundo Sombra", en *Escritores argentinos. Dependencia y libertad* (Buenos Aires: Ediciones El Candil, 1967). En un nivel más general, Benedict Anderson estudia la creación de esas comunidades en *Imagined Communities. Reflections on the Origin and Spread of Nationalism* (Londres: Verso/New Left Books, 1983).

[20] Enrique Gómez Carrillo, *Treinta años de mi vida*, I (Buenos Aires: Casa Vaccaro, 1918), p. 19.

fo *se traslada:* de la provincia a la capital, de su país a otro país, de un continente a otro continente. El argentino Carlos Mastronardi, acaso en homenaje a *Recuerdos de provincia* de Sarmiento, titula su autobiografía *Memorias de un provinciano* (1967): narra su traslado de Entre Ríos, provincia natal, a Buenos Aires, ciudad adoptiva y foco de su relato. Un contraste semejante entre dos espacios opuestos, la Mérida provinciana y la Caracas moderna, anima, como ya se ha visto, la evocación de Picón Salas en *Viaje al amanecer*. Otro itinerario parecido puede observarse en *De mi vida y otras vidas* (1949) de Baldomero Sanín Cano, donde se abandona la provinciana Rionegro, en Antioquia, por Bogotá. El viaje del autobiógrafo por lo general va más allá del traslado de la provincia a la capital. Rubén Darío viaja de Nicaragua a Chile, y de ahí a la Argentina y a París. Picón Salas va de Caracas a Chile, y luego a ciudades del mundo entero. La condesa de Merlin, Mansilla, Gómez Carrillo escriben sus autobiografías en París. Darío, que establece residencia en París ("Yo soñaba con París desde niño, a punto de que cuando hacía mis oraciones rogaba a Dios que no me dejase morir sin conocer París"),[21] redacta su autobiografía durante una breve estadía en Buenos Aires. Vasconcelos decide escribir *Ulises criollo* después de haber dejado México para ir a España y semanas antes de partir para Buenos Aires. El gastado cliché que equipara la vida con el viaje adquiere, en la autobiografía hispanoamericana, plena literalidad. Gómez Carrillo, a principios de siglo, pone por título a una de sus numerosas colecciones de crónicas de viaje *La vida errante* y, cuando escribe su propia "vida errante y apasionada", le da la misma estructura abierta que adopta para esos textos viajeros.[22]

[21] Rubén Darío, *Autobiografía* en *Obras completas*, I (Madrid: Afrodisio Aguado, 1950), p. 102. Se ha escrito exhaustivamente sobre la pasión de los escritores hispanoamericanos por París y no entraré aquí en el tema. Véase en la autobiografía de Baldomero Sanín Cano, *De mis vidas y otras vidas* (Bogotá: Editorial ABC, 1949), pp. 27-30, el revelador contraste entre este viaje cosmopolita y popular a París y las grandes dificultades de los viajes, a fines de siglo, en una Colombia geográficamente poco hospitalaria.

[22] *Treinta años de mi vida*, 3 vols. (Madrid: Mundo Latino, 1919). Para un buen comentario sobre las ideas de Gómez Carrillo sobre viajes y viajeros, véase Aníbal González, *La crónica modernista hispanoamericana* (Madrid: José Porrúa Turanzas, 1983). Véanse otros comentarios sobre el tema de "la vida como viaje" en William C. Spengemann, "Eternal Maps and Temporal Voyages", *Exploration*, 2 (1974), pp. 1-7, y en Jean-Claude Berchet, "Un voyage vers soi", *Poétique*, 53 (1983), pp. 91-108.

Para el escritor hispanoamericano de principios de siglo ser trotamundos es signo de modernidad. Con el paso del tiempo se convierte en modo de vida y, con frecuencia, en decisión económica o política. Darío y Gómez Carrillo se establecen en París no sólo por razones literarias (a principios de siglo el escritor hispanoamericano viaja a Francia como el pintor renacentista francés viajaba a Italia), sino porque en París, como diplomáticos de segunda o como corresponsales extranjeros, pueden ganarse la vida en una forma que en sus países resulta difícil o imposible.[23] En otros casos, desde Sarmiento a Picón Salas, el exilio político sirve para catalizar una errancia que eventualmente se vuelve segunda naturaleza. Hay por supuesto otros casos en que el exilio, aun cuando no político, obedece a razones personales: la condesa de Merlin se casa con un francés y se instala desde muy joven en Europa; Mansilla elige terminar sus días en París.

Este alejarse del lugar de origen, componente decisivo de la experiencia individual del autobiógrafo hispanoamericano, debe verse en conjunción con un sentido muy particular de la historia, el que lleva, como se ha visto, a privilegiar esas "últimas miradas" a un pasado personal en el cual se busca incorporar al lector. Tanto el alejamiento del lugar de origen como la concepción catastrófica de la historia parecen exigir al autobiógrafo la creación de un *lugar común* estable para la rememoración. La forma más frecuente que adopta ese lugar común es, desde luego, la casa familiar, la casona. Escenario natural de la novela familiar —piénsese en su frecuencia en la novela hispanoamericana, desde el idílico "El Paraíso" de la *María* de Isaacs hasta su infernal contrafigura, "La Rinconada", en *El obsceno pájaro de la noche* de Donoso— es también, en la autobiografía, un refugio de la memoria. Por un proceso de contagio, la casona a menudo se extiende más allá de sus límites, y entonces la aldea, la ciudad, la región o incluso todo un país se convierten en santuario de reminiscencias. La Mérida de Picón Salas en *Viaje al amanecer* es, como se ha visto, perfecto ejemplo de esta ampliación.

Postular un lugar para la conmemoración es, en sí, un gesto

---

[23] Véase un excelente análisis de los vínculos entre periodismo y literatura y del papel del corresponsal extranjero a fines de siglo en Julio Ramos, *Desencuentros de la modernidad en América Latina: literatura y política en el siglo xix* (México: Fondo de Cultura Económica, 1989).

posesivo, de clase. Dicho de otro modo: postular una casona para albergar el pasado es tener una casona (o idea de una casona), para empezar. El autobiógrafo que recurre a este gesto habla desde una posición de poder social e intelectual; el impulso autoritario se extiende más allá de la casa propiamente dicha, e incluye la misma tradición que en ella se quiere albergar. *Habla el algarrobo*, de Victoria Ocampo, aunque no estrictamente autobiográfico, es en este sentido revelador. Texto dramático concebido para un espectáculo de luz y sonido en la quinta Pueyrredón, sitio histórico de Buenos Aires y por consiguiente apto para despertar algún tipo de reconocimiento comunitario en el público, presenta a un algarrobo que "recuerda" los muchos acontecimientos presenciados por la casa durante más de doscientos años de historia argentina. No es casual que la quinta haya pertenecido a parientes de Ocampo. Acto posesivo por excelencia, como observa con agudeza Blas Matamoro,[24] el texto de Ocampo pone en escena no ya a un yo que recuerda la quinta sino a la quinta que se recuerda a sí misma, es decir, la propiedad que recuerda (que engendra) la propiedad. A la inversa, una mirada a las autobiografías de los desposeídos muestra que los santuarios de la memoria son tenues y que la rememoración comunitaria no los cultiva de manera convencional. El esclavo Juan Francisco Manzano no puede rescatar del pasado un lugar propio donde fijar la memoria: el único lugar donde se siente cómodo para meditar y soñar es, no sin ironía, el retrete. Esta misma carencia de un lugar propio caracteriza el testimonio de Jesusa Palancares en *Hasta no verte Jesús mío* de Elena Poniatowska.

Un texto interesante por la forma en que propone un lugar para el recuerdo es *De mi casona* (1924) del escritor peruano Enrique López Albújar. A primera vista, esta sencilla crónica autobiográfica parece acomodarse al gesto recuperador ya descrito. López Albújar reclama la casona del título como depósito de la *petite histoire* de su niñez y de su Piura natal. Como testigo silencioso

---

[24] "En este sentido, el texto cifra es *Habla el algarrobo* [...], en que el patrimonio narra la historia del propietario: la propiedad es el protagonista, la historia de la familia es contada por la propia quinta familiar. La figura de los dueños, individuos mortales pasajeros, se alarga en el tiempo, pretende eternidad en el arquetipo del Propietario, prolongado, temporalmente, por los buenos oficios del derecho hereditario" (Blas Matamoro, *Oligarquía y literatura* [Buenos Aires: Ediciones del Sol, 1975], p. 229).

del pasado, la casona tiene derecho "a que me ocupe en ella, a que hable de ella, a que, a través del desarrollo de mis evocaciones, haga también un poco de su historia".[25] Pero la historia que cuenta López Albújar no tiene nada que ver con glorias ancestrales ni propone una solidaridad nacida del privilegio. Al revés de la mayoría de los casos, en los que la casa del autobiógrafo se exalta como patrimonio, esta casona pertenece a la familia desde hace muy poco: fue comprada por la abuela de López Albújar, emprendedora tendera que fumaba puros y que en menos de treinta años "había pasado de inquilina a propietaria; de pobre cuarterona, arrinconada en triste callejuela, a señora de respeto y ama de una casa de gran movimiento y lujo provinciano" (p. 25). Nueva encarnación de la *mamá grande* hispanoamericana, esta dinámica "mamá señora" sigue trabajando a pesar del nuevo rango alcanzado, y convierte en hotel la parte de la casona que no ocupa la familia. La casona ha sido invadida; la gloria heredada ha sido reemplazada por el comercio activo.

La historia de la casa familiar de los López Albújar se narra al mismo tiempo que la historia del niño, a su vez nada convencional. Hijo ilegítimo separado de su madre, López Albújar es educado por la abuela, y sus padres sólo se casan después de la muerte de la mamá señora. Pero el texto no se detiene en el individuo, y a todas luces lo subordina a la historia de la casona, rica en pintorescas anécdotas y quizá menos difícil de narrar. *De mi casona* se lee como una serie de viñetas, amables y ligeramente humorísticas, a veces malogradas por el patetismo que tan a menudo acompaña el populismo bien intencionado. Dejando de lado estas fallas, me interesa el texto por la forma en que juega con la idea de lugar, subvirtiendo el modelo habitual y cuestionando (así sea con ingenuidad) la idea de un santuario culturalmente privilegiado. El capítulo "Mi blasón", por ejemplo, tomando distancia irónica con respecto del título, repudia cuanto se refiere al linaje:

> Desgraciadamente para los que han oído sonar mi nombre o para los que de vez en cuando me leen, así como para todos esos criollos que viven improvisándose ascendencia ilustre y sacudiéndose el lodo reco-

[25] Enrique López Albújar, *De mi casona. Un poco de historia piurana a través de la biografía del autor* (Lima: Imprenta Lux, 1924), p. 10. En adelante, todas las citas harán referencia a esta edición.

gido por sus mayores en la atáxica marcha de su vida, el tronco de mi abolengo no sé de dónde arranca. Tal vez de la cola del caballo de algún conquistador analfabeto, o de la gorguera de algún golilla, o de la casaca de algún marqués calavera, de los brocados de alguna dama gazmoña y linajuda, o del hábito de algún fraile acucioso y socarrón... ¡Qué sé yo! [p. 53].

Del mismo modo, la idea de que los vínculos familiares se establecen a través de los recuerdos compartidos, esa actitud *entre-nos* con respecto al pasado nacional que con tanta eficacia ejemplificaba Victoria Ocampo, se ridiculiza y desacredita enfáticamente mediante la deliberada exaltación del presente:

Las veladas de nuestro hogar fueron siempre sencillas y sin ambiente histórico. En ellas se hablaba sólo del presente, del estado de los negocios, del próximo onomástico casero [...], de alguna que otra historieta acontecida dentro de los ámbitos de la Casona, de la crónica callejera... Las frases enfáticas y tendenciosas: *Cuando mi abuelo el general... En la época en que mi padre era ministro de La Mar... Una noche en que mi abuelo había sentado a su mesa al virrey... Los Osuna, nuestros primos...* u otras semejantes, no se oyeron jamás en la casona [pp. 53-54].

Del pequeño mundo de Piura, con sus insignificantes aristócratas y sus pretensiones de antiguo régimen, López Albújar rescata una venerable casa colonial y la adapta al presente convirtiéndola en alojamiento democrático. Su historicidad se debe no a la eminencia sino a la popularidad: "si mi casona no es la más gloriosa de Piura, es la más popular, la más célebre, la más histórica" (p. 9). No es, para López Albújar, un monumento al linaje sino al esfuerzo personal, monumento que alberga el mestizaje y no la pureza de sangre. Por lo tanto, si se apela al recuerdo comunitario,[26] el llamado se funda menos en un agrupamiento eli-

---

[26] Dos años antes de su publicación, el mismo López Albújar dio al libro un giro ideológico al declarar que era parte del proyecto que había iniciado con *Cuentos andinos*, "el de hacer una literatura netamente peruana" (Enrique López Albújar, *Memorias*, Prefacio por Ciro Alegría [Lima: Talleres Gráficos Villanueva, 1963], p. 15). De hecho los *Cuentos* recibieron excelente acogida por la manera en que intentaban reflejar una mentalidad peruana, específicamente indígena (véase José Carlos Mariátegui, *Siete ensayos de interpretación de la realidad peruana* [Santiago de Chile: Editorial Universitaria, 1955], pp. 253-255).

tista que en la invitación algo ingenua a una solidaridad nacionalista, básicamente populista.

Y sin embargo, de manera curiosa, el texto de López Albújar cede ante el atractivo del modelo que desdeña. Remeda, quizá sin caer del todo en la cuenta, los mismos clichés defensivos y figuras de quietud típicos de una ideología que por otra parte desprecia. Porque también en este texto se condena la casona a una inmovilidad atemporal:

> En medio de los asmáticos jadeos de los autos, del cintilar de los focos eléctricos, de las sirenas estridentes de las fábricas, de los silbatos de las locomotoras y del sordo rodar de los tranvías, mi casona, como un símbolo, seguirá siendo la abuela gloriosa de la aldea [p. 13].

El afán de López Albújar por defender la casona contra el cambio retirándola de la circulación histórica, a la vez que celebra el hecho de que, por ese mismo cambio, él y las nuevas generaciones que representa ahora habitan la casona y han de forjar la nueva historia, puede parecer contradictorio. "En todas las épocas es necesario renovar el esfuerzo por arrancar la tradición del conformismo que amenaza dominarla", escribe Benjamin.[27] Si López Albújar logra arrancar esa tradición del conformismo que decreta una élite —en este sentido podría decirse que su texto es el preciso opuesto de las *Tradiciones peruanas* de Ricardo Palma— sus procedimientos para almacenar esa tradición "reciclada" se parecen mucho a los de la élite. En la escritura autobiográfica, la necesidad de trabajar con iconos espaciales conservadores es más fuerte, al parecer, que la coherencia ideológica.

[27] Walter Benjamin, "Theses on the Philosophy of History", p. 255.

> Buenos Aires es también una casa, una gran casa
> que ha ido evolucionando a medida que las gene-
> raciones sucesivas la adaptaron a su gusto. Desde
> que existe, frente al río, sus habitantes se han com-
> placido en levantar y abatir sus paredes y sus tabi-
> ques, en mudar su moblaje, en cambiar su deco-
> ración.
>
> MANUEL MUJICA LÁINEZ, *Estampas de Buenos Aires*

Cuando Lucio Victorio Mansilla escribe su autobiografía (supo-
niendo que el término pueda aplicarse a una de las más sinuosas
manifestaciones del género en Hispanoamérica), está muy lejos
de su lugar de origen. El tiempo y los viajes, por supuesto, son
causa de esa distancia: si bien *Mis memorias* existía desde hacía
tiempo, por lo menos en borrador, Mansilla sólo se decide a publicar el libro a los setenta y cuatro años, desde el elegido destierro en París. Sin embargo, ya mucho antes, los cambios políticos y la reestructuración del poder en la Argentina lo habían
convertido, si no en proscrito, sí en inadaptado, contribuyendo
de manera eficaz a desconectarlo de su país. Sobrino de Juan Manuel de Rosas, Mansilla nunca logró desempeñar un papel importante en la escena pública, específicamente política, de la
nueva Argentina de la segunda mitad del siglo XIX, cuando cualquier relación con el dictador depuesto inspiraba sospecha.[28] Reducido a un aislamiento que aprovechó de manera histriónica,
eligió con cuidado su persona autobiográfica, cultivando el papel del tarambana: al llamar la atención sobre sus calaveradas, se
hizo acreedor a una dudosa distinción, la de ser, "junto con Sarmiento, [...] tal vez el hombre que ha hablado más de sí mismo
en nuestro país".[29] Dos retratos de Mansilla, siempre dispuesto a
cualquier forma de autopromoción, son prueba elocuente del
cuidado que dedicaba a su persona: fotografías trucadas mediante espejos enfrentados lo muestran multiplicado varias veces, en
amable conversación con reproducciones de sí mismo. El gesto
teatral que permite el truco fotográfico es emblema adecuado de
su escritura, incansable ejercicio de autorreflexión y dispersión.

---

[28] Véase un agudo análisis de los efectos de esta exclusión en Mansilla en
Adolfo Prieto, *La literatura autobiográfica argentina*, p. 147.

[29] *Ibid.*, p. 127.

La escritura autobiográfica de Mansilla es, en el mejor de los casos, ricamente polifacética, y, en el peor, irritantemente descuidada. El gesto que funda esa escritura —la perpetua digresión, el rechazo de un centro que sólo se manifiesta por su ausencia— puede también minarla: la deriva textual, sin control, lleva a veces al tedioso vagabundeo, aquella "desabrochada e intolerable parlería" de que hablaba Groussac.[30] Cuatro textos constituyen la escena del yo de Mansilla: *Una excursión a los indios ranqueles* (1870); *Entre-Nos. Causeries del jueves* (1889-1890); *Estudios morales o sea el Diario de mi vida* (1896); y por fin *Mis memorias* (1904). De los cuatro, los dos primeros se publicaron por entregas, en *La Tribuna* y en *Sud-América* respectivamente, antes de publicarse en libro.

Dada la propensión de Mansilla a lo fragmentario, la publicación por entregas no parece fortuita. La entrega semanal era el molde perfecto para estas inconexas briznas textuales, para la infinita, parlera representación del yo. "Quand on est pressé d'être lu, il faut écrire des feuilletons", reza el epígrafe anónimo de una de sus *causeries*.[31] Sin embargo, Mansilla suele provocar al lector en sus charlas con la promesa de un *libro* autobiográfico más coherente, cuya publicación vive anunciando y postergando.[32] Lo cierto es que las *Memorias* se van redactando al mismo tiempo que las charlas, como suplemento de esa escritura circunstancial (aunque no menos reveladora de la persona de su autor) que se practica por entregas. No sorprende entonces que cuando por fin se publicaron, las *Memorias* mostraran semejanza considerable con las charlas, parecieran una prolongadísima charla más que podía leerse en combinación con las anteriores, o mejor, como su culminación. Las *causeries* habían infiltrado *Mis memorias* a la vez que *Mis memorias* proponían, en retrospectiva, una lectura más ajustadamente autobiográfica de las *causeries*. El lector curioso de ver cómo Mansilla recuperaba el pasado y armaba su persona autobiográfica podía seguir la deriva de su yo de un texto a otro,

---

[30] Paul Groussac, *Los que pasaban* (Buenos Aires: Jesús Menéndez, 1919), p. 80.

[31] Lucio V. Mansilla, *Entre-Nos. Causeries del jueves*. Introducción de Carlos Ghiano (Buenos Aires: Hachette, 1963), p. 628. Esta edición reúne todas las *causeries* de la edición en cuatro volúmenes de 1889-1890. Cito en adelante por esta edición, abreviando *EN* para distinguir estas citas de las de *Memorias*.

[32] Véase, por ejemplo, *Entre-Nos*, pp. 166, 331 y 628.

animado por el propio autor. Sin embargo, a pesar del tono común, Mansilla necesitaba marcar cierta distancia entre los dos textos. Las charlas eran obras abiertas que se consumían en el acto; *Mis memorias,* en cambio, un *libro* cuya publicación demoró hasta 1904.

Aunque las *Memorias,* a fin de cuentas, no pasaran de *causeries,* Mansilla, por considerarlas libro, necesitaba dotarlas de un marco diferente del de sus escritos anteriores. Dada la naturaleza digresiva de su estilo, este marco no podía ser muy sólido, pero sin duda hacía falta. En vez de comenzar *in medias res,* como en sus charlas semanales, hablando de lo primero que se le ocurriera, o haciendo coincidir su relato con una etapa claramente delimitada de su vida (como en la excursión a los ranqueles), Mansilla tenía que empezar por el comienzo de su vida, o mejor dicho, tenía que elegir un comienzo para la vida que estaba por narrar. *Mis memorias* comienza justamente preguntándose cómo comenzar, llama la atención sobre el ejercicio autobiográfico al indagar sus orígenes mismos, dedica buena parte de sus primeras páginas a una larga reflexión sobre las trampas de la memoria. Esto es harto atípico en una autobiografía hispanoamericana del siglo xix: por lo general se evitan esas disquisiciones puesto que, como se ha visto, la memoria se considera sobre todo un instrumento histórico fidedigno. (Incluso en las autobiografías hispanoamericanas escritas en el siglo xx, es raro encontrar consideraciones iniciales sobre la memoria.) Oponiéndose a esa ciega aceptación de la memoria, Mansilla abre su texto con dudas. Denuncia la relatividad de la memoria, cuestiona su fidelidad cuando en ella influye la vanidad, recuerda la respuesta de Domingo de Oro (uno de aquellos Oro que había elegido Sarmiento como "antepasado" en *Recuerdos de provincia)* cuando se le pregunta por qué no escribe memorias: "Señor don Lucio, he visto tanta inmundicia, que... ¿para qué legarle más mier... a la historia?"[33]

Las consideraciones de estas primeras páginas, al llamar la atención sobre los dilemas del autobiógrafo, estimulan la reflexión crítica. No sólo se pregunta Mansilla en qué forma comenzar (o, como Oro, si debe comenzar): medita sobre lo que recuerda, sobre cómo recuerda, sobre lo que debe contar y lo que le van a

---

[33] Lucio V. Mansilla, *Mis memorias* (Buenos Aires: Hachette, 1955), p. 61. En adelante, todas las citas harán referencia a esta edición.

creer. El camino que elige y propone al lector, con calculado desafío, es el de "las insinuaciones fluidas, los *à peu près*" que irán creando su propio método: "Iré así meditando a medida que vaya evocando mis recuerdos y escribiendo. Lentamente iré así madurando el criterio de lo que crea que no debo omitir" (p. 64). Previendo el intento que harán sus lectores para recomponer lo que con toda intención presenta suelto, recurre a la metáfora:

> El que sea capaz de reconstruir reconstruirá la situación, el hecho tal cual fue, a la manera que Cuvier, con un molar, reconstruía un megaterio, guiado, como sus sucesores, por la uniformidad de las leyes naturales; o como los arqueólogos que, de indicio en indicio, poco a poco, pedacito por pedacito, haciendo un trabajo de hormigas, restauran y reconstruyen preciosos mosaicos triturados, monumentos, ciudades enteras que yacían sepultadas bajo el polvo o la lava amontonados por los estremecimientos del planeta que habitamos [p. 64].

La curiosa analogía científica merece comentario, pues aparece más de una vez en Mansilla. En una *causerie* publicada en forma póstuma, "Un consejo y una confidencia", se cita a Cuvier en el epígrafe, esta vez desanimando al lector: "Cuvier ha podido reconstruir todo un mundo de animales fósiles mediante algunos huesos y dientes. Pero con algunas ideas y frases apenas se puede bosquejar imperfectamente un carácter".[34] Así, la idea de reconstrucción, ya se base en modelos paleontológicos o arqueológicos, es en Mansilla eminentemente ambigua. Todo intento de restaurar se ve frustrado, minado desde un principio.[35] Mansilla desafía al lector (como se desafía a sí mismo) a recomponer un pasado que se dispersa activamente en el presente, en la cháchara digresiva que constituye su propia escritura. "Es mi intento —escribe— *dislocarme*" (p. 64). El fragmento de Cuvier se convierte en la ficción de Mansilla.

Sin embargo, persiste en el texto el afán de reconstruir, como un mecanismo que no se descarta por completo aunque ya no fun-

[34] Lucio V. Mansilla, *Charlas inéditas* (Buenos Aires: Eudeba, 1966), p. 49.

[35] Sobre la problemática de la memoria (la memoria como obstáculo a la presencia) tal como se experimentó en la segunda mitad del siglo XIX véase Eugenio Donato, "The Ruins of Memory: Archaeological Fragments and Textual Artifacts", *Modern Language Notes*, 93, 4 (1978), pp. 575-596.

cione. Por otra parte, en el contexto de la vida de Mansilla, los términos *restauración* y *reconstrucción* no deben tomarse a la ligera. El primero caracterizaba el gobierno de su tío, el "Restaurador de las leyes". El segundo permea la retórica oficial de los años sesenta después de la derrota de Rosas, en el periodo en que políticos y letrados participan de manera activa en la reorganización nacional. De algún modo el autobiógrafo Mansilla queda preso en esa tierra de nadie que separa los dos términos y las dos actitudes, restauración y reconstrucción, ansioso dentro de su propio relato. El recurso a la metáfora científica para ilustrar la preocupación de Mansilla con la reconstrucción y la reorganización pone de manifiesto una ansiedad por los orígenes no menos crítica. Es una preocupación, por otra parte, muy de la época: baste recordar la reflexión sobre los orígenes que, desde la arqueología a la filología, caracteriza el pensamiento científico del siglo XIX. En lo que concierne específicamente a Mansilla, las preguntas en apariencia juguetonas de las primeras páginas —cómo empezar, dónde empezar y si empezar o no—, si bien se refieren al texto, traducen una preocupación genealógica personal: ¿dónde empiezo yo, el mismo que pregunta dónde empezar?

La historia familiar de Mansilla aparece signada por el desplazamiento y la dislocación. Hay desazón genealógica por los dos lados. Su padre, el general Lucio Norberto, héroe de la Vuelta de Obligado durante el bloqueo inglés y francés, proviene de una familia con dos ramas claramente distintas: "la legítima, o sea la de la prosapia del señor doctor don Manuel Mansilla, y la de mi padre, la espuria" (p. 94). Aunque Mansilla no se detiene demasiado en la impureza genealógica de esta rama,[36] proclamando, por otra parte, la supremacía del mérito personal sobre la del linaje, deja que reverbere en el texto la inquietud familiar. Por ejemplo, Mansilla problematiza la división generacional, al recordar que su padre tenía cincuenta años al casar con Agustina Rosas, de quince, y que ya tenía hijos grandes y nietos de un matri-

---

[36] Mansilla no puede dejar del todo el tema del linaje y de la legitimidad. Entre los que él llama "los Mansilla finos —sin mezcla conocida", y su propia familia "impura", el contacto es escaso y superficialmente cortés, hecho que resiente (pp. 101-104). Por otra parte, a pesar de que se burla de las pretensiones genealógicas, Mansilla sostiene haber encontrado pruebas, en la Bibliothèque Nationale de París, de que, como afirmaba su abuela, los Mansilla están remotamente emparentados "con los duques de Normandía y la Casa de Austria" (p. 102).

monio anterior. La diferencia de edad y la doble familia llevan a la confusión de jerarquías y a una subversión de responsabilidades inolvidablemente registrada en *Mis memorias:*

> A más de muy joven, era mi madre muy amuchachada cuando se casó con mi padre, el general Mansilla [...]. Tanto lo era, que un día, retándola aquél a la negra María Antonia, la que después de haberme dado el pecho me servía de niñera, porque frecuentemente al llegar de la calle me oía llorar a gritos, descubrió que mis lágrimas y sollozos provenían de que la autora de mis días me quitaba mis muñecas y juguetes para ella entretenerse [p. 114].

En otras ocasiones, Mansilla da otra vuelta de tuerca a la novela familiar mediante el fantaseo activo. Casi al comienzo del texto, dedica una larguísima nota al pie a imaginar lo que hubiera sido su vida de haberse casado su madre con Carlos Pellegrini, el joven ingeniero italiano cuyo hijo sería más tarde presidente. Con razón ha señalado Adolfo Prieto que el general Mansilla, como tantos padres fuertes de la época cuyas reputaciones sofocaban a los hijos, fue permanente fuente de conflicto para Lucio Victorio.[37] El hecho, que Prieto ve sobre todo confirmado en el plano político (la activa participación de Mansilla padre en el régimen de Rosas le cerró las puertas al hijo), repercute además en la manera en que Mansilla organiza su novela familiar y en su elección de estrategias mnemónicas. Es cierto que el general Mansilla ha eclipsado al hijo coartando sus ambiciones políticas; no es menos cierto que lo ha despojado de su nombre:

> Hay mucha gente que cree que la calle "General Mansilla" es por mí. Deben salir de su error. Yo no he dado nombre a nada que sea mi homónimo. Soy algo así como el último de los mohicanos [p. 71].

Esta anonimia surge de lo que podría verse como un exceso de nombre. El heroico general Mansilla valora de tal modo su nombre que se lo pasa a sus *dos* hijos mayores: el primer nombre de pila de ambos es Lucio. Sin embargo, el nombre completo del padre —Lucio Norberto— no se le da al primogénito (el escritor Lucio Victorio) sino al hijo segundo, ese hermano de quien se

dice significativamente en *Mis memorias* que era "idéntico a mí"
(p. 117) y que "se me parecía como si fuéramos gemelos" (p. 125).
Mansilla habla poco de este hermano especular que se mató por
una mujer a los veintiún años en la plaza de Cádiz. Sin embargo,
dentro de la economía del nombre, esa figura refleja es importante. El nombre del padre pasa al hijo segundo, con quien muere,
y a una calle, donde sobrevive como monumento. Lucio Victorio
Mansilla se queda sin el nombre paterno: disponible.

Si bien el nombre completo del padre no pasó al hijo mayor,
éste se esfuerza por defenderlo, reescribiendo el itinerario paterno a la luz de acontecimientos recientes. En beneficio de un público que había vuelto la espalda a Rosas y miraba con recelo a
sus antiguos partidarios, Mansilla asigna a su padre un nuevo
papel, el de rosista reticente y unitario de corazón, no muy seguro de su adhesión a Rosas, aunque, como bien señala Prieto, "el
interés por marcar un punto a favor de su padre en una secreta
historia de oposición familiar al rosismo apenas resiste el análisis".[38] El gesto ilustra la necesidad del autobiógrafo de dar al padre un nombre nuevo y mejor, de darle, literalmente, *renombre*.
Esta reescritura meliorativa de la novela familiar, tan evidente
en *Mis memorias*, tiene su contrapartida negativa en *Rozas. Ensayo
histórico-psicológico* (1898). Crítica de Rosas, a pesar de su preten-
dida objetividad, este "estudio" hace por Rosas (cuyo nombre
escribe con la *z* tradicional y no con la *s* subversiva que escogió
el dictador para distinguirse) lo contrario de lo que hace *Mis memorias* por el padre. Cuestiona el nombre de la autoridad en lugar de redimirlo.

Hay motivos para hablar aquí de Rosas. Su presencia en *Mis
memorias* en calidad de *otro* padre ("un semidiós, el hombre más
bueno del mundo" [*EN*, p. 55]) a los ojos del joven Mansilla, aún
muy joven, es decisiva: genera afecto, ansiedad, reticencia, contradicción. Que Rosas sea el hermano mayor de la madre de Mansilla, que ésta llame a su hermano *Tatita*, que uno de los primeros
recuerdos que Mansilla recupera en una "visión casi luminosa"
sea, precisamente, el de la escena primitiva en cama de Rosas
y su mujer (p. 118) y no en cama de sus propios padres, contribuye por fuerza a confundir la jerarquía familiar.

[38] *Ibid.*, 141-142.

Recurro a otro ejemplo elocuente. Evoca Mansilla los días posteriores a la derrota de Rosas en Caseros, cuando la ciudad de Buenos Aires se prepara a recibir a las tropas vencedoras de Urquiza. Se ha dado orden de embanderar la ciudad, orden que la madre de Mansilla acata sacando las únicas banderas que dice tener: no las celestes y blancas sino las que las reemplazaron durante el rosismo, con la cinta punzó. Cuando el desfile pasa frente a la casa, Sarmiento, que desfila con las tropas, observa las banderas ofensivas. Notando que una de ellas tiene un agujero en el mismo centro, introduce la espada en la desgarradura "destrozando el trapo" (p. 128). Reliquia de lo que había sido, al menos para la familia Mansilla, una época mejor, la bandera desgarrada se conservó en el costurero de la madre, cuarto principal de la casa donde se recibía a las visitas y transcurrían las tertulias.

La descripción que hace Mansilla del incidente es sin duda tendenciosa. Por un lado, presenta el gesto de la madre como "ingenuo" gesto de obediencia, sin querer verlo como el acto de desafío que sin duda fue. Por el otro, descarga al adversario de toda intencionalidad, asegura que Sarmiento no se dio cuenta de que estaba frente a la casa de la hermana de Rosas, que tan sólo reaccionó "mecánicamente" ante la "impresión magnética" en su "retina" causada por la desgarradura de la bandera.[39] Al borrar la violación tan claramente —y sexualmente— implícita en el incidente, Mansilla reproduce una escena notable por su carencia de pasión. De creerlo, nadie —ni su madre, que representa la antigua restauración, ni Sarmiento, que representa la nueva reconstrucción— parece haber obrado con emoción o premeditación. A decir verdad, la única pasión explícita en el pasaje es el deseo del autobiógrafo de reconciliar posiciones opuestas, de diluir agresiones de uno y otro lado, de obliterar el rosismo. Rosas parte el mundo de Mansilla en dos e impide cualquier restauración satisfactoria del pasado: restaurar ese pasado como un todo armonioso podría juzgarse un gesto equívoco desde un punto de vista

[39] Marina Kaplan propone un perspicaz análisis de este recurso al vocabulario científico para neutralizar la agresión en "Gauchos e indios: la frontera y la producción del sujeto en obras argentinas del siglo diecinueve" (tesis doctoral inédita, Tulane University, 1987), pp. 180-196. Kaplan interpreta la escena como ruptura decisiva en la vida de Mansilla, y sostiene convincentemente que es la matriz de numerosos episodios de *Una excursión a los indios ranqueles* donde Mansilla, a través de narradores gauchos, refiere historias de desplazamientos y castigos.

ideológico; pero recuperarlo negativamente, como una ruina desvalorizada, sería traicionar el espíritu con que se lo recuerda. Describe Mansilla su reacción ante las imágenes que guarda de Rosas: "Como en una pesadilla angustiosa casi siento dentro de mí una entidad quimérica, con dos caras, que veo, apacible la una, la otra que me conturba" (p. 104).

En su descripción de la escena entre Sarmiento y su madre, Mansilla elige: llama *trapo* a la caduca bandera rosista y *verdadera* a la que restituyeron los enemigos de Rosas. A pesar de esa elección, *Mis memorias* puede leerse como intento de remendar el desgarrón de aquella bandera, de reparar la fractura introducida por el nuevo orden, de mantener vigentes, en la efímera escena de escritura, las dos caras de la quimera. Más importante aún, *Mis memorias* se ubica (si cabe el término para esta escritura a la deriva) en el lugar mismo donde ocurrió el incidente —la casa materna— y en el cuarto mismo —el costurero de la madre— donde se conservaron, para siempre sin remendar, los jirones de aquella bandera.

Agustina Rosas es figura clave en la obra del hijo. Como antes en Sarmiento, la madre filtra el pasado del autobiógrafo. Pero si Sarmiento, a través de su madre, indaga el pasado para ampliar la memoria, dilatando la cronología y fundando un linaje, Mansilla, a través de Agustina Rosas, intenta recuperar un *espacio*. Más que la memoria materna, el hijo recupera el territorio de la madre, más precisamente, su casa, su interior:

> a ustedes no les sorprenderá que les diga que en casa de mi madre tengo mucha confianza: que entro, salgo, voy y vengo, sin que mis movimientos la perturben ni llamen la atención, aunque tenga la costumbre siempre de sentarme en el mismo sitio, sucediendo a veces que me suele sorprender, viéndome convertido en un mecanismo [*EN*, p. 670].

Sin embargo, el intento de Mansilla por recordar el espacio de su madre desemboca en el desmantelamiento de ese espacio, en la comprobación de que no puede reconstituirse para formar un todo.

El espacio aliado a la memoria, el espacio como memoria, tienen primordial importancia en estos textos. Mansilla es esencialmente visual: cuando se refiere a su capacidad para recordar (asegura que es excelente), habla de su "memoria topográfica" (p. 119) que vincula estrechamente el espacio con los signos. Esta visualización del pasado, afirma, reviste aspectos muy particulares. Su memoria asocia las palabras con los lugares específicos donde las oyó por primera vez: "Podría hacer columnas cerradas de vocablos y decir dónde los aprendí. Por ejemplo, un americano del Norte, siendo yo muy joven, me enseñó en Esquina (Corrientes) la palabra 'cosmos'; Santiago Arcos 'arquetipo' y un viejo de San Luis, vecino de Achiras (Córdoba), 'farellón'" (p. 119). Mansilla no sólo recuerda el sitio exacto donde oyó por vez primera estas palabras (dos de las cuales se refieren a lugares), sino también el origen geográfico de dos de las personas que las pronunciaron y, en uno de los casos, además de recordar el lugar de origen recuerda el domicilio de esa persona cuando le suministró el dato. "Lo que no puedo, hasta lo corto me cuesta un trabajo enorme y se me olvida con facilidad —concluye este párrafo en que se celebra la memoria topográfica— es aprenderme a mí mismo de memoria" (p. 119). Mansilla se refiere a algo relativamente simple: no puede memorizar lo que ha escrito. Sin embargo, esta afirmación es tan sugerente que va más allá de lo que explícitamente significa. Mansilla no puede visualizarse dentro de un espacio de memoria propio, mejor dicho, un espacio que fuera él mismo. Sí puede, en cambio, visualizar el espacio de otros, y en forma aún más concreta, el espacio de su madre.

Este espacio, el *locus* del yo autobiográfico de Mansilla, si bien difícil de circunscribir de manera física, nunca pierde su naturaleza esencialmente topográfica. Dicho de otro modo, nunca se convierte en símbolo de evocación lírica: Mansilla es, sin duda, un *memorator*, pero también es explorador. En la medida en que puede decirse que busca apoyo en otros géneros, *Mis memorias* remite más a los libros de viajes que a la (auto)biografía, ya sea ésta de naturaleza histórica o mítica.[40] Con la misma actitud que adopta cuando sale a descubrir territorio indio en *Una excursión a los indios ranqueles*, Mansilla, en *Mis memorias*, se dispone a una *flânerie* por las calles del Buenos Aires de sus recuerdos, con el

[40] Hay un penetrante análisis de la relación entre viaje y autorrepresentación en Mansilla en Julio Ramos, "Entre otros: *Una excursión a los indios ranqueles* de Lucio Mansilla", *Filología*, 21, ɪ (Buenos Aires, 1986), pp. 143-171.

propósito de trazar un espacio que es, en fin de cuentas, espacio retórico.[41]

Una primera figuración de este espacio sugiere una serie de círculos concéntricos progresivamente más amplios cuyo centro es el costurero de Agustina Rosas. Alrededor de este cuarto está la casa familiar, uno de los más antiguos edificios de Buenos Aires, mejor conocido como el "presidio viejo". Alrededor de esta casa están las casas de la familia Ortiz de Rosas, suerte de recinto de clan que ocupa una manzana entera. Alrededor de esta manzana hay otras manzanas donde viven más familiares y amigos y que constituyen el viejo centro de Buenos Aires. Alrededor de este viejo centro de ciudad están las quintas y, en la periferia, Palermo, la casa de Rosas. Esta prolija disposición topográfica daría la impresión de una serie de espacios protegidos, de un sistema progresivo de enclaves y fortificaciones, con el *sancta santorum* materno (como lo llama Mansilla) en el centro. Sin embargo no es así. Si se describen con tanto cuidado esos espacios es para mejor mezclarlos, para fundirlos dinámicamente con el vagabundeo, el incansable ir y venir del nómada. Así, el lugar de origen poco a poco pierde su orden engañoso: se desdibujan las divisiones; los círculos se convierten en "laberinto" —en ese "laberinto mnemotécnico" (p. 67) cuyo hilo conductor posee Mansilla.

Hay un incesante ir y venir en este texto, una perpetua necesidad de movimiento. Por ejemplo, no bien menciona la casa familiar, antes de pasar a describirla, el narrador se deja llevar por una especie de frenesí centrífugo a las casas vecinas; luego, pasando de casa en casa, más o menos al azar, habla del resto de la ciudad, y sólo entonces, al cabo de muchas páginas, vuelve a la casa de origen. Otro tanto pasa con la parentela: la mención del padre, pongamos por caso, sugiere comentarios sobre su primera mujer, sobre los hijos que tuvo con ella, sobre los hijos de esos hijos, sobre los vecinos. La contigüidad y la comunicación son los principales recursos de esta deriva aparentemente sin objeto. Empleo estos términos en su sentido más lato: hay descripciones de puertas que permanecen siempre abiertas, de pasajes que llevan de casa en casa, de ventanas que permiten ver, a través de otras ventanas, el

---

[41] Véase la reflexión de Michel de Certeau sobre prácticas espaciales urbanas en relación con retórica y memoria en "Walking in the City", *The Practice of Everyday Life* (Berkeley y Los Ángeles: University of California Press, 1984), pp. 91-114.

interior de otras casas: el laberinto mnemotécnico adquiere realidad topográfica.[42] La consanguinidad refuerza la contigüidad espacial y las familias se conectan como se comunican las casas. Los primos se casan con primos (será el caso del propio Mansilla), los miembros de la familia desempeñan papeles dobles (Rosas, hermano y *tatita*), la parentela se entremezcla: la *flânerie* por las familias no difiere mucho del paseo por la ciudad.

El Buenos Aires que rescata Mansilla es el de su infancia; *Mis memorias* constituye el primer volumen de una serie que nunca se completó.[43] Es la ciudad del antiguo régimen, la "gran aldea" de la época de Rosas, "aquella como corte" donde Agustina Rosas "representaba el papel de una princesa de sangre" (p. 221), y donde la coexistencia entre federales y unitarios, según Mansilla, era menos conflictiva de lo que afirman los historiadores. Pero si la ciudad pertenece a un orden perdido, no hay, o apenas hay, en *Mis memorias* esa añoranza de lo irrecuperable que marca tantos textos autobiográficos. Por fatalista o por despreocupado, Man-

---

[42] Sorprendía desagradablemente a los viajeros llegados del extranjero la falta de privacidad en las casas bonaerenses, donde la disposición de habitaciones y patios comunicados entre sí, como vagones de ferrocarril, recordaba las de las moradas romanas y árabes. Benjamín Subercaseaux, en sus recuerdos de infancia, describe este tipo de vieja casona en Santiago de Chile (*Niño de lluvia* [Santiago: Ercilla, 1962], p. 29). Otro tanto hace Enrique Larreta en su libro, en parte autobiográfico, *Las dos fundaciones de Buenos Aires* (Buenos Aires: Espasa-Calpe, 1944, p. 160). Damián Bayón, historiador del arte, saca buen partido de las descripciones de Mansilla en "La casa colonial porteña vista por viajeros y memorialistas" (Actes du XLIIe Congrès International des Américanistes, París, 2-9 de septiembre de 1976 [París: Fondation Singer-Polignac, 1976]), y comenta acerca de una de esas reacciones: "Lo que el, por otros conceptos, inteligente observador inglés juzgó imperdonable error en la disposición de las casas, resultó, sin embargo, la solución más 'funcional' en un sistema familiar basado en el paternalismo y en la jerarquía. El tener que atravesar todas las alcobas, la propia y la de los demás miembros de la familia, permitía una especie de vigilancia permanente (sobre todo de noche) de las entradas y salidas de los habitantes de la casa" (p. 169).

[43] Es un error colocar *Mis memorias*, como lo hace Juan Carlos Ghiano en su estudio preliminar en la edición de Hachette, en la misma categoría que *Juvenilia* de Cané y *Aguas abajo* de Wilde, como relato de infancia de la generación del Ochenta. La historia del niño es uno de los objetivos de Mansilla, pero no el único.

No se sabe por qué Mansilla no continuó sus memorias: sólo pueden conjeturarse los espacios que posteriormente habría escogido para su yo. Pero de cierta manera, la continuación ya había sido escrita: *Una excursión a los indios ranqueles* es el relato autobiográfico del adulto proyectado hacia un espacio *diferente*, el del otro indígena. Es otra versión de la exploración, otra forma de trazar el derrotero del yo.

silla mira el presente con ecuanimidad: el ayer no es por fuerza mejor que el hoy, es sencillamente distinto (p. 107). Si hay quejas, éstas se refieren sobre todo a una momentánea pérdida de *ubicación* —"me lo han cambiado tanto a mi Buenos Aires que es más fácil recordar los nombres que los puntos precisos donde quedaban" (p. 191)— pero predomina una sensación general de compostura frente a los cambios urbanos. Nada es más revelador, en este sentido, que la facilidad con que Mansilla mezcla nomenclaturas urbanas, pasando de un sistema a otro,[44] haciendo que se entrecrucen calles de nombre viejo con calles de nombre nuevo, creando ilusorias encrucijadas. "Estando de vuelta del como paseo a la quinta de Lezama, prosigo con lo otro: calle Tacuarí entre Alsina y Moreno (uso indistintamente los nombres viejos y nuevos)" (p. 181), le informa con naturalidad al lector. Así configura un mapa fantasmagórico para una *flânerie* que une la vieja ciudad de su infancia con la nueva ciudad de su escritura.

En Mansilla no se percibe una profunda sensación de pérdida, pero sí la necesidad de catalogar en detalle el Buenos Aires de antes, tanto con fines documentales —"ayudar a que no perezca del todo la tradición nacional" (p. 65)— como para decirse a sí mismo que tal o cual sitio de veras existió. Prieto comenta que *Mis memorias* a menudo parece un catálogo o un registro social en donde Mansilla acumula los nombres de vecinos o proporciona listas detalladas de las visitas que acuden a su casa, y ve esa tendencia a inventariar como reacción de clase ante la inmigración, una suerte de gesto *entre-nos* que asegura y protege contra las hordas extranjeras.[45] Sin duda hay verdad en esto, aun cuando de todos los miembros de su generación Mansilla (a diferencia, por ejemplo, de un Cané) no fue por cierto el más intolerante de la presencia del *otro*, fuera éste indio ranquel o inmigrante italiano.[46] Además, Mansilla cataloga con igual entusiasmo calles, lugares, costumbres, comidas, olores, porque

[44] Véase una descripción documentada y amena de la renovación arquitectónica de Buenos Aires y de la modernización del sistema de calles (la Avenida de Mayo, al estilo de los bulevares de Haussman, se inauguró en 1895), en Francis Korn, *Buenos Aires 1895. Una ciudad moderna* (Buenos Aires: Editorial del Instituto, 1981).

[45] Prieto, p. 156.

[46] Heredero de la generación del Ochenta, Enrique Larreta lleva más lejos la noción de que la inmigración constituye una amenaza para el armonioso desarrollo urbano: "Sería absurdo lamentarse ahora de que Buenos Aires no haya con-

con los detalles sucede lo que con los monetarios, en los que hay medallas de valor intrínseco y de poco valor; lo cual no significa que todas ellas no tengan su mérito real. Hasta las falsas sirven para investigar la verdad, ni más ni menos que los falsos derroteros, corregidos por la casualidad, suelen conducir a la mina, al puerto deseado [p. 65].

El espacio evocado por Mansilla pasa de laberinto mnemotécnico a *bric-à-brac* de la memoria. ¿Cuál es el lugar del yo en este espacio evocado con tanta urgencia? Su figuración en medio del *bric-à-brac* resulta curiosamente complicada.[47] Nada más ajeno a Mansilla que el deseo de monumentalizar al yo o darle un papel representativo —maestro, archivista, profeta— para la posteridad. En la desordenada enumeración de la ciudad vieja hay, claro está, recuerdos que se refieren de manera directa al individuo, que permiten al lector una entrada en su novela familiar, le dan idea del hombre. Entre estos recuerdos, acaso los más notables sean los que registran miedo —miedo a la oscuridad, a los fantasmas, a los perros, miedo al efecto de la política de Rosas—.[48] El empeño y la frecuencia con que Mansilla enumera estos temores, la insistencia con que recalca el hecho de que siguen atormentándolo de adulto, resultan sospechosos en el hijo del héroe de Obligado: acaso sea estrategia reductora, semejante a la ironía y tono burlón con que constantemente socava la actitud "heroica" del explorador en *Una excursión a los indios ranqueles*. A pesar de los fragmentos de anécdotas personales dispersos en el texto, *Mis memorias* no registra, como la mayor parte de las autobiografías, el itinerario coherente de un yo. Y sin embargo, el libro tampoco es

servado el aspecto de otros tiempos. Sin embargo, se puede concebir una ciudad que hubiera sido como el desarrollo grandioso de la aldea de antaño. Se produjo la invasión de "todos los hombres del mundo". Imposible que el inmigrante, al enriquecerse, renunciara a la arquitectura de su país.

"El mismo mal gusto, sostenido con unidad y firmeza de estilo, puede llegar a ofrecer interés estético. La peor de las fealdades: lo heterogéneo" (Larreta, *Las dos fundaciones…*, p. 161).

[47] Sobre un acercamiento anterior al tema véase Sylvia Molloy, "Imagen de Mansilla" en *La Argentina del Ochenta al Centenario*, G. Ferrari y E. Gallo, comps. (Buenos Aires: Sudamericana, 1980), pp. 745-759.

[48] Mansilla recuerda una excursión en compañía de su hermana, de niños, durante la cual vio cadáveres rodeados de bandadas de cuervos. Cuando los niños preguntan al cochero si aquellos hombres estaban dormidos, éste responde sin titubear: "¡*Son unos degollados!* Y luego, en obvia referencia a los unitarios, añade sin inmutarse: "Algunos salvajes…" (pp. 226-227).

una crónica de Buenos Aires, distinguiéndose de aquellas autobiografías hispanoamericanas donde el espacio (casa, ciudad,
país) suplanta al modesto yo que lo evoca. El yo de Mansilla no
tiene nada de modesto: de todos los adjetivos que podrían aplicársele, es sin duda éste el más inadecuado. A pesar de no ser
centro de su relato de manera convencional, su yo exige continua
atención: la sustancia de su relato, si bien no insignificante, palidece ante su exhibición como narrador.

Calificaría a este yo de chismoso, por el modo en que establece
conexiones dentro de la ciudad *bric-à-brac* a través de su charla, de
no haber empleado antes este concepto —el autobiógrafo como
chismoso— al hablar de *Viaje al amanecer* de Mariano Picón
Salas.[49] En aquel caso el término era peyorativo, una manera de
describir la presunción con que Picón se complacía en los chismes de pueblo y su tendencia a adjudicar valor eterno al anacrónico encanto de la patria chica. No es éste el caso de Mansilla: la
peculiaridad regional y la complacencia pasatista son ajenas al
texto. Incluso la nostalgia —de hecho presente— se evita a menudo con el humor. Mansilla nunca se detiene demasiado en un
lugar, nunca hace una pausa para embellecer tal o cual episodio.
Quizá la mejor forma de describir la figuración de su yo la pro-
porcione el término que él mismo emplea una y otra vez, el de
causeur.[50]

Las charlas de Mansilla en *Entre-Nos,* al dramatizar la lucha
entre el yo y la digresión, ya establecían un paralelo entre *causerie*
y *flânerie*:

¿Acaso Anatole France, que es para ustedes mejor escritor que yo, no
se defiende también de ciertas incoherencias, diciendo, cuando habla
de las canciones populares de la antigua Francia: Yo quisiera que
estas *Causeries* se parecieran a un paseo. Yo quisiera que estos ren-
gloncitos negros diesen la idea de una conversación sostenida capri-
chosamente en un camino sinuoso…? ¿Y […] no concluye diciendo:
"he aquí terminado nuestro paseo. Confieso que ha sido más sinuoso
de lo que convenía. Yo tenía hoy mi espíritu vagabundo" […]? *[EN,*
p. 648].

[49] Cf. capítulo II, pp. 164-165.
[50] Puede verse un excelente estudio de la conversación como "género" y de las
calculadas estrategias a que da origen en Alan Pauls, "Sobre las causeries de
Mansilla: una causa perdida", *Lecturas críticas* (Buenos Aires), 2 (1984), pp. 4-15.

En *Mis memorias*, la locuacidad digresiva de Mansilla encuentra su forma ideal: la ficción del desplazamiento y la ficción de la oralidad coinciden. Si contigüidad y comunicación, como ya indiqué, se recalcan en el texto, no es sólo porque se comuniquen entre sí las habitaciones y las casas o porque haya matrimonios interfamiliares, sino porque el yo, en su *sideración* (para emplear el término de Barthes), aplica los mismos términos al lenguaje y al espacio. Fórmulas que recalcan el acto narrativo y reiteran su carácter inmediato —como "ahora paso a" o "volvamos a"— adquieren realidad topográfica. Así, por ejemplo, escribe Mansilla: "Ahora tenemos que volver para atrás". Y en seguida añade, tornando literal la fórmula narrativa: "Al hacerlo, pasemos por Rivadavia, dando vuelta. Hay contactos inesperados" (p. 164). A veces, la confusión se extiende, más allá del lenguaje y del espacio, al tiempo. Cuando Mansilla escribe: "Ya no iremos a la de la calle larga de Barracas cerca de Santa Lucía" (p. 225), el lector se siente incorporado en ese *nosotros,* entiende la declaración en el nivel de la enunciación: ya no hablará más de la quinta de la calle larga de Barracas. Pero en este caso Mansilla entiende la declaración en el nivel del enunciado, como potencial, o futuro en el pasado, de un nosotros familiar: mis hermanos y yo no volveríamos a esa quinta. El laberinto mnemotécnico del viejo Buenos Aires, al ser narrado, se vuelve laberinto lingüístico, espacio de un yo conversador cuya mejor definición la da él mismo: "un hombre escribiendo, casi sin rumbo, es como un caminante, que no sabe precisamente adónde va; pero que a alguna parte ha de llegar" (*EN,* p. 293).

Paradójicamente, la autobiografía de Mansilla, aun cuando se apoya con firmeza en el espacio familiar y en los vínculos autor-lector (el "yo/tú", la camaradería *entre-nos* que intervienen constantemente en el texto), no fomenta el reconocimiento de una memoria comunitaria. Coarta la amable reminiscencia compartida, traba la ilusión del recuerdo de grupo, esa ficción de que se "recuerda" un pasado a través de recuerdos ajenos. El hecho de que el pasado de Mansilla fuera un pasado rosista, un mundo marginalizado o renegado por la opinión pública, y el hecho de que el propio Mansilla se sintiera incómodo con las repercusiones ideológicas de ese pasado, bien pueden haber obstaculizado el reconocimiento comunitario, pero no son razón suficiente para haberlo sofocado. Regímenes más cuestionables que el de Rosas han respaldado la ilusión compartida de "los buenos tiempos". Si *Mis memorias* socava de modo infalible la identificación con un *memorator*, esto se debe menos a la naturaleza del pasado que se evoca que a las estrategias adoptadas para re-presentar ese pasado. *Mis memorias* evita una representación coherente del yo que pudiera invitar al lector a una conmemoración cómplice: continuamente destruye la posibilidad de la ilusión nostálgica al desviar en forma abrupta la evocación hacia el presente crítico de la enunciación. El *causeur*, el yo que charla con el lector, interpelándolo de manera directa, deteniéndose a compartir con él sus pensamientos sobre ciertos aspectos del pasado, constituye, en cierto modo, el mayor obstáculo para la conmemoración. Porque es esencialmente en ese nivel, en el presente de la escritura, en el mismo toma y daca del relato, donde funciona el yo de Mansilla. Es allí donde el yo cobra sentido.

X. PRIMEROS RECUERDOS, PRIMEROS MITOS: EL "ULISES CRIOLLO" DE JOSÉ VASCONCELOS

> La historia de México es la del hombre que busca
> su filiación, su origen.
>
> OCTAVIO PAZ, *El laberinto de la soledad*

A PRIMERA vista, Vasconcelos parecería reclamar para su escritura autobiográfica el modelo heroico del escritor-estadista decimonónico, empeñado en combinar la reflexión intelectual con la acción política directa, convencido de que está destinado a desempeñar un papel principal en el desarrollo de su país. Sin duda en muchos aspectos (el sentido de la vocación casi mesiánica no es el menos importante) recuerda a Sarmiento. Los dos son educadores, los dos se adjudican el papel de "civilizadores" de sus compatriotas bárbaros (Vasconcelos adopta la fórmula simplista pero efectiva de Sarmiento, civilización y barbarie, que traduce en términos mexicanos: Quetzalcóatl *vs.* Huichilobos), los dos se atribuyen dimensiones colosales y ansían que los demás se las reconozcan. Así como Adolfo Prieto, con palabras de Karl Mannheim, describió insuperablemente la personalidad autoritaria y caótica de Sarmiento —"el adulto gesticulante"—,[1] el mismo Francisco Madero, durante los primeros tiempos de la Revolución mexicana, haciendo eco a Nietzsche, calificó con acierto a Vasconcelos de "supermuchacho".[2] Como en Sarmiento, hay por cierto en Vasconcelos un elemento de inestabilidad semiadolescente y un permanente deseo de ser reconocido, un ferviente anhelo de *hacer* sólo igualado por el anhelo de *ser visto* en acción, y, por último, una tendencia a las rabietas y a las reacciones exageradas que lo exponen (igual que a Sarmiento) a críticas y pullas. Cuanto toca Vasconcelos parece llevar el sello de lo excesivo: "actuar en gran-

---

[1] Adolfo Prieto, *La literatura autobiográfica argentina*, p. 53.
[2] Vito Alessio Robles, *Mis andanzas con nuestro Ulises* (México: Botas, 1938), p. 34.

de", era una de sus frases favoritas.[3] Su *ex libris* es revelador: un cruzado a caballo, con una bandera que lleva el lema: "irrito a los malvados y complazco a los buenos". No menos ampuloso es el lema que ideó para la Universidad de México, cuando fue rector en los años veinte: "Por mi raza hablará el espíritu" (un periodista, harto de esa ampulosidad de Vasconcelos, sugirió otra divisa: "Por mi raza hablará Cantinflas").[4]

Vasconcelos ya había publicado buena parte de su obra —dos de sus libros más conocidos, *La raza cósmica* (1925) e *Indología* (1926) habían sido aclamados por la crítica— y, sobre todo, ya había dejado atrás la mejor parte de su actividad política, cuando, dos años después de lo que quizá constituyó la peor derrota de su vida, comenzó a escribir su autobiografía en el exilio. El año 1929 fue un hito decisivo en su vida pública. Candidato a la presidencia de México, con un programa vagamente liberal que se oponía al poder caudillista de Calles, fue derrotado fraudulentamente en las elecciones y, luego de prometer, sin gran entusiasmo, que continuaría la lucha, abandonó el país y vivió siete años en el exilio. A partir de esa derrota, Vasconcelos apuntó buena parte de la energía que antes dedicaba a defender los logros de la Revolución (algunos de los cuales, como la considerable reforma educativa, fruto de su gestión como secretario de Educación Pública) a denunciar sus fallas. José Joaquín Blanco resume así ese proceso:

> Un intelectual de la clase media porfiriana, especialmente vigoroso y audaz, participa en la Revolución mexicana, funda la política cultural y educativa del Estado revolucionario, se enemista ruidosamente con los caudillos y trata de vencerlos en la lucha democrática; al fracasar se convierte en un crítico del gobierno mexicano con tal furia que pronto ya lo es también del país, de su historia e incluso llega a abanderar las peores causas (como el nazismo) a través de treinta años de textos y actitudes excepcionalmente diestros en la imprecación y el insulto.[5]

[3] José Joaquín Blanco, *Se llamaba Vasconcelos. Una evocación crítica* (México: Fondo de Cultura Económica, 1977), p. 22.

[4] Lord Lyon, "Ulises criollo académico: por mi raza hablará Cantinflas", *Todo*, 7, 386 (1941). Parodia del lema de la Universidad, "Por mi raza hablará el espíritu", y clara alusión a *La raza cósmica* de Vasconcelos.

[5] Blanco, p. 9.

No es casual que Vasconcelos escribiera su autobiografía en los años inmediatamente posteriores a su última derrota política, en el deslinde entre dos periodos de su vida en apariencia opuestos, si bien hay menos contradicción de lo que parece entre el "buen" reformista anterior a 1929, y el reaccionario "malo" que apareció después. Si Sarmiento, en vísperas del periodo más importante de su carrera política, había aprovechado la imagen proyectada en *Recuerdos de provincia* de manera profética, no sólo para presentar al hombre que había sido, sino al político en que pronto se convertiría, si se le daba oportunidad, Vasconcelos utiliza en cambio su *Ulises criollo* retrospectivamente para dar voz a un lamento: presenta la imagen no de un hombre que algún día podría ser presidente, sino de un hombre que hubiera podido serlo si su país hubiera obrado con sensatez. El proyecto autobiográfico le proporciona un descanso, un periodo para ajustar cuentas: marca el intervalo entre su fracaso como héroe político y su retorno a la escena pública como panfletista, armado de reflexiones no precisamente favorables a la política mexicana. Como afirma el propio Vasconcelos, el escribir su autobiografía le permite "un descanso, y también [...] ver el asunto entero con mejor perspectiva".[6] Mi lectura procurará elucidar la naturaleza exacta de este "asunto entero".

La autobiografía de Vasconcelos está dividida en cuatro volúmenes escritos entre 1931 y 1939. El primer libro, *Ulises criollo*, va desde la infancia hasta el asesinato de Madero, a cuya causa se había unido Vasconcelos. *La tormenta* llega a 1920, cubre los caóticos regímenes de Huerta y Carranza, las frecuentes ocasiones en que Vasconcelos tuvo que darse a la fuga o exiliarse, y sus crecientes obsesiones eróticas; asimismo es "la crónica del terror con que los mexicanos liberales vieron a las masas adueñarse de la Revolución y ocupar el país, la violencia y la ignominia de sus manipuladores".[7] El tercer volumen, *El desastre*, abarca de 1920 a 1928; describe la actuación de Vasconcelos como secretario de Educación Pública bajo Obregón, el enorme esfuerzo colectivo al

---

[6] *El proconsulado*, en *Memorias*, II (México: Fondo de Cultura Económica, 1982), p. 1141. Cito en adelante por esta edición en dos volúmenes de la autobiografía de Vasconcelos. El primer volumen contiene *Ulises criollo* y *La tormenta*; el segundo, *El desastre* y *El proconsulado*. Abrevio, según el caso, *U, T, DS* o *PR*.

[7] Blanco, p. 66.

que convocó para desarrollar una cultura nacional, el deterioro del proyecto y su creciente desencanto con un régimen que, bajo la influencia de Calles, cada vez entraba en mayores componendas con los caudillos militares. Por último, *El proconsulado*, cuyo título alude con sarcasmo a la intervención del gobierno estadunidense en los asuntos mexicanos a través de su embajador, hace a grandes rasgos la crónica de la derrota política de Vasconcelos, de sus desastrosas relaciones con Antonieta Rivas Mercado que terminaron con el espectacular suicidio de ésta en la catedral de Notre-Dame, en París, y de sus primeros años en el exilio. Volviendo al punto de partida, el relato de vida termina donde comenzó, es decir en el momento en que Vasconcelos empieza a escribir el primer volumen de su autobiografía.

Un resumen cronológico como el que acabo de intentar necesariamente traiciona el espíritu de esta autobiografía. Parecería que se tratara de una historia del México de la época, de un enorme mural como los que el propio Vasconcelos comisionó,[8] un mural donde el autor figura como narrador, participante e incluso protagonista, pero cuya magnitud inevitablemente lo empequeñece como individuo. No es, sin embargo, el caso. Sería más exacto decir, aprovechando la metáfora fácil pero tentadora, que así como Vasconcelos convierte a México en un mural, él mismo se "muraliza", presentando una imagen gigantesca de sí que se impone a la de México a la vez que se nutre de ella; una imagen que a fin de cuentas se convierte, mediante una astuta manipulación, en el propio México.[9] De nuevo recurro a la com-

[8] O bien, como escribe Monsiváis refiriéndose a los esfuerzos de Vasconcelos por explorar las diferentes manifestaciones del nacionalismo cultural: "Lo importante es producir símbolos y mitos, imaginar un pasado heroico y hacerlo habitar, wagnerianamente, por dioses crepusculares como Cuauhtémoc" ("Notas sobre la cultura mexicana en el siglo xx", en *Historia general de México*, iv [México: El Colegio de México, 1977], p. 349).

[9] Sobre la composición del yo con fines simbólicos, evidente en Vasconcelos y en Sarmiento, es útil consultar Daniel Arasse, "La prudence de Titien ou l'autoportrait glissé à la rive de la figure", *Corps écrit*, 5 (1983), pp. 109-115, donde, siguiendo a Panofsky, el autor estudia el autorretrato como "apoyo alegórico".

Sobre el giro específicamente nacionalista que se da a la composición simbólica del yo véase Robert F. Sayre, "Autobiography and the Making of America", en *Autobiography. Essays Theoretical and Critical*, James Olney comp. (Princeton University Press: 1980.) Sayre ve en el propósito nacional un rasgo distintivo de la autobiografía norteamericana —"precisamente la identificación de la autobiografía en América con América"— (p. 147). Y añade: "Los autobiógrafos norteamericanos,

paración con Sarmiento, el político, para distinguir mejor los rasgos particulares de Vasconcelos. La deliberada combinación que obraba Sarmiento entre yo y patria es una carta política que, en el contexto de la Argentina decimonónica, era plenamente eficaz. Años después, como candidato a la presidencia, en una palestra política diferente, Vasconcelos quiso jugar esa misma carta. Como escribe Carlos Monsiváis, era:

> La Historia como representación: Calles será Calibán, Doña Bárbara, la ferocidad y el primitivismo como naturaleza de un pueblo irredento; Vasconcelos será Ariel, Santos Lauzardo, la cultura occidental resumida en un espejismo: el espíritu vencerá a la espada.[10]

Pero el espíritu no venció y Vasconcelos perdió la presidencia. Esta ineficaz representación que había fracasado en la vida real, este exagerado icono nacional al que se aferraba —como el título vacuo de Presidente Electo de México del que no quiso desprenderse después de la derrota— se convirtió, en el proyecto autobiográfico, en espectáculo compensatorio de monumentales proporciones. *Ulises criollo* (el título habla por sí solo) y los otros tres volúmenes autobiográficos constituyen un intento por infundir nueva vida en la retórica muerta del mesianismo nacionalista, reciclándolo a nivel de mito personal. La oportunidad de reconstruir que, en opinión de Vasconcelos, le había sido negada en las elecciones presidenciales, constituiría ahora la base de su autobiografía: lo que no había funcionado para México funcionaría para él. Y, por curioso que parezca, a pesar de la estridencia de su autorrepresentación, así fue.

A pesar de sus pretensiones históricas (escribió unas cuantas biografías tendenciosas: una de ellas, la de Cortés como padre fundador de México, y una *Breve historia de México* también discutible), Vasconcelos no reclama, o al menos no reclama de manera primordial categoría histórica para su autobiografía. Al referirse a la forma en que fue concebido el *Ulises criollo*, lo describe

por lo general, han relacionado sus propias vidas con la vida de la nación o con las ideas nacionales [...] Desde la época de Colón, Cortez [sic] y John Smith, América ha sido una idea, o muchas ideas" (pp. 149-150). No obstante la alusión a la conquista española, las observaciones de Sayre se limitan a la autobiografía en los Estados Unidos. A pesar de esta molesta estrechez de miras, sus comentarios son útiles para abordar cierto tipo de autobiografía hispanoamericana.

[10] Monsiváis, p. 355.

como "una novela, y cuál mejor que la de las propias andanzas y pasiones?... Comencé a borronear el *Ulises criollo*" *(PR*, p. 1141). Ahora bien, es obvio que *Ulises criollo* no es una novela, aunque haya críticos que en no pocas ocasiones lo hayan considerado vagamente como tal (para a continuación descartarlo como "mala novela"). El uso del término novela por parte de Vasconcelos, aunque parezca inadecuado, no es, creo, desatendible. Diríase que el término expresa no tanto lo que el texto es como lo que no es. Haciendo exactamente lo contrario de Sarmiento, quien al escribir "no es una novela, no es un cuento" daba a entender que su autobiografía era historia, Vasconcelos da a entender que el *Ulises criollo* no es, en rigor, historia llamándolo precisamente novela. Pero si luego no es novela, ¿qué es? El prólogo de la primera edición indica que Vasconcelos tiene conciencia de la naturaleza híbrida del texto. Por un lado señala su naturaleza autobiográfica e incluso confesional: "Contiene la experiencia de un hombre y no aspira a la ejemplaridad, sino al conocimiento" *(U*, p. 6). Por el otro, sin embargo, al explicar por qué escogió por título *Ulises criollo*, propone una interpretación menos personal y apunta a metas más ambiciosas:

> El nombre que se ha dado a la obra entera se explica por su contenido. Un destino cometa, que de pronto refulge, luego se apaga en largos trechos de sombra, y el ambiente turbio del México actual, justifican la analogía con la clásica *Odisea*. Por su parte, el calificativo *criollo* lo elegí como símbolo del ideal vencido en nuestra patria [...] El criollismo, o sea la cultura de tipo hispánico, en el fervor de su pelea desigual contra un indigenismo falsificado y un sajonismo que se disfraza con el colorete de la civilización más deficiente que conoce la historia; tales son los elementos que han librado combate en el alma de este *Ulises criollo*, lo mismo que en de cada uno de sus compatriotas *[U*, p. 6].

Parecería haber alguna contradicción en estas declaraciones. ¿Se refiere esta autobiografía a la conciencia personal y al hombre considerado como individuo, o a la ejemplaridad y a un héroe mítico en quien se encarnan virtudes caras a una comunidad nacional? De algún modo, ambas cosas son ciertas. Vasconcelos en el siglo XX (como no Sarmiento en el XIX) trabaja con dos formas de autorrepresentación divergentes e incluso contradictorias. Sin renunciar a su historia personal y confesional —historia que *necesita* narrar—, Vasconcelos pretende trasladar la historia de su vida al reino del mito, de un mito en el que las reminiscencias de un hombre se traducen y reformulan en vista de una interpretación comunitaria. Al querer identificarse con Ulises, Vasconcelos subraya la búsqueda heroica, y al asignar una identidad nacional a su persona mítica, se presenta a sí mismo dentro de un grupo y dentro de una tradición. Este concepto mítico del yo —de naturaleza compensatoria en el caso de Vasconcelos— condiciona la recuperación del pasado.[11] Así, a medida que avanza el ejercicio autobiográfico, la memoria personal procura fundirse de manera gradual con la memoria colectiva. El libro intenta dar la impresión de que en sus páginas no es sólo un yo sino todo México quien recuerda.

Una ojeada a la estructura del libro confirma que Vasconcelos consideraba su autobiografía como algo más que una pausa dedicada al recuerdo entre dos momentos políticamente activos de su carrera. A pesar de su intenso ritmo narrativo y de las constantes referencias a sucesos públicos que parecen subrayar su naturaleza histórica, los cuatro volúmenes de la autobiografía de Vasconcelos están enmarcados como para recalcar la atemporalidad y hacer que el lector vea la obra como una realización fuera del tiempo. El texto se inicia con una inolvidable evocación de los orígenes, tomada de la más tierna infancia. Es la imagen extática de un contacto deleitoso, simbiótico con la madre: "Mis primeros recuerdos emergen de una sensación acariciante y melodiosa. Era yo un retozo en el regazo materno. Sentíame prolongación física, porción apenas seccionada de una presencia tibia y protectora, casi divina" *(U*, p. 7). Cuatro volúmenes después, cuando Vasconcelos vuelve al punto de partida, su relato termina en el momento en que se inicia la actividad del autobiógrafo: Vasconcelos comienza a escribir el *Ulises criollo*. Al despedirse del lector, fiel a la estructura circular que ha escogido para su relato, pone

[11] "La flexibilidad de la memoria puede obedecer a una suerte de mitología. Entonces la memoria funciona como un espacio cerrado donde el individuo puede ganar, sin mucho esfuerzo, las batallas que perdió en la realidad.

"En esta forma la memoria corre el riesgo de verse obligada a servir una leyenda, una leyenda que reconstruye un suceso con el fin de hacerlo más satisfactorio, más fiel a lo que fue. La memoria adopta el ideal como norma, un ideal que puede ser personal o social" (Gusdorf, *Mémoire et personne*, I, [París: Presses Universitaires de France, 1951], p. 269).

punto final con una imagen que alude con claridad a la que abre el primer volumen. Vasconcelos está a bordo del barco en el cual van él, su hija, su yerno y su nieta a Buenos Aires, donde continuará su exilio. Solo en la cubierta con su nieta, medita con la vista clavada en la atemorizada niñita:

> Y sumergido en divagación profunda, imaginé que desvivíamos un siglo. Y en mi nieta sentí a mi abuela paterna, dejando España en su bajel antiguo, y cuando, levantada la expulsión de algunos españoles, pudo regresar a su Oaxaca natal, niña aún, en compañía de sus familiares. Y el lazo de las generaciones ató su nudo en mi conciencia de modo tan estrecho que, por un momento, no distinguía si aquel pequeño ser que viajaba a mi lado, entrañablemente querido, era en verdad mi nieta o era la abuela, extraída del pasado. Lo que quizás era, me dije al final, es otra futura abuela, que crearía otra cadena de destinos por las tierras jóvenes y ya corrompidas de nuestra desventurada América española... [PC, p. 1178].

Ha pasado el tiempo desde que se inició la autobiografía de Vasconcelos, pero es como si no hubiera pasado. El ejercicio autobiográfico comienza y termina con un emblema del vínculo familiar que trasciende los límites cronológicos, de un vínculo familiar perpetuado —y esto es importante— a través de la presencia materna. A la unión simbiótica, regresiva con la madre descrita al principio, corresponde, al final, otro lazo con la maternidad, con una maternidad nueva, intemporal, que mira al pasado (la abuela, los lugares maternos de Oaxaca y España), y al futuro (la nieta de Vasconcelos, futura madre y abuela). La figura materna domina explícitamente el proyecto autobiográfico de Vasconcelos: además de constituir una importante presencia, cumple a las claras una función decisiva como proveedora de vitalidad, de identidad, de cultura y, de manera muy particular, de memoria. Entre todos los autobiógrafos hispanoamericanos —sin descontar la evocación fervorosa que hace Sarmiento de Paula Albarracín, la forma excepcional en que Mansilla recuerda a Agustina Rosas o de la fascinación de González Martínez por su madre— ninguno como Vasconcelos ha dedicado páginas más apasionadas, ni, a veces, más perturbadoramente íntimas a la memoria de su propia madre.[12]

[12] Refiriéndose a otros notorios lazos edípicos en la literatura mexicana, espe-

Así como Vasconcelos no pretende que su libro sea historia, tampoco pretende emplear la memoria como instrumento histórico, e incluso llega a declarar que no está dotado para la evocación objetiva (*U*, p. 8). Esta limitación, o mejor dicho, este sesgo particular de la memoria que sólo rescata lo que impresiona emocionalmente y hace a un lado lo demás, a menudo se menciona en el texto. Por ejemplo, cuando se pregunta a sí mismo sobre la persistencia de ciertos recuerdos al parecer dispersos, Vasconcelos casi justifica el funcionamiento de una memoria afectiva semejante a la de Proust, autor al que por otra parte denigra con implacable desprecio (*U*, p. 271). Empleando una metáfora cinematográfica, observa que:

> El caudal de recuerdos no es precisamente la cinta del cinema que se desenvuelve rápida o lenta, sino más bien una muchedumbre de brotes arbitrarios, parecidos a las explosiones de la cohetería nocturna que unas veces revienta en ramillete de luces y otras falla dejando sólo humo. Así las imágenes en el juego del recordar acuden o se pierden según motivos que nos escapan y sin que la importancia de la ocasión suela ser decisiva para fijarlas [*U*, p. 89].

El filme, a veces muy claro, otras borroso, es puesto en movimiento por un primer recuerdo específico que Vasconcelos resalta a propósito, subrayando su importancia en el texto. Precisamente porque Vasconcelos llama la atención sobre esta táctica, consideraré con brevedad lo que estos "primeros" recuerdos presuponen en general, antes de referirme específicamente al primer recuerdo de Vasconcelos.

Es evidente que no todas las autobiografías empiezan con recuerdos. Si se comparan comienzos, sin duda se verá que muchas eligen empezar con hechos, haciendo que las primeras páginas coincidan no con el despertar de la conciencia —hecho que sí recordaría el sujeto autobiográfico— sino con un hecho que

cialmente en obra de poetas, escribe acertadamente Enrique Krauze: "El Edipo en prosa de Vasconcelos ha pasado como tal un tanto inadvertido, pero es sin duda mucho más profundo, significativo y complejo. Más abierto también. A evocarlo dedica la tercera parte del *Ulises criollo*. La primer historia de amor que narra en sus memorias no es la pasión por Adriana sino por la madre: Carmen Calderón. Todas las vidas de Vasconcelos parten de ese vínculo y en él concluyen", Enrique Krauze, "Pasión y contemplación en Vasconcelos", *Vuelta*, 78 (1978), p. 12.

no puede recordar, esto es, el propio nacimiento.[13] Sería tentador atribuir ese modo de comenzar por los hechos, respetuoso de la secuencia temporal, al influjo de la biografía decimonónica y a las no del todo olvidadas pretensiones documentales del género autobiográfico, pero tal explicación no es del todo satisfactoria. Sarmiento, cuyas pretensiones a la historicidad son bien conocidas, decidió vincular los hechos según una idiosincrásica lógica de causa y efecto, manipulando el orden cronológico para sus propios fines: no comienza *Recuerdos* con su nacimiento (como tampoco comienza *Facundo* con el nacimiento de su protagonista). En cambio Macedonio Fernández, cuyas pretensiones a la historicidad eran, como puede suponerse, nulas, se apoya en la cronología y comienza su autobiografía —paródicamente, es verdad— con su nacimiento: "El Universo o Realidad y yo nacimos en 1o. de junio de 1874 y es sencillo añadir que ambos nacimientos ocurrieron cerca de aquí, y en una ciudad de Buenos Aires".[14]

Sin embargo, no deja de ser cierto que las autobiografías que oponen resistencia al influjo ciego de la cronología, buscando otras formas de abordar el relato, son más frecuentes en el siglo XX que en el XIX. La aceptación ciega de la memoria ha sido reemplazada por la reflexión y acaso la duda. Esto ocurre con la autobiografía en general, y con la autobiografía hispanoamericana en particular, en cuanto el autobiógrafo comienza a sentir (como Mansilla, por ejemplo) que su yo no necesita ser tan rígidamente "histórico" como el de sus precursores. Dicho de otra forma, en cuanto comienza a sentir que para la autofiguración hay otras formas literariamente aceptables. La menor vacilación por parte del autobiógrafo antes de entregarse al orden cronológico lo enfrenta a una serie de preguntas, la más inquietante de las cuales se refiere a la naturaleza misma del trabajo que está por emprender.[15] Desde las reflexiones *entre-nos* de Mansilla en *Mis memo-*

[13] Sobre autobiografías que eligen comenzar con el nacimiento del sujeto véase Louis Marin, "The Autobiographical Interruption: About Stendhal's Life of Henry Brulard", *Modern Language Notes*, 93 (1978), pp. 596-617.

[14] Macedonio Fernández, "Autobiografía", en *Papeles de Recienvenido* (Buenos Aires: Losada, 1944), p. 109.

[15] Véase Victoria Ocampo, *Autobiografía*, I (Buenos Aires: Ediciones Revista Sur, 1979), p. 51. Hay útiles comentarios sobre autobiografía y secuencia narrativa en Bruno Vercier, "Le Mythe du premier souvenir: Pierre Loti, Michel Leiris", *Revue d'Histoire Littéraire de la France*, 6 (1975), especialmente pp. 1033-1036.

rias, a las reflexiones irónicas de Augusto d'Halmar en *Recuerdos
olvidados* o las importantes preguntas que se hace Victoria Ocampo en su *Autobiografía*, muchos autobiógrafos hispanoamericanos del siglo XX, dotados de una nueva conciencia de su empresa, recurren con toda deliberación a reflexiones (que a menudo
son justificaciones) sobre los mecanismos y los criterios selec-
tivos de la memoria. Y, más que los autobiógrafos que los prece-
dieron, suelen recurrir a un "primer" recuerdo para iniciar sus
relatos.[16]

Colocado precisamente al comienzo, o muy cerca del comienzo del relato (esto es lo más frecuente: Vasconcelos, Eduardo
Wilde, Rubén Darío, Subercaseaux, Neruda, entre muchos otros),
el primer recuerdo constituye una especie de epígrafe, una auto-
cita que, si bien no resume la esencia de lo que va a seguir, sí
apunta en esa dirección. Si como a veces sucede, el primer recuerdo aparece en la mitad del texto (como en Victoria Ocampo,
por ejemplo), no por eso será menos significante, aunque acaso
reconfigure para el lector, en proceso similar al del psicoanálisis,
lo narrado con anterioridad. En todo caso es obvio que, así como
ningún recuerdo es inocente, tampoco es inocente ningún uso
que se haga de él. Al rescatar un "primer" recuerdo entre los muchos que la memoria ha almacenado, el autobiógrafo elige un
principio que, de alguna manera, armoniza con la imagen que el
adulto, en el presente de la escritura, tiene de sí.[17] Podría compararse su función a la de una carga de energía, a la de un núcleo de intensidad (brutal a veces: piénsese el primer recuerdo

---

[16] "Si se considera que la autobiografía es, ante todo, un retorno a los orígenes,
se comprende que el primer recuerdo desempeñe un papel muy especial y que,
como tal, esté dotado de un valor mítico [...] El individuo, y sobre todo el autobiógrafo, es memoria. Es muy rápida la asimilación entre esta facultad particular
y todo el ser, de manera que el primer recuerdo señala el verdadero nacimiento
del individuo" (Bruno Vercier, "Le Mythe du premier souvenir", p. 1032). Véase
un análisis del fundamento ideológico del "primer recuerdo" en Renée Balibar,
"*Pierre*, commencement d'une vie bourgeoise", en *Les Francais fictifs* (París:
Hachette, 1974), pp. 169-182.

[17] Richard Coe escribe: "La elección del recuerdo de ningún modo es arbitraria;
por el contrario, ha sido cuidadosamente seleccionado por el subconsciente entre
innumerables posibilidades como el que más pertinentemente afecta la formación de la identidad subsiguiente: es un suceso plenamente significativo, que se
relaciona tan íntimamente con la personalidad entera que llega a percibirse como
origen simbólico de la conciencia" (*When the Grass Was Taller* [New Haven: Yale
University Press, 1984], p. 97).

de Elías Canetti en su autobiografía) que pone en marcha el proceso autobiográfico y marca la irrupción de lo que un crítico ha llamado el "ser en el texto".[18]

Un ojeada a los primeros recuerdos de las autobiografías hispanoamericanas sin duda confirma la intensidad emocional que parece caracterizarlos. La mayoría de ellos son violentos: Eduardo Wilde y Victoria Ocampo recuerdan la incomprensión y la injusticia; Darío y Chocano, el abandono; López Albújar, la vergüenza; María Rosa Oliver, su consternación cuando nació un hermano; Subercaseaux, una enfermedad muy grave; Torres Bodet, la muerte; González Martínez, un recuerdo tan desagradable que, aun años más tarde, no se puede mencionar: "Mi niñez se inicia en un misterio trágico y penetrante que llevo todavía clavado en el corazón".[19] El único —y en esto es notable— que escoge un primer recuerdo positivo es Vasconcelos.

La textura de este primer recuerdo es densa. Me detendré en su análisis y seguiré su irradiación a lo largo del *Ulises criollo* porque aclara aspectos importantes de la persona mitológica que se fabricó Vasconcelos. Más aún, ayuda a comprender el particular sesgo ideológico de su práctica de la memoria, que marca tanto su autorrepresentación como su interpretación de la historia mexicana. Vuelvo al primer párrafo del *Ulises criollo* que cito *in extenso*:

> Mis primeros recuerdos emergen de una sensación acariciante y melodiosa. Era yo un retozo en el regazo materno. Sentíame prolongación física, porción apenas seccionada de una presencia tibia y protectora, casi divina. La voz entrañable de mi madre orientaba mis pensamientos, determinaba mis impulsos. Se diría que un cordón umbilical invisible y de carácter volitivo me ataba a ella y perduraba muchos años después de la ruptura del lazo fisiológico. Sin voluntad segura, invariablemente volvía al refugio de la zona amparada por sus brazos. Rememoro con efusiva complacencia aquel mundo provisional del complejo madre-hijo. Una misma sensibilidad con cinco sentidos expertos y cinco sentidos nuevos y ávidos, penetrando juntos en el misterio renovado de cada día [*U*, p. 7].

[18] Paul Jay, *Being in the Text* (Ithaca y Londres: Cornell University Press, 1984).
[19] Enrique González Martínez, *El hombre del búho. Misterio de una vocación*, en *Obras completas* (México: El Colegio Nacional, 1971), p. 576.

Es interesante considerar el primer recuerdo de Vasconcelos en su contexto (como lo haría un analista al considerar no un sueño aislado sino una secuencia de sueños durante una misma noche) y leerlo en conjunción con el texto circundante que puede aclararlo.[20] El propio Vasconcelos tiene conciencia de esa composición polifónica, y subraya la diversidad de elementos de su primer recuerdo. Lejos de ver en esos elementos el producto de una memoria arbitraria, señala con todo cuidado su significado ulterior como mecanismo modelador: "y así se van integrando las piezas de la estructura en que lentamente plasmamos" *(U, p. 7)*.

La primera imagen recalca la unión física y también, como elemento modelador de la personalidad, la voz de la madre. Inmediatamente después aparece una segunda imagen, como suplemento de ese primer recuerdo, para dar sustancia a esa voz:

> Gira el rollo deteriorado de las células de mi memoria; pasan zonas ya invisibles y, de pronto, una visión imborrable. Mi madre retiene sobre las rodillas el tomo de Historia Sagrada. Comenta la lectura y cómo el Señor hizo al mundo de la nada, creando primero la luz, en seguida la Tierra con los peces, las aves y el hombre. Un solo Dios único y la primera pareja en el Paraíso *[U, p. 9]*.

Estas imágenes fundacionales son apacibles, su carácter solipsista, autorreferencial reconforta: la madre con el libro en el regazo, y el niño abrazado con fuerza a ella, se reflejan en la primera pareja del mito. Pero el carácter tranquilizador de este primer recuerdo se ve afectado seriamente por lo que la madre lee —contradicción que hace pensar en ciertas canciones de cuna cuyas melodías tranquilizan pero cuya letra amenaza—. Esta madre, de quien parecerían manar sin esfuerzo los relatos de la Historia Sagrada, cuenta de manera reiterada al hijo "la aventura del niño extraviado" —la historia de Moisés abandonado a la orilla del río— como anticipo del destino que acaso le espera. Se lee el éxodo

---

[20] Como escribe un crítico a propósito del primer recuerdo de Hugo: "Se diría que el significado de ese recuerdo, y quizá su existencia misma, se revela por contigüidad [...] El autor se entrega a una interpretación polifónica, y no podemos disociar un recuerdo de los demás. Es la concurrencia de todos estos elementos que compone el primer recuerdo [...]" (R. Bourgeois, "Signification du premier souvenir", en *Stendhal et les problèmes de l'autobiographie*, Victor Del Litto, comp. [Grenoble: Presses Universitaires de Grenoble, 1976], p. 88).

bíblico a la luz del exilio familiar. Desterrados los Vasconcelos (al menos así lo sienten) en un pueblo de la frontera con los Estados Unidos donde el padre, empleado de aduana, debe vigilar para que los "yanquis" no cometan irregularidades, viven con el constante temor de una invasión apache. Así, los relatos tomados de la Historia Sagrada, entretejidos con elementos tomados de la realidad cotidiana, fomentan en el niño el temor inmemorial a la separación: "Si llegan a venir —aleccionaba mi madre—, no te preocupes: a nosotros nos matarán, pero a ti te vestirán de gamuza y plumas, te darán tu caballo, te enseñarán a pelear, y un día podrás liberarte" (U, p. 8). De esta forma, el temor a la separación es parte integral del primer recuerdo de Vasconcelos y tiñe de manera ominosa lo que en un inicio había sido agradable. Así, se recuerdan sucesos que alimentan ese temor: una luz que parpadea afuera, en la oscuridad; la familia parapetada en el interior de la casa pidiendo protección al cielo; el padre y sus ayudantes, en la azotea, con armas de fuego. La más antigua imagen que Vasconcelos tiene de su padre se relaciona por cierto con ese miedo: recuerda a un hombre vigoroso, de barba negra, que practica con alegría tiro al blanco durante los almuerzos campestres que la familia organiza los domingos.

Por supuesto, no pueden pasarse por alto los ribetes míticos que introduce el relato materno en ese complejo primer recuerdo. Esos ribetes se vuelven más patentes al seguir la madre embelleciendo esa ficción de exilio y muerte que le es tan cara (como lo es para el Vasconcelos adulto que la evoca). Al niño sobreviviente imaginado por el presentimiento materno se le confía una misión de importancia familiar y cultural:

Si vienen los apaches y te llevan consigo, tú nada temas, vive con ellos y sírvelos, aprende su lengua y háblales de Nuestro Señor Jesucristo, que murió por nosotros y por ellos, por todos los hombres. Lo importante es que no olvides: hay un Dios Todopoderoso y Jesucristo su único hijo. Lo demás se irá arreglando solo. Cuando crezcas un poco más y aprendas a reconocer los caminos, toma hacia el sur, llega hasta México, pregunta allí por tu abuelo, se llama Esteban... Sí; Esteban Calderón, de Oaxaca; en México le conocen; te presentas, le dará gusto verte; le cuentas cómo escapaste cuando nos mataron a nosotros... Ahora bien: si no puedes escapar o pasan los años y prefieres quedarte con los indios, puedes hacerlo; únicamente no olvides que hay un solo Dios Padre y Jesucristo, su único hijo; eso mismo dirás entre los indios... [U, p. 10].

Vasconcelos sitúa este primer recuerdo en 1885, cuando contaba tres años. De más está decir que los muy elaborados consejos maternos que se reproducen con tal elocuencia han sido retocados y pulidos —cabe sospechar que abundantemente— por el autobiógrafo.[21] La escena tiene un tono ceremonial que la revela de inmediato como artificio, distanciándola de los recuerdos "espontáneos"; anuncia de manera notable una escena de igual trascendencia en la literatura mexicana, el comienzo de *Pedro Páramo* de Rulfo, donde otra madre, agonizante, hace prometer al hijo que volverá a su lugar de origen para hacerse reconocer por el padre.[22] Desde luego es inútil intentar determinar la forma "original" del recuerdo de Vasconcelos. Como él mismo dice, la "memoria objetiva" palidece ante la "memoria emocional", y, sin duda, esta última es la que almacena los recuerdos. Sin embargo, no es la memoria emocional sino un claro sentido estratégico lo que explica la calculada ubicación de esas escenas al comienzo de la autobiografía, dispuestas de tal manera que inmediatamente sugieren una pauta de interpretación para el resto de la obra. Con retazos memorables de su primera infancia, Vasconcelos fabrica una imagen de proporciones heroicas que se acomoda a su situación presente: justifica la misión nacional a la que se siente destinado en términos de su novela familiar. En cierto sentido, Vasconcelos intentará dos veces llevar a cabo la misión enco-

[21] "El recuerdo aparece en forma granular, súbitamente condensado en torno de una imagen, inmersa ella misma en un ambiente afectivo. La certidumbre con que se impone esa imagen no es prueba suficiente de su veracidad. Nos enfrentamos a nuestros primeros recuerdos como nos enfrentamos a esos sueños que jamás estamos seguros de no haber inventado retrospectivamente. Además, sobreviene una especie de contaminación entre lo que nosotros mismos recordamos y lo que acaso nos han dicho testigos externos", Gusdorf, *Mémoire et personne*, II, p. 375. A la última frase de Gusdorf habría que añadir un tercer elemento contaminante: lo que nosotros mismos deseamos hacer con ese primer recuerdo.

[22] Las semejanzas entre el texto de Vasconcelos y la novela publicada por Rulfo en 1955 son verdaderamente notables pero, hasta donde yo sé, no han sido estudiadas. Además de esta primera coincidencia notable, hay otros puntos de contacto —los ribetes míticos de la búsqueda, el peregrino como víctima, la culminación de la búsqueda, la identificación con la madre— sobre los que volveré. Ignoro hasta qué punto Vasconcelos pudo influir en Rulfo.

mendada por la madre: primero, y acaso de manera imperfecta, en sus trabajos de índole política y cultural; después, acaso con más éxito, al escribir el *Ulises criollo*.

En las páginas que siguen al primer recuerdo, y por cierto en toda la primera mitad del *Ulises criollo*, se presenta a la madre como guía cultural, más aún, como representante de la "civilización" que quedó atrás y clave de un pasado mexicano tan fundamental como idealizado. En el mundo de la frontera del norte, expuesto por partida doble a las invasiones de los bárbaros —indios o yanquis—, la madre hace de *memorator* principal en una familia afecta a añorar pasadas glorias. Será mensajera de infortunios, pero, por otra parte, instruye a su hijo sobre su herencia mexicana, "sobre las cosas de mi nación" (*U*, p. 42). Esto es fuente de orgullo, indispensable en un momento en que la identidad cultural del niño se ve amenazada en el colegio, donde debe defender su país tanto de palabra como con los puños:

> La independencia de Texas y la guerra del cuarenta y siete dividían la clase en campos rivales. Al hablar de mexicanos incluyo a muchos que aun viviendo en Texas y teniendo sus padres la ciudadanía, hacían causa común conmigo por razones de sangre. Y si no hubiesen querido era lo mismo, porque los yanquis los mantienen clasificados. Mexicanos completos no íbamos allí sino por excepción. Durante varios años fui el único permanente. Los temas de clase se discutían democráticamente, limitándose la maestra a dirigir los debates. Constantemente se recordaba El Álamo, la matanza azteca consumada por Santa Anna, en prisioneros de guerra. Nunca me creí obligado a presentar excusas; la patria mexicana debe condenar también la traición miliciana de nuestros generales, asesinos que se emboscan en batalla y después se ensañan con los vencidos. Pero cuando se afirmaba en clase que cien yanquis podían hacer correr a mil mexicanos, yo me levantaba a decir:
> —Eso no es cierto.
> Y peor me irritaba si al hablar de las costumbres de los mexicanos junto con las de los esquimales, algún alumno decía:
> —*Mexicans are a semi-civilized people*.
> En mi hogar se afirmaba, al contrario, que los yanquis eran recién venidos a la cultura. Me levantaba, pues, a repetir:
> —Tuvimos imprenta antes que vosotros.
> Intervenía la maestra aplacándonos y diciendo:
> —*But look at Joe, he is a Mexican, isn't he civilized? Isn't he a gentleman?*

Por el momento, la observación justiciera restablecía cordialidad. Pero era sólo hasta nueva orden, hasta la próxima lección en que volviéramos a leer en el propio texto frases y juicios que me hacían pedir la palabra para rebatir [U, pp. 31-32].

El adulto que recopila estos recuerdos se da cuenta cabal del "prejuicio patriótico" que cegaba a la familia y llevaba a simplificaciones tan excesivas y simplistas como las que oía a sus condiscípulos. La posición de la madre, comprende Vasconcelos al hojear sus amarillentos cuadernos de colegiala después de su muerte, no cambió desde este apunte: "Al sur de México [...] está Guatemala, nación que en cierto modo estuvo unida a la nuestra, y al Norte habitaban unos hombres rudos y pelirrojos que suben los pies a la mesa cuando se sientan a conversar y profesan todos la herejía protestante" (U, p. 44). A pesar de esta comprensión póstuma por parte del hijo, es evidente que Vasconcelos hizo de esa actitud familiar encarnada en la madre, por esquemática que fuera, la fuente vital de su propio antiimperialismo y que mantuvo ese antiimperialismo durante toda su vida, independientemente de la causa política que defendiera en el momento.[23] Por cierto, si se mira al Vasconcelos de la última etapa de su vida, al fanático conservador que atacaba a los infieles, condenaba cuanto cayera fuera de los confines de la hispanidad y el catolicismo, y reducía la noción del bien a la raza blanca y al criollo de clase media, católico y "civilizado", se comprende que por muchas razones se reconociera en las lecciones de su madre.

Proveedora de cultura nacional, fe religiosa y fanatismo extremo, la madre desempeña otra función en el *Ulises criollo,* la de corroborar la autorrepresentación del hijo. Como otras ilustres madres de hombres predestinados, conscientes de la grandeza que espera a sus vástagos, la de Vasconcelos parece reconocer la singularidad de su hijo y estar dispuesta a apoyarla. A partir de sus lecturas le construye modelos, le asigna papeles míticos a los que Vasconcelos se irá acostumbrando y en los que querrá ser reconocido por los demás. La madre lo ve como héroe: en el pa-

---

[23] Como escribe José Joaquín Blanco: "Su mejor carta fue el imperialismo norteamericano (como la mejor carta de los políticos era la Revolución). Para Vasconcelos, todo el mal nacional provenía de los Estados Unidos y de su protestantismo" (p. 208).

pel de Moisés, destinado a conducir una nación y a dictar sus leyes; en el papel de Cristo, ante los doctores de la ley, asombrando al mundo con su sabiduría. Por último, lo ve en el papel de San Agustín, haciendo ella de Santa Mónica: "y a imitación de la Santa Mónica, extremaba el fervor de sus oraciones para sostenerme en la prueba. Exaltándose, a ratos me veía como un nuevo Agustín que ha de conocer el mal para mejor vencerlo" (*U*, pp. 124-125). A los ojos de la madre, y cada vez más a los ojos del hijo, el héroe es también santo y salvador. Como en Rousseau, analizado con tanta agudeza por Starobinski, hay en Vasconcelos "una rara hibridación de las Escrituras y de la fábula personal. Los grandes 'momentos' bíblicos no sólo se convierten en contemporáneos de [su] vida, se funden con ella".[24]

Si, como he procurado demostrar, es verdad que los autobiógrafos hispanoamericanos se modelan a sí mismos conforme a una imagen tomada de otros textos, en el caso de Vasconcelos podría decirse que la madre —específicamente evocada en la inolvidable "visión" primaria con un libro en el regazo— es el pre-texto que determina a Vasconcelos. En otras palabras, si bien los textos preceden a la imagen que Vasconcelos tiene de sí, son textos invariablemente mediados por la lectura materna:

> Regía mis lecturas el azar de los hallazgos en la Biblioteca, pero también me orientaban los diálogos que sobre toda clase de materias sostenía con mi madre. Cuando me quedé solo poco tiempo después, mi afición de lector decayó tanto que no escapé ni a las aventuras de un Rider Haggard ni al propio Ponson du Terrail. En cambio, al lado suyo mantuve un nivel de lector elevado y asiduo. Y fue ella quien puso en mis manos el acontecimiento libresco de todo aquel periodo de mi vida: *El genio del cristianismo*, de Chateaubriand [*U*, p. 97].

Cuando años más tarde, después de la muerte de la madre, Vasconcelos descubre a Dante, acude otra vez a la lectura mediada, sólo que ahora el proceso se invierte significativamente: "Discípulo infantil de *La ciudad de Dios* y *Las confesiones*, no me explico por qué mi madre no usó también a Dante de libro de cabecera.

---

[24] Jean Starobinski, "Jean-Jacques Rousseau et le péril de la réflexion", en *L'oeil vivant* (París: Gallimard, 1961), p. 137.

De todas maneras, era lo que más podía haberle gustado y, leyendo, imaginaba que lo hacía también por ella" (U, p. 186).

Proveedora e intérprete de textos, la madre se confunde con ellos y, con el tiempo, los reemplaza ante los ojos del hijo. Para Vasconcelos la figura materna es literalmente matriz textual e ideológica. De hecho, las repercusiones del término matriz sobrepasan lo ideológico: el itinerario entero de Vasconcelos es una representación, literalmente la dramatización de una perpetua separación de la madre y un perpetuo retorno a ella, en la que se mezclan de manera inextricable lo textual, lo ideológico, lo físico y lo erótico.

La conexión entre madre, texto e hijo consolidada en el primer recuerdo arroja una luz particularmente iluminadora sobre el proyecto autobiográfico de Vasconcelos. Así como no son claros los límites entre madre y texto, tampoco lo es el deslinde entre madre e hijo. Si Vasconcelos rescata esa imagen precisa —el niño en unión simbiótica con la madre— como imagen promotora de su texto, lo hace con plena conciencia de su importancia: una y otra vez, en el *Ulises criollo*, se reitera esa imagen como confirmación del vínculo inicial en el que Vasconcelos reconoce el origen de su ser. La primera confirmación ocurre en Eagle Pass cuando el niño tiene diez años. Es un momento de problemas familiares, de dificultades matrimoniales entre padre y madre, de confusión en el niño. A la descripción de esa situación emocionalmente tumultuosa e inquietante, sigue un breve capítulo titulado "¿Quién soy?", donde Vasconcelos refiere un incidente que, como la escena inicial de admonición materna, ha sido objeto de sostenida elaboración por parte del autobiógrafo:

Cierto día, comprando confites en Eagle Pass, me vi el rostro reflejado en una de esas vidrieras convexas que defienden los dulces del polvo. Antes me había visto en espejos distraídamente; pero en aquella ocasión el verme sin buscarlo me ocasionó sorpresa, perplejidad. La imagen semiapagada de mi propia figura planteaba preguntas inquietantes: ¿Soy eso? ¿Qué es eso? ¿Qué es un ser humano? ¿Qué soy? Y ¿qué es mi madre? ¿Por qué mi cara ya no es la de mi madre? ¿Por qué es preciso que ella tenga un rostro y yo otro? ¿La división así acrecentada en dos y en millares de personas obedece a un propósito? ¿Qué objeto puede tener semejante multiplicación? ¿No hubiera bastado con quedarme metido dentro del ser de mi madre viendo por sus ojos? ¿Añoraba la unidad perdida o me dolía de mi futuro andar suelto entre las cosas, los seres? Si una mariposa reflexionase, ¿anhelaría regresar al capullo? En suma: no quería ser yo. Y al retornar cerca de mi madre, abrazábame a ella y la oprimía con desesperanza. ¿Es que hay un útero moral del que se sale forzosamente, así como del otro? [*U*, p. 29].

Se diría que el *Ulises criollo* ilustra la posibilidad de responder de modo negativo a esa pregunta. El texto está obsesionado con la *reflexión* recíproca entre hijo y madre, con la fusión entre madre e hijo en un proceso de constante *réplica*.[25] Hay referencias a ese vínculo en momentos clave del relato, en ocasiones cuando, ante un cambio decisivo en su vida, el autobiógrafo cuestiona su identidad: "Me es más fácil rememorar lo que era mi madre entonces que lo que fui yo mismo" (*U*, p. 68), escribe en una de esas ocasiones. Analizaré dos de estos momentos que me parecen especialmente reveladores: la última separación de Vasconcelos de su madre, en la ciudad de México, hecho que coincide con el fin de su adolescencia; y su primera visita a Oaxaca, después de la muerte de la madre, retorno ceremonial que es acto de obediencia al inicial pedido materno y, a la vez, necromancia. Esos momentos (no son los únicos) marcan un itinerario más íntimo que el anunciado en el título del libro y confirmado en el prólogo: bosquejan no tanto las aventuras de un Ulises como las de un Telémaco moderno, compañero de una madre a la que está estrechamente unido. Por cierto, observa Vasconcelos, refiriéndose a Telémaco: "nunca me sentí harto de meditar los sentidos y pormenores del mito" (*U*, p. 96). [26]

En compañía de su madre y de sus hermanos menores, Vasconcelos se traslada a la ciudad de México de adolescente para completar sus estudios secundarios. La más impresionante fusión entre madre e hijo ocurre la víspera del día en que la madre abandona la ciudad, dejando por primera vez solo al hijo. Es una

---

[25] André Green, "Atome de parenté et relations oedipiennes", en *L'Identité*, Claude Lévi-Strauss, comp. (París: Grasset, 1977), p. 90.

[26] Más que en el Telémaco que busca a su padre se piensa en el Telémaco que desea a su madre: "Telémaco se prepara para tensar el arco —con lo que habría ganado a Penélope por esposa— pero Odiseo frunce el ceño y él desiste; es un detalle que ha quedado en la historia de Ulises, que sobrevive, sin que se lo haya sometido a crítica, en la Odisea" (Robert Graves, *The Greek Myths*, 2 [Londres: Penguin Books, 1969], p. 37).

separación que Vasconcelos subraya, en su proyecto autobiográfico, como la más difícil de contar: "Todo cuanto vengo refiriendo pasa delante de mi atención objetivado y ya casi indiferente; pero los recuerdos de esta separación suya son herida que jamás cicatriza, revive un dolor que me anuda de nuevo la garganta" (*U*, p. 126). El texto describe de modo conmovedor la intimidad entre madre e hijo, los desgarradores últimos momentos que pasan juntos. El hecho de que esa separación iba a ser definitiva —poco después, lejos del hijo, muere la madre— sin duda matiza esta evocación. En ningún otro momento de su proyecto autobiográfico alcanza Vasconcelos (en general nada reacio a celebrar sus aventuras eróticas) la exaltación apasionada o la amplitud de revelación que logra en esta secuencia. No podría describirse mejor la tortura de dos amantes perseguidos por el destino, desgarrados entre el deseo y el deber:

> Procurábamos no hablar de un dolor y una inquietud que se transformaban en ráfagas de rezo y fervor del futuro. La iglesia de Jesús María o el Sagrario nos tuvieron muchas veces arrodillados frente al altar, pidiendo consuelo al Altísimo para una pena desgarradora irrevocable. Con frecuencia, habiendo confesado la víspera, comulgábamos en las misas tempranas del altar del Perdón [*U*, p. 124].

Al seguir la descripción de estos últimos instantes compartidos, se vuelven más notables los signos de intimidad, de una intimidad cuya naturaleza es profundamente física. El texto subraya esta relación al punto de excluir al resto de la familia, de hecho, al resto de la humanidad. Sólo quedan dos actores, Vasconcelos y su madre, la "primera pareja", y sólo hay dos espacios, la iglesia y la alcoba materna, para sus adioses. Recurriendo a un empleo particularmente íntimo de la primera persona del plural, describe el texto a la madre y al hijo, ambos enfermos de paludismo ("nos administrábamos la quinina") y por fin, al no poder soportar la idea de la separación, compartiendo el mismo cuarto:

> En las últimas semanas, para conversar con más comodidad hasta las altas horas de la noche, instalé mi cama en la misma alcoba de mi madre. Como quien se penetra de una música sacra, escuché recomendaciones, consejos y pláticas que no sospechaba serían las últimas.

Hablábamos con pausas para la reflexión y resistiendo la fatiga que nos entregaba al sueño [*U*, p. 125].

Uno de los momentos más conmovedores de la autobiografía de Vasconcelos, digno por su discreto patetismo de *L'éducation sentimentale*, de Flaubert, cierra este capítulo. Para evitar la última despedida, el hijo pasa la tarde vagando sin rumbo por la ciudad de México. Cualquier detalle trivial aviva la añoranza que ya empieza a sentir con respecto a la madre: una golosina en un escaparate, la esquina de alguna calle, una tienda bien conocida de ambos, todo le habla de un pasado compartido. Entonces, al acercarse la hora de la partida de la madre, se siente atraído de manera irresistible a la estación del ferrocarril para verle una vez más la cara. Evitando a propósito un encuentro directo, la mira desde lejos, por la ventana de la sala de espera: "El sombrero negro con velillo le cubría los rizos claros todavía sin canas... Como quien colma una sed urgente, me embebía de su imagen; luego eché a correr, me perdí otra vez por la ciudad sombría, prisionero de una condena que no llegaría a levantarse jamás" (*U*, p. 128). Abrumado, se interna en la noche.

Para Vasconcelos, la presencia de la madre opera como mediación no sólo textual sino también claramente sexual. Los pasajes citados dan sin duda una idea del curioso candor que caracteriza este texto, candor ajeno a la habitual cautela del autobiógrafo hispanoamericano. Desmintiendo el juicio de Juan Carlos Ghiano, quien propone que "esa voluntad de encubrimiento o de recato [...] tiene su profunda razón de ser en un concepto católico de la vida"[27] —juicio que acaso fuera más pertinente si en vez de "concepto" se dijera "prejuicio"—, Vasconcelos necesita incorporarse a la tradición de los grandes confesores o, mejor dicho, de los grandes exhibicionistas. Esta necesidad se satisface con tanto mayor facilidad cuanto que el ansia de "decirlo todo" en realidad no empaña su imagen: al contrario, como rasgo adicional excesivo de su abrumadora figura, sirve para exaltarlo. Dando a sus contradicciones un prestigioso sesgo maniqueo, Vasconcelos se autorrepresenta a lo grande, como héroe desgarrado por fuerzas opues-

---

[27] Juan Carlos Ghiano, "Autobiografía y recato", *Ficción*, 14 (Buenos Aires, 1958), citado en Prieto, pp. 18-19.

tas y, como con tanto tino observa Monsiváis, "convierte la idea de 'vivir intensamente' en un fetiche".[28]

Las proezas sexuales de Vasconcelos, lo que Blanco llama su búsqueda del "Gran Erotismo Promiscuo",[29] son por cierto parte importante de su proyecto de confesión general y aparecen, desde el comienzo del texto, vinculadas más o menos inocentemente con la madre.[30] Una serie de frases, al parecer fuera de contexto, sugiere un esquema que alerta al lector. Cuando Vasconcelos, su madre y sus hermanos abandonan Piedras Negras y se instalan en la ciudad de México, el adolescente conoce a otros parientes pero nunca llega a sentirse realmente miembro de esta nueva y numerosa familia. Propone una curiosa justificación de su tendencia al aislamiento:

> En mi familia, quizá por los frecuentes viajes, el espíritu de clan se había debilitado por obra de esa simpatía y sociabilidad que se extiende a los compañeros de ruta. Además, operan en el parentesco ciertas repulsiones de lo semejante; defensa contra el incesto, diría un freudiano. Lo cierto es que siendo en mis afectos excesivo, nunca experimenté viva atracción por ninguno de mis parientes [U, p. 72].

La palabra incesto, referida a parientes casi desconocidos, resulta excesiva. Pero no es excesiva si se considera el contexto en que aparece —un capítulo donde se subraya la identidad con la madre a través de un íntimo compartir experiencias religiosas y penitencias corporales— y si se ve la referencia al incesto como

---

[28] Monsiváis, p. 355. Críticos menos generosos han atribuido este afán de confesarse en público a la pasión de Vasconcelos por el escándalo y la popularidad. Así Vito Alessio Robles, en un texto que pretende corregir la descripción poco favorable que hace Vasconcelos de su propia actividad política, escribe con malicia:
"Los dos hombres más populares en México son, a no dudarlo, en primer lugar, Agustín Lara y, en segundo, Pepe Vasconcelos. Las canciones arrabaleras del primero, se entonan en todas partes y su música es la predilecta. Los libros del segundo son ávidamente devorados con delectación morbosa. No hay ningún escritor que haya alcanzado en México el éxito editorial que ha logrado Vasconcelos, no precisamente como filósofo ni como historiador, sino como autor de relatos más o menos turbios y enteramente falsos, en los que no se tienta el corazón para injuriar, a distancia siempre, a todo el mundo, y para mentir, por el solo gusto de decir mentiras" (Mis andanzas con nuestro Ulises, pp. 7-8).

[29] Blanco, p. 51.

[30] Krauze habla de "la huella de una intensa armonía mística y erótica que Vasconcelos trataría de recobrar furiosamente toda su vida" (p. 13).

desplazamiento inconsciente: Vasconcelos proyecta impunemente la amenaza del incesto hacia sus parientes para salvaguardar la relación con su madre.

Una referencia a las fantasías sexuales y a la masturbación, de nuevo vinculada con la madre, contribuye a la configuración de este modelo de traslado y sustitución, modelo que opera en el texto hasta la muerte de la madre:

> libraba desamparado la única lucha en que no podía auxiliarme mi madre. Y, sin embargo, aun en esto, me dio el remedio relativamente eficaz. La penitencia, que no era para ella una palabra, sino una práctica. Se la imponía en el rezo de largas horas de rodillas, no obstante su delicada constitución, y echando sobre sus hombros las faenas duras de la casa... Nos habituó desde niños al castigo del cuerpo como mortificación útil al alma [U, pp. 101 y 102].

Por último, cuando el adolescente encuentra alguien hacia quien encauzar su sensualidad, claramente diferente de la madre, una joven en cuya compañía lee la *María* de Isaacs, el traslado y la sustitución se describen en detalle:

> Habituado desde niño al placer de adorar, lo ejercitaba en mi madre y lo exaltaba en la oración; pero ahora, con el nuevo amor cuyo nombre no me atrevía a pronunciar, una necesidad de acercamiento físico se añadía al estado habitual de éxtasis admirativo. Me recorrían estremecimientos sólo de pensar en el roce de aquellos brazos redondos, y si alguna vez su mano chocaba con mis dedos en la lectura, una sensación de dulzura me colmaba [U, p. 114].

La sustitución de la madre por otra mujer sólo se cumple efectivamente después de la muerte de la madre: llevará signo negativo, como grotesca parodia de lo sublime. Llama la atención la forma directa (y simplista) en que Vasconcelos exagera su situación: "Por hábito de lucha contra el deseo había evitado, hasta entonces, las ocasiones de tentación. Ahora, al contrario, las buscaba, gozándolas con cínico abandono" (U, p. 139). La muerte de la madre, la muerte de "una porción de mí mismo [que] se había deshecho para siempre" (U, p. 136) desencadena en *Ulises criollo* una abyecta celebración de la carne y un no disimulado desprecio por la mujer.[31] La descripción de la insaciable actividad amorosa de Vasconcelos, el atractivo que sentía por las más impúdicas manifestaciones de la actividad sexual, se mezclan con descripciones de visitas al Hospital de Sanidad donde reciben tratamiento las prostitutas, o a asilos para enfermos mentales donde las ninfómanas buscan atraerlo con expresiones lascivas. La descripción que hace de su futura mujer es un modelo de indiferencia; el relato de su vida con ella rezuma aversión; sus reflexiones sobre la vida de familia en general —y en particular sobre su propia paternidad— son marcadamente negativas. Vasconcelos describe en detalle cómo, durante el primer parto de su mujer, permaneció en la habitación de al lado, fantaseando sobre la posible muerte de la madre y de la criatura, y componiendo un poema para una bailarina española; y cómo, cuando su mujer le anunció que de nuevo estaba embarazada, recibió la noticia como si se tratara de un ataque personal: "No podría describir la pena aguda, la sensación de fracaso, el remordimiento de responsabilidad, la repugnancia física que la noticia me produjo. Ella no ignoraba el desagrado que me causaba y parecía complacerse en estos embarazos" *(U,* p. 349).

En cierto sentido, la muerte de la madre de Vasconcelos no sólo cierra la novela familiar sino que significa su ruina total. Si por un lado consolida la unión pura y luminosa cuyo origen son aquellos primeros, inolvidables recuerdos de la madre con el niño y el libro en el regazo, por el otro parece impulsar al autobiógrafo a frustrar, y a veces destruir, todo lazo familiar positivo y, sobre todo, todo lazo positivo con una mujer. Las dos relaciones importantes que Vasconcelos describe en volúmenes posteriores —con Elena Arizmendi Mejía (la "Adriana" de *La tormenta),* y con Antonieta Rivas Mercado (la "Valeria" de *El proconsulado)—* terminan en fracaso, en tragedia y, por fin, en lo que a Vasconcelos se refiere, en enorme indiferencia. El desencanto (y al final de su vida el asco, del que habla en *Letanías del atardecer)* vician progresivamente su capacidad erótica junto con su capacidad emocional, aun cuando no logran hacerle abandonar del todo una promiscuidad cada vez más carente de sentido.

La doble imagen de Vasconcelos —el defensor de la Polis, el

---

[31] Sobre este tema, ver Blanco, pp. 195-196.

discípulo de Eros— fue acogida con desconfianza y en general tuvo una recepción poco favorable. La franqueza, incluso la audacia con que hablaba de sexualidad, combinada con su autorrepresentación como héroe nacional, constituían, para la mayoría de los lectores, una mezcla inestable. La autobiografía fue, sobre todo, un *succes de scandale*. Entonces Vasconcelos, impulsado por estas críticas contradictorias y sin duda también por el sesgo de derecha que tomó su pensamiento político, intentó (como ya lo había hecho Sarmiento) una nueva autorrepresentación. Al contrario de su precursor, no escribió una segunda autobiografía. Con gesto que recuerda la escena memorable en que su madre le ordena, aún muy niño, encender una fogata y quemar, en "una pira de letra impresa", los libros de su descreído tío *(U*, p. 28), Vasconcelos recurrió a la censura no del fuego sino de las tijeras. En 1958, en el apogeo de su panfletismo ultramontano, con la ayuda de dos amigos anónimos, expurga su libro. Adoptando una actitud notable en la tradición autobiográfica, el yo de este nuevo *Ulises criollo* se recompone borrándose, imponiendo una nueva visión —una nueva estructura reminiscente; es decir, retrospectivamente, una nueva memoria— al material que antes había constituido la sustancia misma de su pasado. Al hacerlo, apela a un público completamente nuevo. Contradiciendo de manera explícita la advertencia de la primera edición ("la presente obra no ha menester de prólogo"), la edición expurgada sí recurre al prólogo, tanto para exponer su razón de ser como para proporcionar una interpretación espuria de la primera versión del *Ulises*:

Atenido al texto del Salmo Penitenciario que dice: "Porque yo publicaré mi maldad y pensaré siempre en mi pecado", me puse a escribir los volúmenes de mis Memorias que constan en ediciones anteriores, atendiendo sólo a la verdad de lo que contaba.

Los años han pasado y no pocos de los sucesos y las escenas que tuve que relatar me causan a la hora presente repulsión viva. Pero ya que no es posible destruir lo que fue, por lo menos nos queda *el recurso de borrar aquello que no merece recuerdo* [cursivas mías].[32]

---

[32] José Vasconcelos, *Ulises criollo*, 2ª edición expurgada (México: Editorial Jus, 1964), p. 5.

En nombre de una nueva imagen de sí y de los nuevos lectores que busca conquistar, Vasconcelos corrige el pasado. Al reemplazar el impulso autobiográfico inicial —la exaltada búsqueda mítica— con la contrición, propone retroactivamente la imagen del autobiógrafo como penitente, y procede a tasajear la historia de su vida con un entusiasmo de censor parecido al de su madre. El auto de fe es tan completo como el llevado a cabo, bajo vigilancia materna, con los libros del tío. Las consecuencias del acto inquisitorial son sin embargo más decisivas: hoy en día la versión expurgada del *Ulises criollo*, publicada por la archiconservadora Editorial Jus, tiene más lectores que el texto original. A diferencia de la versión no expurgada, en general reunida en volumen junto con los tres libros restantes de la autobiografía, el *Ulises criollo* de la Editorial Jus puede adquirirse por separado y a un precio relativamente bajo.[33]

La naturaleza de los pasajes censurados es fácil de imaginar. Se cortan las descripciones explícitas de encuentros sexuales; se suprimen los aspectos más escandalosos de la jactanciosa promiscuidad de Vasconcelos; desaparecen secuencias y capítulos enteros del texto, como la descripción de las tempestuosas relaciones con María, detallado análisis de los efectos de la primera pasión sobre el sujeto. Pero, como en muchos trabajos de censura inspirados más por el prejuicio apasionado que por la sistemática restricción ideológica, éste es a menudo arbitrario, por no decir descuidado, tanto en su forma como en su contenido. A pesar del intento de Vasconcelos, la nueva versión no presenta al lector un yo nuevo, ni resulta aquí viable "el recurso de borrar aquello que no merece recuerdo". El texto expurgado no es meramente una historia "nueva": es la misma historia tasajeada, con cicatrices visibles. A veces, los cortes torpes incluso despiertan la misma curiosidad morbosa que Vasconcelos buscaba evitar: el principio de algún episodio sexual queda en el texto por descuido mientras que el final del episodio, suprimido por el censor, queda librado a la imaginación del lector. Sin embargo,

---

[33] Las versiones no expurgadas del *Ulises criollo* también pueden leerse en la edición original de la Editorial Botas, difícil de conseguir; en la edición de Libreros Mexicanos Unidos de 1957; y en la ya mencionada edición en dos volúmenes de las *Memorias*, del Fondo de Cultura Económica. Las dos últimas ediciones son costosas.

lo que impresiona al lector actual como la más atrevida revelación del *Ulises criollo*, esto es, la obsesiva pasión por la madre,
permanece intacto. Si la intolerancia materna anima las tijeras
del censor, la madre misma se salva de los cortes.

En *Ulises criollo*, la muerte de la madre marca una línea divisoria en el proyecto autobiográfico. Además de atentar contra la
novela familiar, abriendo la puerta a una promiscuidad que Vasconcelos (en nombre, precisamente, de los prejuicios maternos)
procurará luego erradicar de su relato si bien no de su vida, la
muerte de la madre confirma la adopción por el hijo de los valores maternos, la total aceptación de un legado que, a partir de
ese momento, condiciona el criterio de Vasconcelos. La muerte
de la madre es un deslinde entre lo que en términos generales
podría llamarse el yo lírico de Vasconcelos, el niño héroe protegido por el amor materno, y su yo épico, el hombre que se con-
sagrará a la salvación de México. La diferencia entre los dos se
hace sentir en la estructura y aun en el tono del relato a partir de
la muerte de la madre. En la confluencia de esas dos figuraciones
del yo, en un pasaje rico en reverberaciones literarias, que por un
lado remite a la culminación del viaje de Juan Preciado en *Pedro
Páramo* y por otro hace pensar en la epifanía histórica de "Alturas de Macchu Picchu" de Neruda, Vasconcelos hace inventario de sí mismo y, a través del recuerdo de su madre, "se convierte" en México. Por vez primera regresa a Oaxaca, la tierra
natal que casi desconoce, la ciudad de sus antepasados maternos, el lugar que, a lo largo de su niñez, había sido tema de añoranza en las conversaciones familiares. Regresa solo, o mejor dicho,
como para recalcar su aislamiento, con un hombre de negocios
estadunidense desprovisto de imaginación, perfecta antítesis del
apasionado peregrino:

A mi mente acuden nombres aprendidos en la infancia. Los barrios
del Carmen Alto y la Soledad, las Mirus, las Fandiño, familias que oía
recordar y de las que ya nada sabré jamás. Estaban allí los panoramas
que recrearon a mi madre en su juventud. Irreprimiblemente la garganta se me estrechaba de verme solo, deshecho el manto del familiar
afecto. El cochero que nos recibiera en la estación había pronunciado
calle, con la elle fuerte de mis abuelos; elles oaxaqueñas, que en
América sólo usan también los argentinos. La musical estridencia
acordaba con el ambiente despejado y sólido, transparente y casi que-

bradizo. Desde el asiento de la calesa revisaba las casas, las puertas, las esquinas, buscando la traza de los relatos paternos, cotejando las fotografías que fueron tesoro de la familia. Era un poco mío cuanto miraba. Cierta casa baja encalada y con balcón corrido de hierro y un ventanillo, me sobresaltó con la sugestión: Esto mismo vieron sus ojos tantas veces. La angustia de mi goce se avivaba como si estuviera dentro de mí el alma infinitamente amada. Lo que ella en sus últimos instantes rememoró quizás, creyendo no verlo más, ahora lo contemplaba con mi mente. Más que yo mismo, era ella quien veía de nuevo sus parajes nativos. Aquellas imágenes eran también algo como un complemento. Así que las incorporase a mi conciencia, como nutrición del ambiente nativo, mi personalidad sería más rica y coherente. Lentamente me volvía más yo mismo... Asomó la portada de la Soledad con su gradería, y encima el atrio donde se comen los buñuelos y se quiebra la cazuela el día de la fiesta. Largamente, deliciosamente, examiné la noble portada barroca, piedra dorada y cornisa ondulosa, sin torres. Allí sí, seguramente, los míos gozaron la verbena y en seguida, recobrada la compostura, meditaron frente al altar semichino, recargado de molduras de oro, patinados los óleos, ardida la tierna cera de los cirios... Oscurecía y estaban cerradas casi todas las ventanas, desiertos los balcones. Una vaga protesta, absurda, se alzaba dentro de mí; extrañábame de que las puertas no se abrieran a mi paso, de que nadie acudiese a la bienvenida. Desde luego, ya no tenía por allí parientes; nadie sabía, ni le hubiera importado, saber mi llegada; pero esto mismo hacía más aguda la desazón de entrar a la propia casa como desconocido. Mi gringo minero, al lado, aunque bondadoso y prudente, hacía más doloroso el caso. Llevado allí por extraños, gracias a ellos volvía, ya no el hijo pródigo, sino su descendiente, y a presenciar la ruina de su propia estirpe. Las casas, las minas, los ranchos, empezaban a ser propiedad de extranjeros, como el que me acompañaba... [U, pp. 287-288].

Prosigue la evocación con creciente pasión y patetismo mientras se describe en detalle la vieja ciudad, con su rica herencia colonial, acurrucada entre montañas. Los aspectos rituales de esta experiencia, verdadera necromancia, así como su fuerza inspiradora, son obvios: "Estamos en el corazón pétreo del mundo" (U, p. 289). También es obvia la conexión con los antepasados a través de la memoria materna, conexión que adquiere alcance nacional: así como el yo se convierte en depositario de un linaje —"mi atención extraía del pasado las sensaciones que mis padres, mis abuelos, mis consanguíneos todos experimentaron" *(U,* p. 290)— también Oaxaca se convierte en depositaria de una tradición nacional esencial. La imagen inicial del niño en brazos de su madre, fundido con ella, se suplementa con una nueva figura que ahora apuntala la autorrepresentación de Vasconcelos y brinda coherencia al resto de la autobiografía: la figura del héroe, fundido con una nación que él y su madre soñaron.[34]

---

[34] Hay agudos comentarios sobre los "sitios maternales de la memoria", que perfectamente pueden aplicarse a Vasconcelos, en Michel Beaujour, *Miroirs d'encre* (París: Seuil, 1980), p. 22.

BIBLIOGRAFÍA

I. Autobiografías hispanoamericanas

Abreu Gómez, Ermilo, *La del alba sería*. Prólogo de Ricardo Latcham, México: Botas, 1954.

Alberdi, Juan Bautista, *Autobiografía*. Prólogo de Jean Jaurès, Buenos Aires: El Ateneo, 1927.

Bunge, Delfina, *Viaje alrededor de mi infancia*, Buenos Aires: Imprenta Guadalupe, 1941.

Cané, Miguel, *Juvenilia*, Viena, 1882; reimpreso en Buenos Aires: Talleres Gráficos Argentinos, 1927.

Castelnuovo, Elías, *Memorias*, Buenos Aires: Ediciones Culturales Argentinas, 1974.

Chocano, José Santos, *Memorias: Las mil y una aventuras*, Santiago: Nascimento, 1940.

Darío, Rubén, *La vida de Rubén Darío escrita por él mismo*, Barcelona: Casa Editorial Maucci, s./f. [1915]; reimpreso en *Obras completas*, I, Madrid: Afrodisio Aguado, 1950.

D'Halmar, Augusto [Augusto Thomson], *Recuerdos olvidados*, Santiago: Nascimento, 1975.

Elizondo, Salvador, *Salvador Elizondo*, México: Empresa Editorial, 1968.

Fernández, Macedonio, *A fotografiarse*, en *Papeles de recienvenido y continuación de la nada*, Buenos Aires: Losada, 1944.

Fernández Moreno, Baldomero, *Vida, memorias de Fernández Moreno* (contiene *La patria desconocida* y *Vida y desaparición de un médico*), introducción de Fernández Moreno, Buenos Aires: Guillermo Kraft, 1957.

Gálvez, Manuel, *Amigos y maestros de mi juventud. Recuerdos de la vida literaria*, I, Buenos Aires, 1944; reimpreso en Buenos Aires: Hachette, 1966.

Gómez Carrillo, Enrique, *Treinta años de mi vida*, lib. 1º: *El despertar de un alma*, Buenos Aires: Casa Vaccaro, 1918; también el vol. X, *Obras completas*, Madrid: Mundo Latino, s./f. [1918].

Gómez Carrillo, Enrique, *Treinta años de mi vida*, lib. 2º: *En plena bohemia*, vol. XVI, *Obras completas*, Madrid: Mundo Latino, s./f. [1919].

————, *Treinta años de mi vida*, lib. 3º y último: *La miseria de Madrid*, Buenos Aires: Casa Vaccaro, 1921.

Gómez de Avellaneda, Gertrudis, *Autobiografía y cartas (hasta ahora inéditas) de la ilustre poetisa Gertrudis Gómez de Avellaneda, con un prólogo y una necrología por don Lorenzo Cruz de Fuentes*, 2ª ed. rev., Madrid: Imprenta Helénica, 1914.

González Martínez, Enrique, *El hombre del búho. Misterio de una vocación*, México: Cuadernos Americanos, 1944; reimpreso en *Obras completas*, México: El Colegio Nacional, 1971.

————, *La apacible locura. Segunda parte del hombre del búho*, México: Cuadernos Americanos, 1951; reimpreso en *Obras completas*, México: El Colegio Nacional, 1971.

González Vera, José Santos, *Cuando era muchacho*, Santiago: Nascimento, 1951.

Guido y Spano, Carlos, *Autobiografía*, Buenos Aires: El Ateneo, 1929.

Guridi y Alcocer, José Miguel, *Apuntes de la vida de D. José Miguel Guridi y Alcocer*, México: Moderna Librería Religiosa de José L. Vallejo, 1906.

Iduarte, Andrés, *Un niño en la Revolución mexicana*, México: Ed. Obregón, 1954.

Lange, Norah, *Cuadernos de infancia*, Buenos Aires: Losada, 1937.

————, *Antes que mueran*, Buenos Aires: Editorial Losada, 1944.

Larreta, Enrique, *Tiempos iluminados*, Buenos Aires-México: Espasa Calpe Argentina, 1939.

López Albújar, Enrique, *De mi casona. Un poco de historia piurana a través de la biografía del autor*, Lima: Imprenta Lux, 1924.

————, *Memorias*, prefacio de Ciro Alegría, Lima: Talleres Gráficos Villanueva, 1963.

Mansilla, Lucio V., *Mis memorias*, París, 1904; reimpreso con introducción de Juan Carlos Ghiano, Buenos Aires: Hachette, 1955.

————, *Entre-Nos. Causeries del jueves*, París, 1889-1890; reimpreso con introducción de Juan Carlos Ghiano, Buenos Aires: Hachette, 1963.

Manzano, Juan Francisco, *Autobiografía*, introducción de José L. Franco, La Habana: Municipio de La Habana, 1937.

Mastronardi, Carlos, *Memorias de un provinciano*, Buenos Aires: Ediciones Culturales Argentinas, 1967.

Méndez Capote, Renée, *Memorias de una cubanita que nació con el siglo*, 1964; reimpreso en Barcelona: Argos Vergara, 1984.

――――, *Hace muchos años una joven viajera*, La Habana: Editorial Letras Cubanas, 1983.

Neruda, Pablo, *Confieso que he vivido. Memorias*, Buenos Aires: Losada, 1974.

――――, *Para nacer he nacido*, Barcelona: Seix Barral, 1978.

Ocampo, Victoria, *El archipiélago. Autobiografía*, I, Buenos Aires: Ediciones Revista Sur, 1979.

――――, *El imperio insular. Autobiografía*, II, Buenos Aires: Ediciones Revista Sur, 1980.

――――, *La rama de Salzburgo. Autobiografía*, III, Buenos Aires: Ediciones Revista Sur, 1981.

――――, *Viraje. Autobiografía*, IV, Buenos Aires: Ediciones Revista Sur, 1982.

――――, *Figuras simbólicas. Medida de Francia. Autobiografía*, V, Buenos Aires: Ediciones Revista Sur, 1983.

――――, *Sur y Cía. Autobiografía*, VI, Buenos Aires: Ediciones Revista Sur, 1984.

――――, *Testimonios*, Madrid: Revista de Occidente, 1935.

――――, *Testimonios*, 2ª serie, Buenos Aires: Sur, 1941.

――――, *Testimonios*, 3ª serie, Buenos Aires: Sudamericana, 1946.

――――, *Soledad sonora (Testimonios*, 4ª serie), Buenos Aires: Sudamericana, 1950.

――――, *Testimonios*, 5ª serie, Buenos Aires: Sur, 1957.

――――, *Testimonios*, 6ª serie, Buenos Aires: Sur, 1963.

――――, *Testimonios*, 7ª serie, Buenos Aires: Sur, 1967.

――――, *Testimonios*, 8ª serie, Buenos Aires: Sur, 1971.

――――, *Testimonios*, 9ª serie, Buenos Aires: Sur, 1975.

――――, *Testimonios*, 10ª serie, Buenos Aires: Sur, 1977.

Oliver, María Rosa, *Mundo, mi casa*, Buenos Aires: Sudamericana, 1970.

――――, *La vida cotidiana*, Buenos Aires: Sudamericana, 1969.

――――, *Mi fe en el hombre*, Buenos Aires: Carlos Lohlé, 1981.

Orrego Luco, Luis, *Memorias del tiempo viejo*, introducción de Héctor Fuenzalida Villegas, Santiago: Ediciones de la Universidad de Chile, 1984.

Oyarzún, Luis, *La infancia*, Santiago: Ediciones "Revista Nueva", 1949.

Pérez Rosales, Vicente, *Recuerdos del pasado (1814-1860)*, 1882; reimpreso en Santiago: Biblioteca de Escritores de Chile, 1910.

Picón Salas, Mariano, *Mundo imaginario*, Santiago: Nascimento, 1927.

————, *Viaje al amanecer*, México: Ediciones Mensaje, 1943.

————, *Las nieves de antaño (Pequeña añoranza de Mérida)*, Maracaibo: Ed. de la Universidad del Zulia, 1958.

————, *Regreso de tres mundos. Un hombre en su generación*, México: Fondo de Cultura Económica, 1959.

Pitol, Sergio, *Sergio Pitol*, México: Empresa Editorial, 1967.

Prieto, Guillermo, *Memorias de mis tiempos*, México: Librería de la Vda. de Bouret, 1906.

Rojas, Manuel, *Imágenes de infancia*, Santiago: Babel, 1955; reimpreso en *Obras escogidas*, I, Santiago: Ercilla, 1961.

Samper, José María, *Historia de una alma [sic]. Memorias íntimas y de historia contemporánea*, Bogotá: Imprenta de Zalamea Hermanos, 1881.

Sanín Cano, Baldomero, *De mis vidas y otras vidas*, Bogotá: Editorial ABC, 1949.

Santa Cruz y Montalvo, Mercedes, condesa de Merlin, *Mis doce primeros años e Historia de Sor Inés*, 1831; reimpreso en La Habana: Imprenta "El Siglo XX", 1922.

Santiván, Fernando [Fernando Santibáñez], *Memorias de un tolstoyano*, Santiago: Zig-Zag, 1955; reimpreso en *Obras completas*, II, Zig-Zag, 1965.

————, *Confesiones de Santiván*, Santiago: Zig-Zag, 1958; reimpreso en *Obras completas*, II, Santiago: Zig-Zag, 1965.

Sarmiento, Domingo Faustino, *Mi defensa*, 1843; reimpreso en *Obras*, III, Buenos Aires: Imprenta y Litografía Mariano Moreno, 1896.

————, *Recuerdos de provincia*, 1850; reimpreso en *Obras*, III, Buenos Aires: Imprenta y Litografía Mariano Moreno, 1896.

————, *Memorias*, en *Obras*, XLIX, Buenos Aires: Imprenta y Litografía Mariano Moreno, 1900.

Subercaseaux, Benjamín, *Niño de lluvia y otros relatos*, Santiago: Ercilla, 1962.

Subercaseaux, Ramón, *Memorias de cincuenta años*, Santiago: Imprenta y Litografía Barcelona, 1908.

Tapia y Rivera, Alejandro, *Mis memorias, o Puerto Rico como lo encontré y como lo dejo*, Nueva York: De Laisne & Rossboro, 1928; reimpreso en Río Piedras: Editorial Edil, 1979.

Torres Bodet, Jaime, *Tiempo de arena*, México: Fondo de Cultura Económica, 1965.

Vasconcelos, José, *Ulises criollo. La vida del autor escrita por él mismo*, I: *Ulises criollo*; II: *La tormenta*; III: *El desastre*; IV: *El proconsulado*, México: Botas, 1935-1939; reimpreso como *Memorias*, I-II, México: Fondo de Cultura Económica, 1982.

Vega, Bernardo, *Memorias de Bernardo Vega*, Ed. César Andreu Iglesias, 1977; reimpreso en Río Piedras: Eds. Huracán, 1984.

Vientós Gaston, Nilita, *El mundo de la infancia*, México: Editorial Cultural, 1984.

Wilde, Eduardo, *Aguas abajo*, en *Obras completas*, II, Buenos Aires: Peuser, 1917-1923.

Yáñez, María Flora, *Visiones de infancia*, Santiago: Zig-Zag, 1947.

———, *Historia de mi vida*, Santiago: Nascimento, 1980.

Zapiola y Cortés, José, *Recuerdos de treinta años (1810-1840)*, Santiago: Guillermo Miranda, 1902.

II. Bibliografía crítica seleccionada

A. Sobre los autores

Alberdi, Juan Bautista, *Grandes y pequeños hombres del Plata*, Buenos Aires: Fernández Blanco, 1962.

Altamirano, Carlos y Beatriz Sarlo, "Una vida ejemplar: La estrategia de *Recuerdos de provincia*", en *Literatura/Sociedad*, Buenos Aires: Hachette, 1983.

Azzario, Ester, *La prosa autobiográfica de Mariano Picón Salas*, Caracas: Ediciones de la Universidad Simón Bolívar, 1980.

Bastos, María Luisa, "Escrituras ajenas, expresión propia: *Sur* y los *Testimonios* de Victoria Ocampo", *Revista Iberoamericana*, 110-111 (1980), pp. 123-137.

———, "Dos líneas testimoniales: *Sur*, los escritos de Victoria Ocampo", *Sur*, 348 (1981), pp. 9-23.

Belín Sarmiento, Augusto, *Sarmiento anecdótico (ensayo biográfico)*, Saint Cloud: Imp. P. Belin, 1929.

Blanco, José Joaquín, *Se llamaba Vasconcelos,* México: Fondo de Cultura Económica, 1977.

Bunkley, Allison Williams, *The Life of Sarmiento,* Princeton University Press, 1952.

Cortázar, Julio, "Soledad sonora", *Sur,* 192-193-194 (1950), p. 294.

Díaz Arrieta, Hernán, *Memorialistas chilenos,* Santiago: Zig-Zag, 1960.

Domínguez, Nora y Adriana Rodríguez Persico, "Autobiografía de Victoria Ocampo: la pasión del modelo", *Lecturas críticas,* 2 (Buenos Aires, 1984), pp. 22-33.

Echagüe, Juan Pablo, "Orígenes psicológicos de *Recuerdos de provincia*", en *Paisajes y figuras de San Juan,* Buenos Aires: Editorial Tor, 1933.

Feal, Rosemary Geisdorfer, *Novel Lives: The Fictional Autobiographies of Guillermo Cabrera Infante and Mario Vargas Llosa,* Chapel Hill: North Carolina Studies in the Romance Languages and Literatures, 1986.

Fernández, James, *Apology to Apostrophe: Autobiography and the Rhetoric of Self-Representation in Spain,* Durham: Duke University Press, 1992.

Figarola Caneda, Domingo, *La condesa de Merlin,* París: Editions Excelsior, 1928.

Friol, Roberto, *Suite para Juan Francisco Manzano,* La Habana: Editorial Arte y Literatura, 1977.

Gálvez, Manuel, *Vida de Sarmiento. El hombre de autoridad,* Buenos Aires: Emecé, 1945.

González Echevarría, Roberto, "The Case of the Speaking Statue: *Ariel* and the Magisterial Rhetoric of the Latin American Essay", en *The Voice of the Masters. Writing and Authority in Modern Latin American Literature,* Austin: University of Texas Press, 1985.

Greenberg, Janet Beth, "The Divided Self: Forms of Autobiography in the Writings of Victoria Ocampo", tesis de doctorado en filosofía, inédita, University of California, Berkeley, 1986.

Guiñazú, Cristina, "La autobiografía de Victoria Ocampo: Memoria, seducción, *collage*", tesis de doctorado en filosofía, inédita, Yale University, 1989.

Halperín Donghi, Tulio, "Sarmiento: su lugar en la sociedad argentina posrevolucionaria", *Sur,* 341 (1977), pp. 121-135.

Halperín Donghi, Tulio, "Lamartine en Sarmiento: *Les Confidences* y *Recuerdos de provincia*", *Filología*, 20, 2 (1985), pp. 177-190.

——, "Intelectuales, sociedad y vida pública en Hispanoamérica a través de la literatura autobiográfica", en *El espejo de la historia. Problemas argentinos y perspectivas latinoamericanas*, Buenos Aires: Sudamericana, 1987.

Jackson, Richard L., "Slavery, Racism and Autobiography in Two Early Black Writers: Juan Francisco Manzano and Martín Morúa Delgado", en *Voices from Under. Black Narrative in Latin America and the Caribbean*, ed. William Luis, Westport, CT: Greenwood Press, 1984, pp. 55-64.

Kaplan, Marina, "Gauchos e indios: la frontera y la producción del sujeto en obras argentinas del siglo diecinueve", tesis de doctorado en filosofía, inédita, Tulane University, 1987.

Krauze, Enrique, "Pasión y contemplación en Vasconcelos", *Vuelta*, 78 (1978), p. 12.

Lugo-Ortiz, Agnes, "Memoria infantil y perspectiva histórica en *El archipiélago* de Victoria Ocampo", *Revista Iberoamericana*, 140 (1987), pp. 651-661.

Madden, R. R., *Poems by a Salve in the Island of Cuba, Recently Liberated; Translated from the Spanish by R. R. Madden, M. D. with the History of the Early Life of the Negro Poet, Written by Himself, to Which are Prefixed Two Pieces Descriptive of Cuban Salvery and the Slave-Traffic*, Londres: Thomas Ward and Co., 1840.

Matamoro, Blas, *Genio y figura de Victoria Ocampo*, Buenos Aires: Eudeba, 1986.

Méndez Rodenas, Adriana, "Voyage to *La Havane*: La condesa de Merlin's Pre-View of National Identity", *Cuban Studies/Estudios Cubanos*, 16 (1986).

Meyer, Doris, *Victoria Ocampo. Against the Wind and the Tide*, Nueva York: George Braziller, 1979.

Molloy, Sylvia, "Imagen de Mansilla", en *La Argentina del Ochenta al Centenario*, ed. G. Ferrari y E. Gallo, Buenos Aires: Sudamericana, 1980, pp. 745-759.

——, "Inscripciones del yo en *Recuerdos de provincia*", *Sur*, 350-351 (1982), pp. 131-140.

——, "At Face Value: Autobiographical Writing in Spanish America", *Dispositio*, 9, 24-26 (1984), pp. 1-18.

——, "Dos proyectos de vida: *Cuadernos de infancia* de Norah

Lange y *El archipiélago* de Victoria Ocampo", *Filología*, 20, 2 (1985), pp. 279-293. También en *Femmes des Amériques*, Travaux de l'Université de Toulouse-Le Mirail, 1986, pp. 177-189.

Molloy, Sylvia, "Madre patria y madrastra: figuración de España en la novela familiar de Sarmiento", *La Torre*, nueva época, i (1987), pp. 45-58.

———, "Sarmiento, lector de sí mismo en *Recuerdos de provincia*", *Revista Iberoamericana*, 143 (1988), pp. 407-418.

Mora, Gabriela, "Mariano Picón Salas autobiógrafo: una contribución al estudio del género autobiográfico en Hispanoamérica", tesis de doctorado en filosofía, inédita, Smith College, 1971.

Mullen, Edward J., introducción a Juan Francisco Manzano, *The Life and Poems of a Cuban Slave*, Hamden, CT: Anchor Book, 1981.

Nóbile, Beatriz de, *Palabras con Norah Lange*, Buenos Aires: Carlos Pérez Editor, 1968.

Nowak, William J., "La personificación en *Recuerdos de provincia*: La despersonalización de D. F. Sarmiento", *Revista Iberoamericana*, 143 (1988), pp. 585-602.

Ottolenghi, Julia, *Sarmiento a través de un epistolario*, Buenos Aires: Jesús Méndez, 1939.

Palcos, Alberto, *Sarmiento. La vida. La obra. Las ideas. El genio*, Buenos Aires: Emecé, 1962.

Pauls, Alan, "Sobre las causeries de Mansilla: una causa perdida", *Lecturas críticas*, 2 (Buenos Aires, 1984), pp. 4-15.

Piglia, Ricardo, "Notas sobre *Facundo*", en *Punto de vista*, 3, 8, 1980.

Prieto, Adolfo, *La literatura autobiográfica argentina*, 1966; reimpreso en Buenos Aires: Centro Editor de América Latina, 1982.

Ramos, Julio, "Entre otros: *Una excursión a los indios ranqueles* de Lucio V. Mansilla", *Filología*, 21, i (Buenos Aires, 1986), pp. 143-171.

———, "Escritura y oralidad en el *Facundo*", *Revista Iberoamericana*, 143 (1988), pp. 551-572.

Ramos, Raymundo, *Memorias y autobiografías de escritores mexicanos*, México: UNAM, 1967.

Saénz Hayes, Ricardo, *La polémica de Alberdi con Sarmiento y otras páginas*, Buenos Aires: M. Gleizer, 1926.

Sarlo, Beatriz, "Decir y no decir. Erotismo y represión", en *Una modernidad periférica: Buenos Aires 1920-1930,* Buenos Aires: Nueva Visión, 1988.

Schulman, Iván, prólogo a Juan Francisco Manzano, *Autobiografía de un esclavo,* Madrid: Guadarrama, 1975.

Verdevoye, Paul, *Domingo Faustino Sarmiento. Educateur et publiciste (entre 1839 et 1852),* París: Institut des Hautes Etudes de l'Amérique Latine, 1963.

Wilde, Eduardo, "Carta sobre *Juvenilia*", en *Páginas escogidas,* Buenos Aires: Editorial Estrada, 1955, pp. 224-232.

B. Lecturas generales seleccionadas

Anderson, Benedict, *Imagined Communities: Reflections on the Origin and Spread of Nationalism,* Londres: Verso/New Left Books, 1983.

Arasse, Daniel, "*La prudence* de Titien ou l'autoportrait glissé à la rive de la figure", *Corps écrit,* 5 (1983), pp. 109-115.

Bakhtin, Mikhail, "Forms of time and of the Chronotope in the Novel", en *The Dialogic Imagination,* Austin: University of Texas Press, 1981.

Barthes, Roland, *Roland Barthes par Roland Barthes,* París: Seuil, 1975.

———, "L'ancienne rhétorique: aide-mémoire", *Communications,* 16 (1970), pp. 172-223.

Beaujour, Michel, *Miroirs d'encre,* París: Seuil, 1980.

Benjamin, Walter, "Theses on the Philosophy of History", en *Illuminations,* Nueva York: Schocken Books, 1978.

Berchet, Jean-Claude, "Un voyage vers soi", *Poétique,* 53 (1983), pp. 91-108.

Bhabha, Homi K., "Signs Taken for Wonders: Questions of Ambivalence and Authority under a Tree Outside Delhi, May 1816", en *"Race", Writing, and Difference,* ed. Henry Louis Gates, Jr. University of Chicago Press, 1986, pp. 163-184.

Blassingame, John W., "Black Autobiographies as Histories and Literature", *Black Scholar,* 5 (1973-1974), pp. 2-9.

Blondel, Charles, *Introduction à la psychologie collective,* París: Armand Colin, 1928.

Bourgeois, R., "Signification du premier souvenir", en *Stendhal et les problèmes de l'autobiographie*, ed. Victor Del Litto. Grenoble: Presses Universitaires de Grenoble, 1976, pp. 87-91.

Bromwich, David, "The Uses of Biography", *Yale Review* (invierno de 1984), pp. 161-176.

Bruss, Elizabeth, *Autobiographical Acts. The Changing Situation of a Literary Genre*, Baltimore y Londres: Johns Hopkins University Press, 1976.

Butler, Richard A., *The Difficult Art of Autobiography*, Oxford: Clarendon Press, 1968.

Butler, Thomas (comp.), *Memory*, Londres: Basil Blackwell, 1989.

Certeau, Michel de, "Walking in the City", en *Practice of Everyday Life*, Berkeley y Los Ángeles: University of California Press, 1984, pp. 91-114.

Cockshut, A. O. J., *Truth to Life. The Art of Biography in the Nineteenth Century*, Nueva York y Londres: Harcourt Brace Jovanovich, 1974.

Coe, Richard, *When the Grass Was Taller: Autobiography and the Experience of Childhood*, New Haven: Yale University Press, 1984.

Cooley, Thomas, *Educated Lives: The Rise of Modern Autobiography in America*, Columbus: Ohio State University Press, 1976.

Cox, James M., "Autobiography and America", *Virginia Quarterly Review*, 47 (1971), pp. 252-277.

De Man, Paul, "Autobiography as De-facement", *Modern Language Notes*, 94 (1979), pp. 919-930.

Derrida, Jacques, *Mémoires for Paul de Man*, Nueva York: Columbia University Press, 1986.

Donato, Eugenio, "The Ruins of Memory: Archeological Fragments and Textual Artifacts", *Modern Language Notes*, 93, 94 (1978), pp. 575-596.

————, "The Museum's Furnace: Notes toward a Contextual Reading of *Bouvard el Pécuchet*", en *Textual Strategies. Perspectives in Post-Structuralist Criticism*, ed. Josué V. Harari, Ithaca-Nueva York: Cornell University Press, 1979, pp. 213-238.

Egan, Susannah, *Patterns of Experience in Autobiography*, Chapel Hill y Londres: University of North Carolina Press, 1984.

Englekirk, John E., "Franklin en el mundo hispánico", *Revista Iberoamericana*, 41-42 (1956), pp. 319-372.

Finney, Brian, *The Inner I: British Literary Autobiography of the Twentieth Century*, Londres y Boston: Faber and Faber, 1985.

Fleishman, Avrom, *Figures of Autobiography. The Language of Self-Writing in Victorian and Modern England*, Berkeley-Los Ángeles-Londres: University of California Press, 1983.

Foucault, Michel, "L'écriture de soi", *Corps écrit*, 5 (1983), pp. 3-23.

Fox-Genovese, Elizabeth, "To Write Myself: The Autobiographies of Afro-American Women", en *Feminist Issues in Literary Scholarship*, ed. Shari Benstock, Bloomington e Indianapolis: Indiana University Press, 1987.

Gasché, Rodolphe, "Self-Engendering as a Verbal Body", *Modern Language Notes*, 93 (1978), pp. 677-694.

Gilbert, Sandra M. y Susan Gubar, "'Forward into the Past': The Female Affiliation Complex", en *No Man's Land. The Place of the Woman Writer in the Twentieth Century*, vol. I: *The War on Words* (New Haven y Londres: Yale University Press, 1987), pp. 165-224.

Gómez-Moriana, Antonio, "Autobiographie et discours rituel. La confession autobiographique au tribunal de l'Inquisition", *Poétique*, 56 (1983), pp. 444-460.

Gossman, Lionel, "The Innocent Art of Confession and Reverie", *Daedalus*, 107 (verano de 1978), pp. 59-77.

———, "History as Decipherment: Romantic Historiography and the Discovery of the Other", *New Literary History*, 18, 1 (1986).

Gusdorf, Georges, *Mémoire et personne*, I y II, París: Presses Universitaires de France, 1951.

———, "Conditions and Limits of Autobiography", en *Autobiography. Essays Theoretical and Critical*, ed. James Olney, Princeton University Press, 1980.

Halbwachs, Maurice, *Les Cadres sociaux de la mémoire*, 1925; reimpreso en París-La Haya: Mouton, 1975.

———, *La Mémoire collective*, 1950; reimpreso en París: Presses Universitaires de France, 1968.

Hareven, Tamara K., "Family Time and Historical Time", *Daedalus*, 106 (1977), pp. 57-70.

———, "The Search for Generational Memory: Tribal Rites in Industrial Society", *Daedalus*, 107, 4 (1978), pp. 137-149.

Heilbrun, Carolyn, *Writing a Woman's Life*, Nueva York: W. W. Norton, 1988.

Holyoke, S. J., "Montaigne's Attitude toward Memory", *French Studies*, 25, 3 (1971), pp. 257-270.

Jacobus, Mary, *Reading Woman. Essays in Feminist Criticism*, Nueva York: Columbia University Press, 1986.

Janet, Pierre, *L'Evolution de la mémoire et de la notion du temps*, París: Editions Chahine, 1928.

Jay, Paul, *Being in the Text*, Ithaca y Londres: Cornell University Press, 1984.

Jelinek, Estelle C. (comp.), *Women's Autobiographies. Essays in Criticism*, Bloomington: Indiana University Press, 1980.

Lejeune, Philippe, *Le Pacte autobiographique*, París: Seuil, 1975.

Marin, Louis, "The Autobiographical Interruption: About Stendhal's *Life of Henry Brulard*", *Modern Language Notes*, 93 (1978), pp. 597-617.

———, "Variations sur un portrait absent: les autoportraits de Poussin", *Corps écrit*, 5 (1983), pp. 87-108.

Martens, Lorna, "Saying 'I'", *Stanford Literature Review*, 2, 1 (1985), pp. 27-46.

Meloni Trkulja, Silvia, "L'autoportrait classé", *Corps écrit*, 5 (1983), pp. 127-133.

Neisser, Ulric (comp.), *Memory Observed. Remembering in Natural Contexts*, San Francisco: W. H. Freeman, 1982.

Olney, James, "Autobiography and the Cultural Moment", en *Autobiography: Essays Theoretical and Critical*, ed. James Olney, Princeton University Press, 1980.

Pascal, Roy, "The Autobiography of Childhood", en *Design and Truth in Autobiography*, Cambridge, MA: Harvard University Press, 1960.

Renza, Louis, "The Veto of the Imagination: A Theory of Autobiography", en *Autobiography. Essays Theoretical and Critical*, ed. James Olney, Princeton University Press, 1980, pp. 268-295.

Sánchez Blanco, Francisco, "La concepción del 'yo' en las autobiografías españolas del siglo XIX: De las 'vidas' a las 'memorias' y 'recuerdos'", *Boletín de la Asociación de los profesores de Español*, 15, 29 (1983), pp. 29-36.

Sayre, Robert F., "Autobiography and the Making of America", en *Autobiography. Essays Theoretical and Critical*, ed. James Olney, Princeton University Press, 1980, pp. 146-168.

Smith, Sidonie, *A Poetics of Women's Autobiography. Marginality and the Fictions of Self-Representation*, Bloomington e Indianapolis: Indiana University Press, 1987.

Spacks, Patricia Meyer, *Gossip*, University of Chicago Press, 1986.

Spengemann, William C., "Eternal Maps and Temporal Voyages", *Exploration*, 2 (1974), pp. 1-7.

———, *The Forms of Autobiography*, New Haven y Londres: Yale University Press, 1980.

Stanton, Domna C., "Autogynography: Is the Subject Different?", en *The Female Autograph*, Nueva York: New York Literary Forum, 1984, pp. 5-22.

Starobinski, Jean, "Jean-Jacques Rousseau et le péril de la réflexion", en *L'Oeil vivant*, París: Gallimard, 1961.

———, "The Style of Autobiography", en *Autobiography. Essays Theoretical and Critical*, ed. James Olney, Princeton University Press, 1980, pp. 73-83.

Thiébaux, Marcelle, "Foucault's Fantasia for Feminists: The Woman Reading", en *Theory and Practice of Feminist Literary Criticism*, eds. Gabriela Mora y Karen S. Van Hooft, Ypsilanti, Michigan: Bilingual Press/Editorial Bilingüe, 1982, p. 53.

Vance, Eugene, "Roland and the Poetics of Memory", en *Textual Strategies. Perspectives in Post-Structuralist Criticism*, ed. Josué V. Harari, Ithaca-Nueva York: Cornell University Press, 1979, pp. 374-403.

Vercier, Bruno, "Le Mythe du premier souvenir: Pierre Loti, Michel Leiris", *Revue d'Histoire Littéraire de la France*, 6 (1975), pp. 1029-1046.

Walthur, Luann, "The Invention of Childhood in Victorian Autobiography", en *Approaches to Victorian Autobiography*, ed. George P. Landow, Athens: Ohio University Press, 1979, pp. 64-83.

Weintraub, Karl J., "Autobiography and Historical Consciousness", *Critical Inquiry*, 1, 4 (1975).

———, *The Value of the Individual. Self and Circumstance in Autobiography*, University of Chicago Press, 1978.

White, Hayden, "The Historical Text as Literary Artifact", en *Tropics of Discourse*, Baltimore y Londres: Johns Hopkins University Press, 1978.

ÍNDICE ANALÍTICO

291

ÍNDICE GENERAL

Este libro se terminó de imprimir y encuadernar en el mes de diciembre de 2001 en Impresora y Encuadernadora Progreso, S. A. de C. V. (IEPSA), Calz. de San Lorenzo, 244; 09830 México, D. F. Se tiraron 1 000 ejemplares.

Este libro se terminó de imprimir y encuadernar
en el mes de diciembre de 2001 en los
talleres de Impresora y Encuadernadora
Progreso, S.A. de C.V. (IEPSA),
Calz. de San Lorenzo, 244; 09830 México, D.F.